# Der Mann hinter den Gittern

Winifred Louise Taylor

Writat

Diese Ausgabe erschien im Jahr 2023

ISBN: 9789359258621

Herausgegeben von
Writat
E-Mail: info@writat.com

# Inhalt

# VORWORT

niemand übermäßigen Optimismus gegenüber Sträflingen vorwirft oder meint, für mich sei jede Gans ein Schwan, möchte ich sagen, dass ich unter Hunderten von Sträflingen nur über die Männer geschrieben habe, die mich am meisten interessiert haben ; Männer, die ich gut kannte und die nie versuchten, mich zu täuschen. Die Sicht eines jeden Schriftstellers auf das Leben und die Menschheit wird unweigerlich von seiner eigenen Persönlichkeit geprägt, und ich habe mir diese Männer so vorgestellt, wie ich sie sah; Aber ich habe mich auch bemüht, indem ich so viel aus ihren Briefen verwendet habe, dem Leser die Freiheit zu lassen, sich seine eigene Meinung zu bilden. Der Schlüssel zu meiner eigenen Position ist zweifellos die Tatsache, dass ich diese Gefangenen immer als Männer studiert habe; und ich versuchte, meine Sicht nicht dadurch zu verdunkeln, dass ich sie durch ihre Verbrechen hindurch betrachtete. Bei der Erinnerung an Gespräche habe ich mich nicht allein auf mein Gedächtnis verlassen, da vieles von dem, was in unseren Interviews gesagt wurde, aufgeschrieben wurde, während ich es noch frisch im Kopf hatte.

Ich habe nicht den Wunsch, dass unsere Gefängnisse abgeschafft werden; aber Tausende von Menschen und Millionen von Dollar wurden falschen Bestrafungsmethoden geopfert; Und wenn wir unsere Kriminellen reformieren wollen, müssen wir zunächst unsere Methoden im Umgang mit ihnen reformieren, vom Polizeigericht bis zum Gefängnis.

WINIFRED LOUISE TAYLOR.

*6. August 1914.*

# KAPITEL I

Ich wurde oft gefragt: „Wie kam es überhaupt dazu, dass Sie sich für Gefangene interessierten?"

Es geschah alles ganz einfach und natürlich. Ich glaube, es war WF Robertson, der mir als Erster klar gemacht hat, dass das, was wir ins Leben stecken, weitaus wichtiger ist als das, was wir daraus haben. Später erfuhr ich, dass das Leben für das, was wir hineinstecken, sehr großzügig ist.

Eines Tages geschah es in einer ruhigen Stunde, dass mir klar wurde, dass mein Leben aus dem Gleichgewicht geraten war; dass mir mehr als mein Anteil an Dingen zufließt, die es wert sind, dass ich sie habe, und dass ich sie nicht weitergebe; Ich sah auch keinen Kanal für die Weitergabe in der Nähe.

Das Einzige, was mir in den Sinn kam, war, meine Dienste als Lehrer in einer Sonntagsschule anzubieten. Nun war ich zufällig Mitglied einer Bischofskirche und deren Sonntagsschule fand zu einer für meinen Besuch ungünstigen Zeit statt; In unserer Nachbarschaft gab es jedoch eine methodistische Kirche, und da ich die Trennlinien zwischen Christen kaum achtete, bot ich am nächsten Sonntag meine Gottesdienste dieser methodistischen Sonntagsschule an. Meine Vorliebe galt einer Klasse junger Mädchen, aber ich wurde als Lehrerin einer Klasse von zehn jungen Männern zugeteilt, die zwischen achtzehn und zwanzig Jahre alt waren und den Ruf hatten, eine ausgeprägte Vorliebe für den Pomp und die Eitelkeiten zu haben, die die Jugend so verlocken .

Es war die Zeit der Erweckungstreffen, und innerhalb eines Monats vibrierte jedes Mitglied meiner Klasse unter der Welle religiöser Erregung, und jeder verkündete nacheinander seine „Bekehrung". Ich wusste kaum, wie ich mit der Situation umgehen sollte, denn ich war noch in meinen Zwanzigern und als Episkopalist hatte ich diese Sturmperioden religiöser Begeisterung noch nie erlebt. Während sich die Neubekehrten über die neu gefundene Gnade freuten, dachte ich sechs Monate später darüber nach, wann eine Reaktion einsetzen könnte.

Gegen Ende der Erweckungsveranstaltung sagte einer aus der Klasse zu mir: „Ich weiß nicht, was wir mit unseren Abenden machen sollen, wenn die Gebetstreffen vorbei sind, denn hier ist jeden Abend kein Platz für die Männer frei." Stadt außer den Saloons.

„Wir müssen einen Ort schaffen, wo ihr Jungs hingehen könnt", war meine Antwort.

Was die Klasse dann an Ort und Stelle tat, war, einen Club zu gründen und einen großen, fröhlichen Raum attraktiv einzurichten, zu dem jedes Mitglied einen Zugangsschlüssel hatte; und eine kleine Umlaufbibliothek zu eröffnen, um auf einen Schlag ihren eigenen Bedarf zu decken und nach außen hin zum Wohl der Gemeinschaft zu arbeiten.

Der erste Beitrag zu dieser Bewegung kam von einem Freund der Unitarier. Später hielten Doktor Robert Collyer – der damals in Chicago predigte – und Doktor E. E. Hale aus Boston jeweils einen Vortrag zugunsten unserer Kinderbibliothek. So waren wir von Anfang an frei von Sektierertum, und in drei Monaten wurde eine Bibliothek gegründet, die zum Kern einer blühenden öffentlichen Bibliothek werden sollte, die jetzt in einem wunderschönen Carnegie-Gebäude ansässig ist und ihren wohltätigen Einfluss auf die Heime, die Schulen usw. ausdehnt die Werkstätten der Stadt.

Natürlich war ich sehr an der Klasse und am Erfolg ihres Bibliotheksvorhabens interessiert, und da wir kein Geld hatten, um die Dienste eines regulären Bibliothekars zu bezahlen, stellten die Jungen ihre Dienste zwei Abende in der Woche ehrenamtlich zur Verfügung, während ich die Leitung übernahm am Samstagnachmittag. Diese Bibliothek war die Tür, durch die ich in das Gefängnisleben eintrat.

Eines Samstags kam ein kleiner Junge in die Bibliothek und überreichte mir die bezaubernde Quäker-Liebesgeschichte „Dorothy Fox" mit den Worten: „Dieses Buch wurde von einem Mann herausgeholt, der im Gefängnis sitzt, und er möchte, dass Sie ihm ein weiteres Buch schicken."

Nun, ich war jahrelang fast jeden Tag an diesem Bezirksgefängnis vorbeigekommen; seine rauen Steinmauern und schmalen Gitterfenster waren mir so vertraut, dass sie keinen Eindruck mehr auf mich machten; Aber es war mir nicht in den Sinn gekommen, dass sich innerhalb dieser Mauern Menschen befanden, deren Gedanken meinen Gedanken ähnelten und die eine gute Geschichte, sogar eine raffinierte Geschichte, so sehr mögen könnten wie ich, und dass ein Mann das Geld bezahlen sollte, das er hatte für ein dreimonatiges Abonnement einer Bibliothek gestohlen zu haben, schien mir höchst widersprüchlich.

Es stellte sich heraus, dass es sich bei dem Gefangenen um einen schottischen Jungen von neunzehn Jahren handelte, der arbeitslos war und fünfunddreißig Dollar gestohlen hatte; nahm kleine Mengen, wenn er sie brauchte. Nach dem Gesetz des Staates war die Strafe für den Diebstahl von Beträgen unter 15 Dollar eine Haftstrafe im Bezirksgefängnis, üblicherweise für sechzig Tage; während der Diebstahl von fünfzehn Dollar oder mehr eine Straftat war und die Strafe nie kürzer als ein Jahr war. Ich zitiere die Darstellung des Falles dieses schottischen Jungen, wie sie mir von einem Mann gegeben wurde, der zufällig in der Bibliothek war und alle Umstände kannte.

„Der Junge wurde unter dem Vorwurf verhaftet, zehn Dollar gestohlen zu haben – alles, was sie ihm nachweisen konnten; und er wäre mit einer Gefängnisstrafe davongekommen, aber der Narr hat die Sache reingelegt, und jetzt muss er lügen." Sechs Monate Gefängnis bis zur Gerichtssitzung, dann wird er aufgrund seines eigenen Geständnisses ins Gefängnis geschickt.

Mir kamen zwei Fragen in den Sinn: War es nur „der Narr", der den Fall reingelegt hatte? Und wenn der Junge aufgrund seines eigenen Geständnisses ins Gefängnis gehen sollte, wäre es dann nicht ein Skandal, dass er sechs Monate lang im Gefängnis festgehalten würde, während er auf die Formalitäten der nächsten Sitzung des Bezirksgerichts wartete? Ich habe damals nicht an die Steuerzahler gedacht, die gezwungen waren, diesen Jungen sechs Monate lang im Nichtstun zu unterstützen.

In dieser Nacht habe ich nicht sehr gut geschlafen; Der schottische Junge ging mir durch den Kopf, umso lebhafter, als mein einziger Bruder im gleichen Alter war, und dann wiederholten sich auch die Worte „Ich war im Gefängnis und ihr habt mich nicht besucht" mit eindringlicher Beharrlichkeit, bis ich es war gezwungen, sich der Frage zu stellen: „Haben diese Worte für heute und jetzt wirklich etwas bedeutet?"

Am nächsten Morgen fragte ich meinen Vater, ob jemand in unserem Gefängnis mit einem Gefangenen sprechen dürfe. Mein Vater sagte: „Ja, aber was würde man einem Gefangenen sagen?" „Ich könnte ihn zumindest fragen, welche Bücher er aus der Bibliothek haben möchte", antwortete ich. Aber ich konnte meinen Mut nicht so aufbringen, dass ich ins Gefängnis ging; es schien ein äußerst gewaltiges Unterfangen zu sein. Sonntag, Montag und Dienstag vergingen, und ich hielt mich immer noch zurück; Am Mittwoch fuhr ich mit meinem Bruder, und als ich ganz in der Nähe des Gefängnisses war, brach die Feder der Kutsche, und mein Bruder sagte mir, dass ich irgendwo Zeit einplanen müsse, bis der Bruch repariert sei. Mir wurde klar, dass der Moment der Entscheidung gekommen war; und mit wild klopfendem Herzen wagte ich den entscheidenden Schritt und träumte kaum davon, als ich die Tür des Gefängnisses betrat, dass ich mich einer lebenslangen Haftstrafe unterziehen würde.

Aber wir alle nehmen das Leben einen Tag, eine Stunde nach dem anderen; und fünf Minuten später, als meine Hand durch die Gittertür verschränkt wurde und zwei große graue Augen direkt in meine blickten, hatte ich alles andere über mein Interesse an dem Jungen vergessen. Ich fragte ihn, warum er erzählte , dass er fünfunddreißig Dollar gestohlen hatte, als ihm nur vorgeworfen wurde, zehn Dollar gestohlen zu haben, und er antwortete einfach: „Denn als mir klar wurde, dass ich ein Dieb geworden war, wollte ich ein ehrlicher Mann werden, und das dachte ich." der Ort, an dem man anfangen sollte.

Hätte ich etwas über das Gesetz und seine Prozesse gewusst, hätte ich zweifellos gesagt: „Nun, jetzt bleibt Ihnen nichts anderes übrig, als sich auf Ihr Schicksal vorzubereiten. Ich kann nichts tun, um Ihnen aus dieser Not zu helfen." Aber in meiner glücklichen Unkenntnis der Hindernisse sagte ich: „Ich werde sehen, was ich tun kann, um Ihnen zu helfen." Ich hatte nur einen Gedanken: diesen jungen Mann aus dem Gefängnis zu retten und ihm einen Neuanfang im Leben zu ermöglichen.

Ich begann mit der Person, die mir am nächsten war, der Frau des Sheriffs, und sie sicherte sich den Sheriff als meinen ersten Berater; Dann ging ich zur Frau des Staatsanwalts, und sie gewann ihren Mann für meine Sache. Nach und nach wurden die rechtlichen Schwierigkeiten überwunden, und die Sache wurde folgendermaßen geregelt: Ich sicherte Willy eine gute Situation im Falle seiner Freilassung; Willy gab dem Mann, von dem er das Geld genommen hatte, einen Schein über den vollen Betrag, der in neunzig Tagen zu zahlen war – den Schein, unterzeichnet von meinem Vater und einem anderen verantwortungsbewussten Bürger; Der Fall wurde mit der ursprünglichen Anklage von zehn Dollar erneut verhandelt, und Willys Strafe betrug zehn Tage im Bezirksgefängnis. und diese glückliche Beilegung der Angelegenheit wurde mit einem Leckerbissen aus Orangen und Erdnüssen für Willy und seine Mitgefangenen gefeiert. Einen Großteil dieser zehn Tage verbrachte Willy damit, den anderen Männern vorzulesen. Unmittelbar nach seiner Entlassung ging er zur Arbeit und vor Ablauf der neunzig Tage wurde der Wechsel über fünfunddreißig Dollar vollständig bezahlt. Nun, das war die vernünftige, faire und menschliche Art, ein Unrecht wiedergutzumachen. Dennoch hatten wir uns alle zusammengetan, um „ein Verbrechen zu verschärfen".

Mit Willys Freilassung nahm ich an, dass meine Bekanntschaft mit dem Gefängnis zu Ende wäre, aber der Junge hatte begonnen, sich für seine Kameraden im Elend zu interessieren, und bei seinem ersten Besuch bei mir sagte er: „Wenn du wissen könntest, was deine Besuche für mich bedeuten, würdest du es nie tun." Gib es auf, ins Gefängnis zu gehen, solange du lebst. Und dann gab ich ihm mein Versprechen. „Sei für andere, was du für mich warst", war die Botschaft, die mir mehr als einer dieser Männer vermittelte.


Ein Gefangener, Willy, hatte sich zwar nicht über den Zustand der Dinge im Gefängnis beschwert, aber nachdem er seine Schulden beglichen hatte, kaufte er Stroh und Zecken für Matratzen, die angefertigt und für die anderen Gefangenen ins Gefängnis geschickt wurden. während ich seine Bemühungen, die Existenz dieser Männer erträglicher zu machen, dadurch förderte, dass ich verschiedene „Vernichter" beisteuerte, die darauf abzielten, die Zahl der überflüssigen Bewohner in den Zellen zu reduzieren.

Damals nahm ich an, dass Willy moralisch eine Ausnahme von dem üblichen Material darstellte, aus dem Kriminelle gemacht werden. Das glaube ich jetzt nicht mehr, nach 25 Jahren Freundschaft mit Kriminellen; der Untersuchung der Männer selbst und der Bedingungen und Umstände, die zu ihrer Inhaftierung führten.

Willy hatte ein freundliches, aufgeschlossenes Wesen, das den Einflüssen seiner Umgebung bereitwillig nachgab und dem es weniger an Ehrlichkeit als vielmehr an Widerstandskraft mangelte. Wäre er der Schande, der Demütigung und den Assoziationen einer Haftstrafe ausgesetzt gewesen, in der die erste Anforderung der Disziplin Widerstandslosigkeit ist, wäre er möglicherweise leicht in die Reihen des „Gewohnheitsverbrechers" abgerutscht, aus dem er sich befreien würde Es ist so schwierig, einen Ausweg zu finden. Ich bin mir nicht sicher, ob Willy nie wieder unehrlich war; Aber um ehrlich zu sein, bin ich mir seiner Absicht sicher; und das Letzte, was ich von ihm wusste, nach mehreren Jahren der Korrespondenz, war, dass es ihm gut ging und er einen Zigarrenstand und eine kleine Leihbibliothek in einer westlichen Stadt betrieb.

Von da an setzte ich meine Besuche im Gefängnis fort, meist sonntagmorgens, wenn andere Besucher keinen Zutritt hatten. Und am Sonntagmorgen, wenn die Kirchenglocken läuteten, schienen die Gefangenen zweifellos in einer anderen Stimmung zu sein als an Wochentagen. Es besteht kein Zweifel an der Mission der Kirchenglocken, die klar über dem Tumult der Welt läuten und uns sonntagmorgens von der Wiege bis zur Bahre begrüßen.

Ich habe keine Gottesdienste abgehalten. Ich wagte es nicht zu verschreiben, bis ich herausgefunden hatte, was los war. Es waren fast immer Bücher, die die neuen Bekanntschaften eröffneten, denn durch die Bibliothek konnte ich den Gefangenen unterhaltsame Lektüre bieten. Sie trafen ihre eigene Auswahl aus unseren gedruckten Listen, und ich war überrascht, dass diese Auswahl im Durchschnitt gut mit der Auswahl an Büchern unter guten Bürgern mit demselben Bildungsgrad übereinstimmte. Es gab sicherlich eine gewisse Diskrepanz zwischen dem gebrochenen Kopf, den ganzen Verbänden, der zerlumpten Kleidung und dem literarischen Geschmack des Mannes, der mich um „etwas von George Eliot oder Thackeray" bat.

Eine vorgelesene Kurzgeschichte war für die Männer hinter Gittern immer eine Freude; Mehr als einmal ist es mir gelungen, anhand des Gesichtsausdrucks eines Gefangenen richtige Schlussfolgerungen über die Schuld oder die Unschuld eines Gefangenen zu ziehen, wenn ich etwas las, das die tieferen Quellen der menschlichen Natur berührte. Und mein Sinn für Humor kam mir bei diesen Männern zugute; denn es gibt keine Freimaurerei wie die des spontanen Lächelns, das aus dem Herzen kommt;

und nachdem wir einmal zusammen gelächelt hatten , waren wir keine Fremden mehr.

Ein früher Vorfall während meiner Gefängniserfahrungen hinterließ bei mir einen lebhaften Eindruck. Ein etwa dreizehnjähriger Junge, dem Diebstahl vorgeworfen wurde, wurde mehrere Wochen im Gefängnis festgehalten und wartete auf seinen Prozess, mit der Aussicht auf eine spätere Aufnahme in eine Besserungsschule. Sein Aussehen war attraktiv, und seine Jugend erregte Sympathie. Da ich davon überzeugt war, dass ihm eine bessere Zukunftsperspektive gegeben werden sollte, als unsere Reformschulen es damals boten, versuchte ich, den Sheriff dazu zu bewegen, einen Bauern zu bitten, ihn in die Hand zu nehmen. Der Sheriff widersprach und sagte, dass kein Bauer den Jungen in seiner Familie haben möchte, da er ein Lügner und sehr gottlos sei, und deshalb ließ ich das Thema fallen.

Zur gleichen Zeit befand sich im Gefängnis ein Mann von über vierzig Jahren, der mir offen erzählte, dass er seit seiner Kindheit ein Krimineller und Landstreicher gewesen sei, dass er alle Chancen im Leben vertan und für immer jegliche Selbstachtung verloren habe. Ich habe ihn nach seiner eigenen Einschätzung beurteilt und er schien wirklich der hoffnungsloseste Fall zu sein, den ich je erlebt habe. An einem schönen Juniabend, als ich in den Korridor des Gefängnisses ging, um ein Buch abzulegen, rief mich dieser alte Verbrecher neben seiner Zelle an, um ein paar Worte zu sagen.

„Lassen Sie diesen Jungen nicht auf die Besserungsanstalt gehen“, begann er ernst. „Für so einen Jungen ist die Erziehungsanstalt die wahre Brutstätte des Verbrechens. Retten Sie ihn, wenn Sie können. Retten Sie ihn vor einem Leben wie meinem. Bringen Sie ihn auf eine Farm. Bringen Sie ihn aufs Land, weg von der Versuchung.“

„Aber der Sheriff sagt mir, dass er so ein Lügner ist und schwört, dass kein anständiger Mensch ihn behalten würde“, antwortete ich.

„Ich werde ihn vom Fluchen befreien“, sagte der Mann ungestüm, „und ich werde versuchen, ihn vom Lügen zu befreien. Kann er nicht sehen, was ich bin ? Kann er nicht *sehen*, was auf ihn zukommt, wenn er es tut.“ Machst du dich nicht bereit? Ich bin ein lebender Streiter – ein lebendiges Beispiel für die Torheit und Erniedrigung des Stehlens und Lügens. Ich kann nie etwas anderes sein als das, was ich jetzt bin, aber es gibt Hoffnung für diesen Jungen, wenn jemand nur nachgibt Gib ihm eine Chance und ich möchte, dass du ihm hilfst.

Der Kraft seines Appells ließ sich nicht widerstehen, und ich stimmte zu, seinem Beispiel zu folgen, um seinen Mitgefangenen vor dem Untergang zu bewahren. Als ich dort in der Dämmerung neben diesem Mann stand, der sich aus dem Wrack und Ruin seines eigenen Lebens beugte, um bei der

Rettung dieses Jungen mitzuhelfen, hoffte ich, dass die „guten Menschen" ihren Teil dazu beitragen würden, dass der heilige Petrus und... Der Aufnahmeengel blickte nach unten. Und als ich mit einem Händedruck gute Nacht sagte, hatte ich das Gefühl, eine menschliche Seele berührt zu haben.

Der Mann hielt sein Wort, der Junge gab das Fluchen auf und hielt sich allgemein bereit, und ich hielt meinen Teil der Vereinbarung; Ich weiß jedoch nicht, ob unsere gemeinsamen Bemühungen eine nachhaltige Wirkung auf den jungen Täter hatten.

Im Laufe der Zeit wurden viele dieser Männer aus dem Gefängnis in das Staatsgefängnis geschickt, und oft blieben eine Frau oder eine Familie in Not zurück; und die Armut der Frau eines Gefangenen bedeutet nicht nur Armut, sondern auch Herzschmerz, Schande und Verzweiflung. Nie werde ich das erste Mal vergessen, als ich den Abschied einer Frau von ihrem Mann an dem Morgen sah, als er ins Gefängnis gebracht wurde. Sie war ein sensibles, nervöses, zerbrechliches Wesen; und als sie in der bitteren Dezemberkälte mit einem schweren, achtzehn Monate alten Jungen und einem älteren Mädchen im Schlepptau hinausging, schien sie die Verkörperung der Trostlosigkeit zu sein. Diejenigen, die die Armen nicht kennen, haben mir gesagt, dass sie nicht so empfinden wie wir, dass ihre Sensibilität abgestumpft und ihre Vorstellungskraft träge ist. Könnten wir es nur wissen! Könnten wir nur wissen, dass wir ihren Leiden gegenüber nicht so gefühllos sein sollten? Wir sind es, die langweilig sind. Für die Frau dieses Gefangenen war das Leben an diesem Morgen eine zitternde Folter, bei der es absolut kein Entrinnen vor qualvollen Gedanken gab. Ihr „Zuhause", zu dem ich an diesem Nachmittag ging, war eine Hütte, in der es ein einziges Feuer gab, aber kaum Lebensmittel und keinen Vorrat an Kleidung; Die Frau hatte keine Ahnung von Wohltätigkeitsvereinen und schreckte vor der Schande zurück, ihre Bedürfnisse als Ehefrau eines Sträflings preiszugeben.

Es ist nicht schwer, in Kleinstädten etwas zu bewegen, wenn die Menschen sich kennen und in unmittelbarer Nähe wohnen. In kürzerer Zeit, tatsächlich weniger Zeit, als es gedauert hätte, einen Aufsatz für den Woman's Club über „Die Probleme der Armut" zu schreiben, wurde die Frau dieses Gefangenen von ihrer unmittelbaren Not befreit. Ihre Geschichte einem halben Dutzend Bekannten zu erzählen, die Kinder und überflüssige Kleidung hatten, um sich eine gewisse monatliche Hilfe von der Stadt zu sichern, war eine einfache Sache; und nach ein paar Monaten begann die Frau mit dem Nähen – und leistete gute Arbeit – für eine zuverlässige Klasse von Gönnern.

Ich habe die Armen nicht als undankbar empfunden; Zwanzig Jahre später kam diese wohlhabende Frau aus einer anderen Stadt, wo sie eine erfolgreiche Schneiderin gewesen war, zu mir, um noch einmal ihre Dankbarkeit für die Freundschaft zum Ausdruck zu bringen, die ihr in dieser

Zeit der Not geschenkt wurde. Fast ausnahmslos habe ich bei meinen Gefangenen und ihren Familien grenzenlose Dankbarkeit und Loyalität erlebt.

Als die Männer, die aus dem Gefängnis ins Gefängnis geschickt wurden, keine Familie hatten , schrieben sie mir natürlich. Manchmal lernten sie das Schreiben im Gefängnis oder nachdem sie das Gefängnis erreicht hatten, nur um das Vergnügen zu haben, mit jemandem Briefe auszutauschen . Die gesamte Gefängniskorrespondenz wird von einem Beamten zensiert; und als meine Briefe bald mein desinteressiertes Verhältnis zu den Gefangenen offenbarten, sandte mir der inzwischen landesweit bekannte Aufseher RW McClaughrey eine Einladung, mehrere Tage als sein Gast zu verbringen und so die Anstalt kennenzulernen.

Es war eine großartige Erfahrung, eine überwältigende Erfahrung, als mir zum ersten Mal der Sinn des Gefängnislebens klar wurde. Es schien mir, als wäre ich sofort mittendrin. Die ungeheure Unnatürlichkeit des Ganzen entsetzte mich. Die großen Banden gestreifter Kreaturen, die sich im Gleichschritt wie riesige Schlangen bewegten, waren alle so unmenschlich. Ihr stummes Schweigen – denn selbst die Augen eines Gefangenen müssen stumm sein – war bedrückend wie ein Albtraum. Das hoffnungslose Elend der Männer, die dort lebenslang leben; bereits begraben, wie lange die Jahre auch noch vor ihnen lagen mochten, und das wilde Flehen in den Augen der Sterbenden im Krankenhaus – denn die Augen der Sterbenden sprengen alle Bindungen – diese Dinge verfolgten mich noch lange in meinen Träumen. Später erfuhr ich, dass es auch im Gefängnis Lichter zwischen den Schatten gibt und dass sonnige Herzen immer noch ihre Sonnenstrahlen haben können, die die Dunkelheit ihres Schicksals durchbrechen; aber mein erster Eindruck war der einer völligen Trübsinnigkeit. Als ich dem Direktor etwas davon mitteilte, antwortete er: „Ja, jedes Leben hier stellt eine Tragödie dar – eine Tragödie, wenn der Mann schuldig ist, und kaum weniger eine Tragödie, wenn er unschuldig ist."


Als Gast des Aufsehers blieb ich mehrere Tage im Gefängnis und erhielt eine äußerst herzliche Einladung in die Anstalt, mit dem Privileg, mit jedem Gefangenen ohne Anwesenheit eines Beamten zu sprechen. Der unsägliche Luxus für diese Männer, ohne Wache zu Besuch zu sein! Einige der Männer, mit denen ich gesprochen habe, waren zehn Jahre oder länger im Gefängnis gewesen, hatten nie einen Besucher aus der lebenden Welt und nur gelegentlich einen Brief erhalten.

Meine Besuche im Gefängnis fanden nie häufiger als zweimal im Jahr statt, und ich beschränkte die Liste meiner Interviews normalerweise auf fünfundzwanzig. Mit welcher Fröhlichkeit und Vitalität ich diese Interviews auch begonnen hatte, war ich, als ich in das Leben dieser Anzahl von Sträflingen eingetreten war, so sehr in die Gefängnisatmosphäre versunken, und die Forderung nach meinem Mitgefühl war so erschöpfend, dass ich geben konnte vorerst nicht mehr. Ich fand heraus, dass der kürzeste und sicherste Weg für mich, mich vom Einfluss des Gefängnisses zu befreien, darin bestand, nach einem Besuch im Gefängnis schöne, mitreißende Musik zu hören. Aber jahrelang hielt ich meine Liste auf fünfundzwanzig und machte neue Bekanntschaften, als die Männer, die ich kannte, freigelassen wurden. Gefangene, die ich nicht kannte, schrieben mir und baten um Interviews, und die Männer, die ich kannte, baten mich oft, ihre Zellengenossen zu sehen, und ich hatte eine kurze Bekanntschaft mit einer Reihe von Gefangenen, die nicht auf meiner Liste standen.

So erweiterte sich mein Kreis nach und nach und umfasste Hunderte von Sträflingen und ehemaligen Sträflingen aller Besoldungsgruppen, von Universitätsmännern bis zu Männern, die nicht lesen konnten; Allerdings waren es die Männer, die keine Freunde hatten, die immer den ersten Anspruch auf mein Mitgefühl hatten; und im Laufe der Jahre kam ich immer mehr in Kontakt mit den „Gewohnheitsverbrechern", den hoffnungslosen Fällen, den übriggebliebenen und vergessenen Männern; Einige von ihnen übersteigen sogar den Interessenbereich des gewöhnlichen Geistlichen – denn es gibt Geistliche und Geistliche sowie Sträflinge und Sträflinge.

Ich vermute, dass es gerade die Trostlosigkeit dieser Männer war, die dazu führte, dass sie so schnell auf jeden Beweis menschlichen Interesses reagierten. In ihrem Eifer, die Freundschaft eines jeden zu gewinnen, der sich daran erinnerte, dass sie noch Männer waren – nicht nur Sträflinge – erzählten diese Gefangenen oft offen die Geschichten ihres Lebens; Schuldeingeständnis ohne Versuch einer Milderung. Zweifellos war es eine große Erleichterung für sie, jemandem, der sie verstehen und nachgeben konnte, ihre Vergangenheit offenzulegen.

Das war nicht immer so; einige Männer haben mich angelogen und sind einfach aus meiner Erinnerung verschwunden; Aber ich lernte schon früh, mit dem Urteil zurückzutreten, und als ich sah, dass ein Mann aus Selbstverteidigungsinstinkt lügte , weil er mir nicht vertraute, gab ich ihm die Chance, „mich einzuschätzen" und sich über meine Meinung zu vergewissern Vertrauenswürdigkeit. „Also, ich konnte dich einfach nicht weiter anlügen, nachdem ich sah, dass du bereit warst, an mich zu glauben", war das offene Eingeständnis von jemandem, der mich nie wieder angelogen hat.

Unter diesen Sträflingen traf ich auf unverkennbare Degenerierte. Selbst der optimistischste Menschenfreund kann nicht leugnen, dass es in allen Lebensbereichen Fälle moralischen Verfalls gibt. Diese Tatsache wurde durch die Söhne einiger unserer Multimillionäre deutlich bewiesen. Und die menschliche Natur scheint der Belastung extremer Armut ebenso wenig standhalten zu können wie dem Überfluss, der durch übermäßigen Reichtum entsteht. Die wahre Entartung ist jedoch meist das Ergebnis von Ursachen, die zu kompliziert oder zu weit entfernt liegen, als dass man sie klar nachvollziehen könnte. Aber während meiner langen Erfahrung mit Sträflingen habe ich nicht mehr als ein Dutzend gekannt, die mir wie schwarzherzige, vorsätzliche Kriminelle vorkamen; und unter diesen war zufälligerweise einer krimineller Abstammung. Kriminalität ist keine Krankheit; Aber es besteht kein Zweifel, dass Krankheiten oft zu Kriminalität führen. Von den Schwachsinnigen, Schwachsinnigen, Halbwahnsinnigen und Epileptikern gibt es in jedem Gefängnis zu viele; einer ist zu viel; Aber in unseren Gefängnissen kann man sie zu Hunderten zählen. Sie sind oft warmherzig, oft stark religiös veranlagt und verfügen weder über ein Urteilsvermögen noch über ein moralisches Rückgrat. Die Schraube, die sich irgendwo in der geistigen oder körperlichen Verfassung dieser Männer löst, verursacht die Tragödien, die praktisch hoffnungslosen Tragödien ihres Lebens; obwohl es möglicherweise nie eine Stunde gegeben hat, in der sie vorsätzlich kriminell waren. Dann gibt es diejenigen, deren Verbrechen einfach das Ergebnis von Umständen sind, und zwar von Umständen, die sie nicht selbst verursacht haben. Andere sind zu Unrecht verurteilte Gefangene, die keiner Straftat schuldig sind; aber jeder Sträfling wird als Verbrecher eingestuft, was unvermeidlich ist; und durch die Bertillon-Methode zur Identifizierung ist seine Person unauflöslich mit dem Strafregister verbunden. Selbst im 20. Jahrhundert, einem Zeitalter des wunderbaren Fortschritts in vielerlei Hinsicht , gibt es unter den Gesetzgebern eine bedrohliche Tendenz, die Grenzen lebenslanger Haftstrafen zu erweitern – *nicht* nach der Zahl der Verbrechen, die ein Mann begangen haben darf, sondern nach der Zahl der Manchmal wurde ein Mann vor Gerichten verurteilt, denen Gerechtigkeit notorisch gleichgültig war; Zu oft, gemessen an der Häufigkeit, mit der der Mann „Opfer unserer Strafmaschinerie" geworden ist.

Ich erinnere mich noch gut an einen Mann, der dreimal aus meiner Heimat wegen Diebstählen, die während der Gehirnstörung vor epileptischen Anfällen begangen wurden, ins Gefängnis gebracht wurde. Einmal, zwischen Festnahme und Verurteilung, sah ich den Mann bewusstlos und in so heftigen Krämpfen, dass es notwendig war, ihn an das eiserne Bettgestell zu fesseln, auf dem er lag. Ich wusste damals nur wenig über physiologische Psychologie; und niemand brachte die Ausbrüche von Diebstählen mit den Ausbrüchen von Epilepsie in Verbindung. Und der Mann, fleißig und ehrlich, obwohl er gesund war, wurde infolge einer epileptischen Geistesstörung wegen Verbrechens verurteilt und ins Zuchthaus geschickt und aufgrund früherer Verurteilungen aus demselben Grund als „Gewohnheitsverbrecher" eingestuft .

Ebenso kommt es immer wieder zu Ungerechtigkeiten, die aus Unwissenheit resultieren. In unseren Großstädten, in denen es reine Geschäftssache ist, Männer ins Gefängnis zu schicken, wird auf den einzelnen Angeklagten keine Rücksicht genommen, er ist kein Mensch mehr, er ist einfach „ein Fall". Ein sehr fähiger und erfolgreicher Staatsanwalt – der Erfolg wird anhand der Zahl der verurteilten „Fälle" gemessen – sagte einmal zu mir: „Ich habe nichts mit der Unschuld des Mannes zu tun: Ich bin *hier, um zu verurteilen* ."

Der mit Abstand brutalste Mann, dem ich jemals persönlich begegnet bin, war ein moderner Prototyp des englischen Richters, Lord George Jeffreys – ein Richter in einer unserer Großstädte, der das Schicksal vieler Angeklagter in seinen unheiligen Händen gehalten hatte. Mit dieser einen Ausnahme habe ich jedoch in meiner Erfahrung mit Richtern festgestellt, dass sie höflich und aufrichtig waren und mir gerne zur Seite standen, wenn ich davon überzeugt war, dass einem Verurteilten kein Recht zuteil wurde.

Wir finden in den Gefängnissen die gleiche menschliche Natur wie in den Kirchen; ganz unterschiedlich entwickelt und manifestiert; aber doch nicht so unterschiedlich, wie wir erwarten sollten, wenn wir uns an den Kontrast zwischen dem häuslichen Einfluss, der Bildung, der Umgebung und den Möglichkeiten der Insassen unserer Gefängnisse und denen der Vertreter unserer Kirchen erinnern. In unseren Gefängnissen finden wir Feigheit, Brutalität, Unehrlichkeit und Selbstsucht. Sind unsere Kirchenmitgliedschaften überhaupt frei von diesen Mängeln? Zweifellos finden wir in unseren Kirchen die höchsten Tugenden: Liebe, Mut, Standhaftigkeit, Zärtlichkeit, Treue, Selbstlosigkeit. Und in jedem Gefängnis dieses Landes sind dieselben Tugenden zu finden – Liebe, Zärtlichkeit, Mut, Standhaftigkeit, Treue, Selbstlosigkeit; oft verborgen in der Stille des Herzens, aber lebendige Funken des göttlichen Lebens, das unser Geburtsrecht ist. Und doch besteht zwischen diesen Gefängnissen und den Kirchen seit langem eine nahezu unüberwindbare Barriere des Misstrauens, die auf beiden Seiten gleichermaßen stark ist.

Ich besuchte einmal zusammen mit einem Freund die Frau eines Sträflings, die von einem Vorfall erzählte, bei dem sie große Freundlichkeit von einer bestimmten, in Kirchenkreisen sehr prominenten Dame erfahren hatte, und sagte: „Ich war so überrascht: Ich konnte nicht verstehen, dass sie so freundlich war." – *denn sie war Christin* ." „Die Freundlichkeit eines Christen ist nichts Ungewöhnliches", sagte mein Freund. „Miss Taylor und ich sind beide Christen." Die Frau des Gefangenen hielt einen Moment inne und sagte dann mit langsamem Nachdruck: „ *Das ist unmöglich* ."

Wir alle haben unsere Maßstäbe und Ideale, nicht nach denen wir leben, sondern nach denen wir einander beurteilen. Diese Frau kannte die Ausbeutungsbetriebe und sie wusste, dass sowohl Christen als auch Juden im Luxus von den Gewinnen lebten, die sie aus der Arbeit der Ausbeutungsbetriebe und der unterbezahlten Ladenmädchen erwirtschafteten. Für sie bedeuteten die großen Stadtkirchen Unterdrückung und Selbstsucht, Macht und Reichtum, im Gegensatz zu Armut und Schwäche, zu fairem Lohn und fairem Spiel. Ihre eigene persönliche Erfahrung mit einigen als Christen eingestuften Personen war bitter und grausam gewesen; Dadurch wurde ihre Sicht verzerrt und ihr Urteil in die Irre geführt. In den Gefängnissen herrschte weitgehend das gleiche Gefühl; und ich weiß, dass einer der Gründe, warum mir so viele der „Unverbesserlichen" ihr Vertrauen schenkten, darin lag, dass unter ihnen gesagt wurde: „Du kannst ihr vertrauen; sie ist *keine Christin* ."

Für uns klingt das seltsam. Aber es klingt überhaupt nicht seltsam, wenn wir von der anderen Seite hören: „Diesem Mann kann man nicht trauen – er ist ein Sträfling."

Durch das Genie, die Energie, den spirituellen Enthusiasmus dieser bemerkenswerten Frau, die unter Gefangenen als „Die kleine Mutter" bekannt ist, ist die Barriere zwischen den Kirchen und den Gefängnissen auf der einen Seite vor kurzem und vorerst gewichen. Die Seelsorger gelten als Teil der Gefängnisausstattung und ihr Predigen am Sonntag als die Arbeit, für die sie bezahlt werden. Aber „Die kleine Mutter" kommt von außen und gibt buchstäblich ihr Leben, um ehemaligen Sträflingen eine Chance auf dieser Welt zu sichern. Sie bringt eine neue Interpretation der christlichen Religion in die Gefängnisse, als Hilfe für die Hilflosen, als Freundin der Freundlosen. In ihr finden sie gleichzeitig ihr Ideal menschlicher Güte und einer schönen Frau, und durch sie beginnen sie zu verstehen, wofür die christlichen Kirchen stehen wollen. Aber die Barriere auf Seiten der Gesellschaft zu untergraben – ein besseres Verständnis für die hinter den Mauern eingesperrten Individuen herbeizuführen, was die Gesellschaft immer noch zum Selbstschutz für notwendig hält – ist naturgemäß ein weitaus schwierigeres Unterfangen. Für den Außenstehenden ist das Herz eines Sträflings bzw. die Lebensauffassung des Kriminellen nahezu unzugänglich. Tatsächlich unterscheiden sich ihre Herzen und Standpunkte je nach Natur und Erfahrung. Aber an unsere Gefangenen in der Masse zu denken – die tausend oder zweitausend Männer, die von der Welt abgeschnitten und in jedem unserer großen Gefängnisse eingekerkert sind – bedeutet, sie als die Unartikulierten zu betrachten. Die Unterdrückung ihres Lebens war furchtbar. Alles, was von ihnen verlangt wurde, war, Teil der Maschinerie des Gefängnissystems zu sein; arbeiten, gehorchen, Disziplin wahren. Es wurde absolut nichts getan, um das Individuum weiterzuentwickeln. Der mentale und psychische Einfluss des Gefängnisses war unbeschreiblich erdrückend und abstumpfend. Jeder instinktive Bewegungsimpuls, der Blick des Auges, das Lächeln des Verständnisses, die Dehnung müder Muskeln, das Drehen des Kopfes, alles muss gehütet oder unterdrückt werden. Die ganze Tendenz der Gefängnisdisziplin besteht darin, den Einzelnen von seinen Mitmenschen zu trennen; um jeden Preis die Kommunikation zwischen Verurteilten zu verhindern; und jeden Ausdruck von Individualität zu unterdrücken, außer zwischen Zellengenossen, wenn die Arbeit des Tages vorbei war. Und die Kameradschaft der Zellengenossen wird wahrscheinlich verblassen, wenn dieselben zwei Männer dreihundertfünfundsechzig Abende im Jahr in einer sieben mal vier großen Zelle eingesperrt sind. Allmählich, aber unweigerlich, wird der Geist stumpf; geistige Eindrücke verlieren ihre klaren Umrisse und die Fähigkeiten verkümmern. Ich habe das immer und immer wieder erlebt.

Als sich das Drama des Gefängnislebens zum ersten Mal vor mir zu entfalten begann , suchte ich nach einem Gefangenen, der die Geschichte erzählen konnte; er konnte nur wissen, was es wirklich bedeutete. Aber der Wunsch zu vergessen, jede Verbindung abzuschütteln, selbst der bloße Gedanke, mit dem Leben eines Sträflings in Verbindung gebracht worden zu sein, war das instinktive Ziel des Durchschnittsmenschen, der wieder in die Gesellschaft aufgenommen werden wollte. Gelegentlich erschien ein menschliches Dokument aus der Feder eines ehemaligen Sträflings in gedruckter Form, aber nur wenige davon waren überzeugend. Das Bewusstsein des Autors, ein Sträfling gewesen zu sein, könnte ihn daran gehindert haben, sich von der Schulter zu rühren und als Mann zu Mann zu sprechen, oder irgendetwas im Kopf des Lesers könnte den Wert der Aussage eines ehemaligen Sträflings herabgesetzt haben; Wahrscheinlicher als beides war, dass der Geist des Mannes vor seiner Freilassung so erloschen war, dass er weder Herz noch Mut hatte, sich mit dem Thema auseinanderzusetzen; und auch er teilte die weit verbreitete Überzeugung, dass Gefängnisse notwendig seien – für andere.

Es war der Dichter und Künstler Oscar Wilde, der es ihm möglich – vielleicht sogar unvermeidlich – ermöglichte, den Schleier zu zerreißen, der die Hinrichtung des Sträflings im Gefängnis verbirgt, und das Grauen in seiner ganzen Schwärze – ein Gerüst, das sich als Silhouette vor dem Himmel abhebt – in „ Die Ballade vom Reading Gaol . Das Bild ist ein Meisterwerk und es ist die nackte Wahrheit; wirkungsvoller für den allgemeinen Leser als sein „De Profundis“, das als Literatur nicht weniger bemerkenswert ist, sondern ausschließlich eine Analyse von Oscar Wildes eigener spiritueller Entwicklung während seiner Gefängniserfahrung darstellt. Der russische Schriftsteller Dostojewski , dessen Feder ebenfalls in die Tränen und das Blut tatsächlicher Erfahrungen getaucht ist, hat Szenen aus dem Leben russischer

Sträflinge dargestellt, die so schrecklich und intensiv sind, dass der Geist des Lesers vor Entsetzen zurückschreckt, ein weiteres schwarzes Zeichen gegen Russland setzt und Gott dafür dankt Im Umgang mit Sträflingen sind wir nicht wie diese anderen Männer. Doch vor nicht allzu langer Zeit drang in „Con Sordini", einem Gedicht von bemerkenswerter Kraft, ein Schrei von innen durch die Mauern eines westlichen Gefängnisses, geschrieben von einem jungen Dichter-Musiker, der in den Fängen des Gesetzes eine Ungerechtigkeit erlitt, die ... Ein Russe würde nur langsam nachgeben. Zweifellos werden auch andere begabte Geister ihre Botschaften haben. Aber in den Augen der Öffentlichkeit schien es, als ob diese Männer durch ihre Genialität aus der Sträflingshaft in die literarische Klasse gehoben wurden, und ihre menschlichsten Dokumente waren allzu wahrscheinlich, um nur als Literatur betrachtet zu werden. [1]

Genie ist in allen Gesellschaftsschichten selten, und meine Gefängnisfreunde waren aus dem Stand der Dinge. Die Basis unserer Sträflinge ist fast so unartikuliert wie dummes, getriebenes Vieh, viele von ihnen sind nicht in der Lage, die Schritte nachzuvollziehen, auf denen sie in die Kriminalität geraten sind, oder die Auswirkungen der Inhaftierung zu analysieren. Einige von ihnen haben nicht gelernt, mit Worten umzugehen, und haben Schwierigkeiten, Gedanken oder Gefühle auszudrücken; Dies gilt insbesondere für die unwissenden Ausländer.

Einer der Männer, die ich kannte, kein Ausländer, aber absoluter Analphabet, geriet schon früh in die Kriminalität und verbüßte noch vor seinem zwanzigsten Lebensjahr eine lebenslange Haftstrafe. Nach einer Zeit unsäglicher Einsamkeit und seelischen Elends durfte er die Abendschule des Gefängnisses besuchen. Er erzählte mir, dass er vor Freude und Aufregung nicht schlafen konnte, als er zum ersten Mal erkannte, dass er durch gedruckte und geschriebene Worte mit anderen Köpfen in Kommunikation treten, Kameradschaft finden, Informationen erhalten und mit der großen freien Welt draußen in Kontakt kommen konnte. [2]

Wenn ich auf meine 25 Jahre Gefängnisfreundschaft zurückblicke, ist es, als würde ich durch eine lange Porträtgalerie blicken, nur die Gesichter sind lebendige Gesichter und die Lippen vereinen sich in der einen Botschaft: „Auch wir sind Menschen von gleicher Natur." mit euch selbst." Für mich jedoch bringt jedes Gesicht seine eigene besondere Botschaft mit sich, denn jedes einzelne war seinerseits mein Lehrer im Buch des Lebens. Und um ihretwillen werde ich nun das Siegel meiner Gefängnisfreundschaften brechen und einigen dieser Sträflinge erlauben, ihre Herzen für die Welt zu öffnen, wie sie mir gegenüber geöffnet wurden, und ihnen ihre Vision vom menschlichen Leben mitzuteilen; das Bild so zu zeichnen, wie sie es gesehen haben. Einige von ihnen tragen das Kennzeichen eines Mörders, andere gehören zu der Klasse, die das Gesetz als „unverbesserlich" bezeichnet. Ich glaube, ich hatte den Ruf, die schlimmsten Männer im Gefängnis zu kennen, die „Oldtimer". Es konnte nicht wahr sein, dass meine Freunde zu den schlimmsten Männern dort gehörten, denn meine Freundschaften im Gefängnis basierten, wie alle Freundschaften, auf gegenseitigem Vertrauen; und nie hat einer dieser Männer mein Vertrauen missbraucht.

### FUSSNOTEN:

[1] Jüngste Zeitschriften haben viele überzeugende Enthüllungen für die Öffentlichkeit von Männern gemacht, die die grausamen und barbarischen Bedingungen des Sträflingslebens nur zu gut kennen. Ich bin seit langem der Meinung, dass kein Richter befugt sein sollte, einen Mann zu einer Gefängnisstrafe zu verurteilen, solange der Richter nicht aus Erfahrung weiß, wie das Leben im Gefängnis wirklich aussieht . Und jetzt haben wir authentische Berichte von Autoritätspersonen, die eine freiwillige Erfahrung im Sträflingsleben gemacht haben.

[2] Im Jahr 1913 wurde im Maryland-Gefängnis eine *Intra-Mural-Schule eröffnet, und die Geschichte ihrer Auswirkungen auf den Geist und das Verhalten der dreißig Prozent der Analphabeten in diesem Gefängnis ist äußerst interessant.* Es bestätigt zweifellos meine Aussage, dass die Basis unserer Sträflinge unausgesprochen ist.

# KAPITEL II

Nicht nur, dass die Gefangenen, die ich kannte, nie mein Vertrauen verrieten, sondern auch ehemalige Häftlinge, die durch andere von mir wussten, kamen manchmal zu mir und baten mich um Rat oder Hilfe bei der Arbeitssuche; und viele seltsame Arbeiten an unserem Ort wurden von diesen Männern gut erledigt, die uns nie Anlass gaben, unser Vertrauen in sie zu bereuen. An einem kalten Dezembertag kurz vor den Feiertagen wandte sich ein Fremder, der frisch aus dem Gefängnis entlassen wurde, an mich. Ich steckte mitten in den Vorbereitungen für Weihnachten und vertraute diesem jungen Mann gerne die ganztägige Arbeit an, das Haus unter meiner Leitung mit Stechpalmen und Immergrün zu schmücken, und nie wurde dies effektiver und mit mehr Weihnachtsstimmung erledigt . Der Mann hatte eine schöne Zeit und vertraute meiner Mutter seinen Wunsch nach einem eigenen Zuhause an. Am Abend verließ er uns mit einem warmen Herzen von der Vision eines echten Zuhauses und einem guten, warmen Mantel, der sein Gehalt ergänzte. Diese Männer pflegten mir gegenüber alle möglichen offenen Zugeständnisse zu machen, wenn sie über ihre Schwierigkeiten sprachen. Ich erinnere mich an einen Mann, der sagte:

„Ich möchte ein ehrlicher Mann sein; ich mag ein solches Leben mit all seinen Risiken nicht; ich möchte mich niederlassen, aber ich schaffe nie einen Anfang. Wenn ich mir jetzt einfach einen sauberen Diebstahl sichern könnte." Für hundert Dollar könnte ich mir ein paar anständige Klamotten besorgen und sie im Voraus in einer angesehenen Pension bezahlen; dann könnte ich einen Job bekommen und ihn behalten; aber niemand wird mir Arbeit geben, so wie ich bin, und niemand wird mir die Verpflegung anvertrauen ." Und das war die harte Tatsache. Als der Mann ging, fragte er:

„Könnten Sie mir ein oder zwei Zeitungen geben?" Als ich ihm die Papiere reichte, erklärte er: „Sehen Sie, wenn jemand in diesen kalten Nächten auf dem Boden eines Güterwaggons schläft – was bei mir wahrscheinlich der Fall sein wird –, ist es mit einer Zeitung unter Ihnen nicht ganz so kalt und hart, und Wenn ich sie unter meinem Mantel zuknöpfe, ist es draußen nicht ganz so kalt. Es war kein Wunder, dass der Mann sesshaft werden wollte.

In den Annalen unseres Haushalts sind mehrere Ehrenvorfälle unter Dieben verzeichnet. Eines Abends, als wir zu unserer üblichen Fahrt aufbrachen, rief meine Mutter: „Halten Sie einen Moment! Da ist Katys Schatz, und ich möchte mit ihm sprechen."

Katy war unsere Köchin und ihr Schatz war ein kräftiger, blonder Arbeiter, der demjenigen sehr ähnlich war, der unsere Einfahrt entlangkam. Meine Mutter hielt den Mann an und gab ihm diese Information:

„Das Haus ist völlig offen und jeder kann hineingehen und sich bedienen. Ich wünschte, du würdest Katy bitten, die Haustür abzuschließen." Der Mann verneigte sich und wir fuhren weiter.

Als wir zurückkamen, berichtete Katy, dass ein fremder Mann an die Küchentür gekommen sei und ihr gesagt habe, dass die Herrin wünsche, dass sie die Haustür verschließe. Während sie das tat, verließ sie den Mann und fand ihn wartend vor, als sie zurückkam. Dann bat er sie um etwas zu essen und erklärte, dass er gerade aus dem Gefängnis entlassen worden sei und Fräulein sehen wollte – (unter Nennung meines Namens). Der Koch gab ihm ein Mittagessen und vereinbarte einen Termin für mich, ihn am nächsten Tag zu sehen.

Katy ärgerte sich nicht darüber, dass der Mann für ihren Joe gehalten wurde, denn sie bemerkte die Ähnlichkeit, aber in ihrem Ton lag ein Vorwurf, als sie hinzufügte: „Aber du weißt, dass Joe sich immer schick anzieht, wenn er zu mir kommt."

Zur verabredeten Stunde kam der Mann erneut und überbrachte mir eine Nachricht von einem Bekannten, einem Mithäftling, der im Gefängnis sein Zellengenosse gewesen war. Er erwähnte nicht, dass er, wenn er es gewollt hätte, die von meiner Mutter erhaltenen Informationen hätte ausnutzen können, aber es hätte keinen besseren Plan für einen Raubüberfall geben können als den Umstand, der ihm in die Hände fiel .

Aber von allen ehemaligen Häftlingen, die zu verschiedenen Zeiten bei uns beschäftigt waren, war George derjenige, an dem sich die Familie am meisten interessierte – sein anderer Name spielt keine Rolle, weil er so oft geändert wurde.

Eines Sonntagmorgens fand ich George als einzigen Gefangenen in unserem Bezirksgefängnis. Er war ein Dieb, der mehrere Wochen vor dem nächsten Gericht auf seinen Prozess wartete. Er hatte „zwielichtige" Augen und ein skeptisches Lächeln, war dünn, ungepflegt und insgesamt unscheinbar; aber darüber habe ich weniger nachgedacht als über seine Einsamkeit. Er war sich selbst gegenüber zurückhaltend, schien aber über eine gewisse Bildung und eine Vorliebe für das Lesen zu verfügen, also versorgte ich ihn mit Büchern aus der Bibliothek und besuchte ihn ein- oder zweimal pro Woche; aber mit der Bekanntschaft kam ich nur langsam voran, und eines Tages sagte George zu mir:

„Ich verstehe vollkommen, warum du zu mir kommst und mir Dinge zum Lesen mitbringst; *du denkst, dass du nach deinem Tod einen höheren Platz im Himmel erlangen wirst* ." Mit anderen Worten: George dachte, dass ich ihn als Sprungbrett für meinen eigenen Vorteil nutzte – sein skeptisches Lächeln war nicht umsonst.

Wie ich seinen Verdacht entwaffnet habe, weiß ich nicht; Aber in den Wochen, die folgten, bevor er ins Gefängnis kam, lernten wir uns sehr gut kennen. Das Leben im Gefängnis war hart für George, so hart, dass ich ihn nicht kannte, als ich ihn zum ersten Mal im Sträflingskostüm sah, so abgemagert war er geworden; und ich war erschrocken, als sein Lächeln seine Identität verriet. Offensichtlich wäre er nach seiner Entlassung aus dem Gefängnis für keine ehrliche Arbeit geeignet. Er beschwerte sich nicht – das war auch nicht nötig, denn sein Äußeres verriet die Geschichte nur allzu gut. George war ein unbedeutend aussehender Mann, nur einer von Hunderten, die an diesen Ort der Bestrafung geschickt wurden, und durch bloßen Zufall hatte er Arbeit bekommen, die weit über seine Kräfte hinausging. Als ich den Aufseher auf George aufmerksam machte, wurde er sofort zu leichteren Arbeiten versetzt und war in besserer Verfassung, als ich ihn das nächste Mal sah.

Und dann führten wir einige lange und ernsthafte Gespräche über seine Lebensweise, die er stets mit der Begründung verteidigte, dass er lieber „ein ausgesprochen ehrlicher Dieb" sei, als sich unter dem Deckmantel des Gesetzes fremdes Eigentum anzueignen oder zu mahlen die Armen, um mehr Geld anzuhäufen, als irgendjemand ehrlich besitzen könnte. George *glaubte* wirklich, dass alle Geschäftsleute dazu bereit seien, andere unfair auszunutzen, solange ihre eigene Sicherheit nicht gefährdet sei.

Nach Ablauf dieser Haftstrafe hörten Georges Briefe an mich für eine Weile auf und wurden später in einem Gefängnis in einem anderen Staat wieder aufgenommen, wo er in den Gewächshäusern arbeitete und sich für die Blumen interessierte. Das gab mir meine Chance.

In einer glücklichen Stunde war ich auf eine kleine Geschichte von Edward Everett Hale gestoßen, „Wie Mr. Frye es gepredigt hätte", und diese Geschichte hatte mein Ideal der Loyalität gegenüber meinen Gefangenen geformt, als sie mir einst vertrauten, und zu diesem Zeitpunkt hatte ich es auch getan gewann das Vertrauen von George. Dementsprechend schrieb ich George einen Weihnachtsbrief, in dem ich direkt an seine bessere Natur appellierte – denn ich wusste, dass er da war – und bat ihn, bei seiner Freilassung im darauffolgenden Juli zu mir zu kommen, was er gerne tat.

Nun hatte meine Mutter immer Verständnis für mein Interesse an Gefangenen gehabt, und sie liebte ihren Blumengarten sehr und hatte Schwierigkeiten, intelligente Hilfe bei der Pflege ihrer Blumen zu finden. Sie wusste, dass George gerade aus dem Gefängnis entlassen worden war, und nachdem ich ihn als einen Mann vorgestellt hatte, der ihr mit ihren Rosen helfen könnte , ließ ich sie zusammen.


Ein paar Minuten später kam meine Mutter zu mir und berichtete:

„Mir gefällt das Aussehen deines George nicht: Er sieht aus wie ein Dieb."

ihn nicht willst, werde ich versuchen, einen anderen Platz für ihn zu finden."

Aber die Blumen zogen meiner Mutter zu Herzen und sie beschloss, George eine Probe zu geben. Und was für eine schöne Zeit hatten beide in diesem Sommer! Es war wunderschön, die beiden jeden Morgen zusammen zu sehen und sich um diese kostbaren Blumen zu kümmern, als wären sie Babys. Meine Mutter hatte großen Charme, und George war ihr ergeben und erwies sich als ein rundum zufriedenstellender Gärtner. Die zwei Monate, die George bei uns verbrachte, waren zweifellos die glücklichsten seines Lebens. Meine Mutter vergaß sofort alle Bedenken hinsichtlich seiner Ehrlichkeit und betrachtete ihn als ihren besonderen Verbündeten; Sie wusste genau, dass er alles in seiner Macht Stehende tun würde, um ihr zu dienen.

Eines Nachmittags teilte mir meine Mutter mit, dass sie an diesem Abend mit der Familie fahren würde – sie hatte immer Angst davor, „das Haus allein zu verlassen" – und dass auch die Dienstmädchen draußen sein würden; „Aber George wird die Leitung des Hauses behalten, also wird alles gut und ich werde mir keine Sorgen machen", sagte sie voller Zuversicht.

Ich lächelte; aber ich hatte keine Bedenken, und tatsächlich machten wir uns alle auf den Weg und schlossen nicht einmal das Silber ein; während George, der mit Zeitungen und Zigarren ausgestattet war, das Kommando überließ.

Bei unserer Rückkehr, etwa zwei Stunden später, bemerkte ich, dass George ungewöhnlich ernst und still war und offenbar keinen Witz in der Situation sah, wie er es bei einer früheren Gelegenheit getan hatte, als ich ihn nach etwas in einem Schrank der Familie schickte Silber war in voller Sicht. Er erzählte mir später, dass die Zeit unserer Abwesenheit die längsten und am schwersten zu ertragenden zwei Stunden seines Lebens umfasste.

Mein Zuhause liegt am Rande der Stadt inmitten von zwölf Hektar mit vielen Bäumen. „Du warst gerade erst gegangen", sagte George, „als ich anfing zu denken: ‚Was wäre, wenn jemand käme, um das Haus auszurauben, und ich es nicht verteidigen könnte. Und sie könnten *nie erfahren* , dass ich ihr Vertrauen nicht missbraucht hatte.' "

George verbrachte seine Sonntage unter unseren Bäumen, manchmal als Wache im Obstgarten, was ihn ziemlich amüsierte; und ich widmete ihm im

Allgemeinen eine Stunde meiner Zeit, schlug ihm Arbeitsfelder vor, mit denen er ehrlich seinen Lebensunterhalt verdienen konnte, und versuchte mein Bestes, um seine moralischen Standards zu heben. Aber er behielt sich das Recht vor, den allgemeinen Verlauf seines Lebens zu planen oder, wie er es ausdrückte, seinen eigenen Geschäften nachzugehen. Er wusste, dass seine Arbeit bei uns nur vorübergehend war und er sich niemals auf seine Zukunft festlegen würde. So äußerte er seinen Standpunkt:

„Ich bin nicht gesund; ich mag einen bequemen Ort zum Schlafen und gutes Essen; ich mag eine gute Unterhaltungsklasse und gute Bücher, und ich kaufe gerne Zeitschriften und schicke sie an meine Freunde im Gefängnis, und ich helfe gerne einem Mann." wenn er gerade aus dem Gefängnis kommt. Jetzt verlangst du von mir, auf all das zu verzichten; hart zu arbeiten, nur um den geringsten Lebensunterhalt zu verdienen – denn ich könnte nie einen hohen Lohn verdienen; du verlangst von mir, mir alles zu verweigern, was mir wichtig ist, nur um des Willens willen einer moralischen Idee, wenn es niemanden auf der Welt außer Ihnen interessiert , ob ich zum Teufel gehe oder nicht, und ich weder wirklich an Gott noch an den Teufel glaube. Nun, wie viele kirchliche Männer kennen Sie, die auf ein Geld verzichten würden? -Geschäfte machen und nur für eine moralische Idee die geringste Armut und Einsamkeit in Kauf nehmen? Und ich fragte mich, wie viele es tatsächlich waren.

Doch trotz all seiner Argumente zur Verteidigung seiner Lebensweise hatten sich, als die Zeit gekommen war, uns zu verlassen , bessere Wünsche breit gemacht. Dass meine Mutter seine Ehrlichkeit als selbstverständlich ansah, hatte Wirkung und schien ihn zu einer Anstrengung in die richtige Richtung zu verpflichten. Wir hatten ihn mit anständiger Kleidung ausgestattet und er hatte Geld für mehrere Wochen verdient. Meine Mutter gab ihm ein Empfehlungsschreiben als Gärtner und er verließ uns, um in den Parks einer Großstadt eine Anstellung zu suchen.

Aber sein Auftritt war gegen ihn und er hatte in der ersten Stadt, in der er sich bewarb, kein Glück; Auch die Jahreszeit war ungünstig; und bevor sein Geld ganz dahingeschmolzen war, investierte er den Rest in die Ausrüstung eines Händlers mit Nadeln und anderen Haushaltsgegenständen. Diese verkaufte er an die Frauen der Bauern und schaffte es so, eine Zeit lang Leib und Seele zusammenzuhalten. Durch häufige Briefe wurde ich über seinen Aufenthaltsort informiert, obwohl wenig über seine Nöte gesprochen wurde.

Eines Morgens erschien George an unserer Tür und wirkte abgestumpfter und deprimierter, als ich ihn jemals gesehen hatte. Er blieb eine Stunde oder länger, war aber nicht sehr kommunikativ. Es war jedoch offensichtlich, dass er den Weg der Ehrlichkeit als genauso schwer empfunden hatte wie den Weg des Übertreters. Als er ging, sagte er:

„Sie glauben mir vielleicht nicht, aber ich bin die ganze Nacht gelaufen, um diesen Besuch bei Ihnen zu haben. Ich war nicht an der Eisenbahn und konnte sonst nicht rechtzeitig Verbindungen zu diesem Ort herstellen, um heute Abend eine Verabredung mit einem Freund einzuhalten; und ich wollte dich sehen."

Dann eilte er davon, ohne mir Zeit für die unvermeidliche Vermutung zu geben, dass der „Freund", den er treffen sollte, ein „alter Kumpel" war, und ließ mich mit der Frage zurück, ob ich noch einen Freund auf der Erde hatte, der die ganze Nacht laufen würde, um zu sehen Mich.

Nur noch einmal sah ich George; Damals sah er wohlhabender aus und reichte mir einen Zehn-Dollar-Schein mit den Worten: „Endlich kann ich das Geld zurückgeben, das Sie mir geliehen haben; ich wollte es schon lange, konnte es aber nicht."

Ich konnte mich nicht erinnern, ihm das Geld geliehen zu haben, und so erzählte ich es ihm. „Aber ich möchte, dass du es trotzdem nimmst", sagte er.

Und dann, als ich dem Dieb in diesem Mann gegenüberstand, antwortete ich:

dir kein Geld wegnehmen , das nicht ehrlich dir gehört."

Tief errötend legte er den Schein langsam zwischen einige andere und sagte: „Gut, aber ich wollte, dass du ihn nimmst, weil ich wusste, dass du ihn besser nutzen würdest als ich." Noch nie war George die tatsächliche Trennlinie zwischen Ehrlichkeit und Unehrlichkeit so deutlich vor Augen geführt worden wie in diesem Moment; Ich glaube, er hat zum ersten Mal erkannt, dass richtig und falsch weiß und schwarz sind, nicht grau.

Einige Jahre lang erhielt ich gelegentlich Notizen von George; Ich antwortete ihnen, wenn eine Adresse angegeben wurde, aber er führte damals ein Wanderleben. Zu Weihnachten erhielt er immer einen Brief mit den Weihnachtsgrüßen an jedes Familienmitglied und in der Regel mit der Zeile, dass er „immer noch im alten Geschäft" sei. Als meine Schwester am goldenen Hochzeitstag meiner Mutter heiratete, befand sich unter den Glückwunschschreiben an die Braut von vor fünfzig Jahren und die Braut des Tages eine von George; und egal, ob er gut oder schlecht berichtete, George verlor nie seinen Platz im Ansehen meiner Mutter.

Sein letzter Brief wurde aus einem ostkatholischen Krankenhaus geschrieben, in dem er krank gewesen war. Als Rekonvaleszenter half er dann „den Schwestern" und hoffte, dass sie ihm eine Anstellung geben würden, wenn es ihm wieder gut ging. Ich wusste, dass er hilfreich sein würde, und denen gegenüber loyal, die ihm vertrauten. Ich schrieb ihm sofort, erhielt aber keine Antwort; und die Chancen stehen gut, wie ich immer gerne denke, dass die letzten Tage von George fern von kriminellen Vereinigungen waren und dass die besseren Elemente in seiner Natur im Aufwind waren, als das Ende kam.

Ich glaube, George war der einzige meiner Gefangenen, der überhaupt einen Bluff machte, um das Leben zu verteidigen , das er geführt hatte; und in seinem Herzen wusste er, dass alles falsch war. Ich verteidige ihn nicht, aber ich vergesse nicht, dass die Demoralisierung des Mannes, sein Mangel an moralischem Halt, das logische Ergebnis der Verbrechensschulen, der Gefängnisse und Gefängnisse war, in denen so viel von seiner Jugend verbracht wurde. Ja, das Leben von George ist ein moralischer Fehlschlag; Und doch solange Blumen in dem Garten blühen, in dem er und meine Mutter so viele schöne Stunden damit verbracht haben, den Rosen zu helfen, großzügiger zu blühen, werden sich freundschaftliche Erinnerungen um den Namen George sammeln, und er hat dabei sicherlich seinen Teil gut getan Gelegenheit, die ihm das Leben offenbar geboten hat.

---

# KAPITEL III

In den letzten 25 Jahren gab es eine allgemeine Tendenz, scharfe und feste Trennlinien zwischen dem „verbesserlichen" und dem „unverbesserlichen" Kriminellen zu ziehen. Man geht davon aus, dass ein Mann, der nur einmal wegen eines Verbrechens verurteilt wurde, möglicherweise noch einer Besserung zugänglich ist, aber dass eine zweite oder dritte Verurteilung – Verurteilungen, nicht unbedingt Verbrechen – ein Beweis dafür ist, dass ein Mann „unverbesserlich" ist, dass der Straftatbestand festgelegt ist und der Mann sollte daher dauerhaft aus der Gesellschaft entfernt werden. Dies scheint tatsächlich eine äußerst sinnvolle Anordnung zu sein, wenn wir auf die Oberseite des Satzes herabblicken; Für den, der von unten zu ihr aufblickt, ist die Erscheinung ganz anders.

Ein angesehener Professor einer juristischen Fakultät hat gesagt: „Wenn jemand zum dritten Mal wegen *eines Verbrechens, gleich welcher Art* , *verurteilt wird* , sollte er zu lebenslanger Zwangsarbeit verurteilt werden." Auf einem Nationalen Gefängniskongress im Jahr 1886 bekräftigte ein anderer bedeutender Professor diese Meinung: „Ich glaube, dass es nur ein Heilmittel für dieses große und wachsende Übel gibt, und das ist die lebenslange Haftstrafe für den Verbrecher, der einst für ‚unverbesserlich' erklärt wurde." Später wurde der Gouverneur Der Abgeordnete meines Staates teilte mir mit, dass er keinen Antrag auf Verkürzung der Strafe eines „ Gewohnheitsverbrechers" in Betracht ziehen würde. Jede Nachsichtigkeit wurde als „Rosenwassergefühl" stigmatisiert. Und das Herz der Gemeinde verhärtete sich gegen jedes Plädoyer für den zweimal verurteilten Mann. Welches Schicksal ihm drohte, war nicht ihre Sache, solange er sicher eingesperrt war.

In unserem Streben nach Selbstschutz um jeden Preis verlieren wir die Tatsache aus den Augen, dass es sich bei der Kriminalitätsproblematik sowohl um Zustände als auch um „Fälle" handelt. In unseren Großstädten, den großen Sammelbecken der Kriminalität, ernten wir lediglich die Ernte des jahrhundertelangen Bösen in älteren Zivilisationen und auch in unserer eigenen Zivilisation.

Bisher haben wir uns mehr mit Wirkungen als mit Ursachen beschäftigt . Tatsächlich hat unser Umgang mit Gesetzesbrechern von der Stunde der Festnahme bis zur Stunde der Entlassung aus dem Gefängnis eher dazu beigetragen, die Ursachen der Kriminalität zu erhöhen als zu verringern. Es ist wahr, dass Tausende unserer Mitmenschen das Leben als einen großen Treibsand aus Kriminal- und Gefängniserfahrungen empfunden haben, in dem Ursache und Wirkung mit der Zeit untrennbar miteinander verbunden waren.

Und es kommt manchmal vor, dass der zweifach Verurteilte in keiner Weise für seine erste Verurteilung verantwortlich ist, wie es bei James Hopkins der Fall war, einem guten Jungen, der in einer Familie in Neuengland mit dem Glauben an Gott und dem Respekt vor unseren Gerichten aufgewachsen ist. Er verdiente seinen Lebensunterhalt ehrlich, als er in Chicago unter Verdacht verhaftet und wegen eines Einbruchs verurteilt wurde, von dem er nichts wusste. Er wusste nichts von den Tricks der Gerichte und verließ sich bei seiner Verteidigung auf seine Unschuld . Aber der Einbruch war gewagt; Jemand muss bestraft werden, kein anderer Täter wurde gefasst, also wurde Hopkins unter dem Namen „Strafanstalten" in eine unserer von öffentlichen Steuern unterstützten Verbrechensschulen geschickt. Das pure Heimweh übermannte den Jungen zunächst einfach. „Nacht für Nacht habe ich mich in den Schlaf geweint", erzählte er mir. Seine Zelle befand sich zufällig in der obersten Reihe, wo es ein Fenster auf der anderen Seite des Flurs gab, und an Sommerabenden konnte er auf ein Feld hinausblicken, das dem Feld zu Hause ähnelte, auf dem er als Kind gespielt hatte. Doch die Dunkelheit des Winterabends versperrte jeden Blick auf alles, was mit der Heimat zu tun hatte. Er hatte seiner Mutter nicht geschrieben; er konnte sie nicht mit einem Brief eines Sträflingssohns blamieren. Sie hatte ihn vor den Gefahren der Stadt gewarnt, aber sie hatte nie davon geträumt, was diese Gefahren wirklich waren. Sie glaubte fest daran, dass die Gerichte dem Schutz Unschuldiger dienten, und würde sie glauben, dass ein Gericht einen Unschuldigen ins Gefängnis geschickt hatte? Er verlor jeglichen Glauben an Gott und sein Herz verhärtete sich. Als Verbrecher gebrandmarkt, ein Verbrecher, der er sein wollte; und als ich ihn zwanzig Jahre später traf , war er als wissenschaftlicher Safe-Blower wirklich vorbestraft.

Trotz seiner kriminellen Karriere gingen einige der Wurzeln der guten Familie Neuenglands, aus der er abstammte, verloren. Für mich war er schlicht und einfach der Gentleman, der auf eine ebenso unpersönliche Weise über Gerichte und Gefängnisse sprach wie ich; und er war ein Mann von Intelligenz und ein interessanter Redner. Ich war mit Hopkins in Kontakt gekommen, weil ich gerade die Zukunft seines jungen Zellengenossen plante und den Rat des älteren Mannes sowie seine Hilfe bei der Vorbereitung des jüngeren auf die Verantwortung und Versuchungen der Freiheit brauchte; und einen besseren Assistenten hätte ich nicht haben können. Über seine eigene Zukunft bewahrte Hopkins diskrete Zurückhaltung und ungebrochenes Schweigen über sein Innenleben. Er hatte absichtlich ein puritanisches Gewissen unterdrückt; aber ich bezweifle, dass es völlig verstummt war, denn während die Linien in seinem Gesicht nichts Kriminelles verrieten oder sich auflösten, war es das Gesicht eines

Mannes, in dem Hoffnung und Ehrgeiz für immer tot waren, ein Gesicht unaussprechlicher Traurigkeit. [3]

Ich gebe gerne zu, dass mein Mitgefühl ganz und gar dem Geschädigten zugute kommt, wenn ich mir die Zeitungsberichte über brutale Gewalttaten und schreckliche Verbrechen ansehe; Auch ich habe das Gefühl, dass für den Täter keine Maßnahme zu hart sein könnte. Dass es Menschen gibt, deren Inhaftierung aus Gründen der öffentlichen Sicherheit erforderlich ist, bezweifle ich nicht, aber moderne wissenschaftliche Untersuchungen führen uns zu dem Schluss, dass abnormale Verbrechen auf abnormale physiologische Bedingungen oder abnormale Rassenneigungen zurückzuführen sind. Und der „Gewohnheitsverbrecher" wird *nicht* wegen der Art seiner Verbrechen so bezeichnet, sondern wegen der Zahl seiner Gesetzesverstöße.

Ich hätte vielleicht der Meinung der gelehrten Professoren zugestimmt, wenn ich nicht gerade zu dem Zeitpunkt, als die Gesetzgebung in meinem eigenen Staat Zweit- und Dritttätern keine Gnade schenkte, in die Mitte dieses untergetauchten Zehntels unserer Gefängnisinsassen und meiner Loyalität geführt wurde Seitdem ist die Unterstützung ihrer Sache unerschütterlich.

„Hat sich eine Ihrer ‚ Gewohnheiten ' dauerhaft verändert?" Ich bin gefragt.

Das haben sie auf jeden Fall getan, und zwar mehr, als selbst mein Optimismus erwartet hatte, und unter Umständen, unter denen ich erstaunt war, dass ihre moralische Entschlossenheit nicht gebrochen wurde. Meiner vorgefassten Meinung nach überraschte mich der hoffnungsloseste Fall, dem ich je geholfen habe, dadurch, dass ich mich in einem günstigen Umfeld zu einem ehrlichen, selbsttragenden Bürger entwickelte; und wir können sicher sein, dass er seine Jungen vor jeglichem Wissen über das kriminelle Leben schützt.

Nachdem mir klar geworden war, dass für den Mittellosen, der von wiederholten Verbrechen und Bestrafungen gezeichnet und verkrüppelt war, alle Chancen schlecht standen, interessierte mich weder seine Vergangenheit noch seine Zukunft so sehr wie das, was von dem Mann übrig geblieben *war* . Ich glaube, ich war immer auf der Suche nach dem, was wir die Seele nennen. Und manchmal fand ich es dort, wo ich am wenigsten danach suchte – im Abschaum des Sträflingslebens.


John Bryan sticht in diesem Zusammenhang deutlich erleichtert hervor. Wie gut erinnere ich mich an meine erste Begegnung mit diesem Mann, der damals mehr als vierzig Jahre alt war, sich in einem angeschlagenen Gesundheitszustand befand und eine zwanzigjährige Haftstrafe verbüßte, die er unmöglich überleben konnte. Er hatte keine Familie, erhielt keine Briefe und war ein völliger Außenseiter. Kriminalität sei sein „Beruf" gewesen. [4] Sein Gesicht war nicht brutal, aber es war hart, zurückhaltend im Ausdruck und von Falten durchzogen. Er akzeptierte die Tatsachen seiner Existenz scheinbar ohne Reue, schon gar nicht ohne Hoffnung. Das war das Leben, wie er es geschaffen hatte, ja – aber auch so, wie er es gefunden hatte. Seine Freunde waren Männer seinesgleichen gewesen, und nach seinem eigenen Maßstab hatte er sie respektiert, ihnen vertraut und war ihnen gegenüber loyal. Ich wusste das gut, denn ich suchte seinen Bekannten auf, in der Hoffnung, Informationen zu erhalten, die angeblich das fehlende Glied in einer Beweiskette waren, von der das Schicksal eines anderen Mannes abhing. Ich versicherte Bryan, dass ich absolut auf die Sicherheit des Mannes achten würde, dessen Adresse ich wollte, aber Bryan weigerte sich kompromisslos, sie mir zu geben und sagte nur: „Jenkins ist ein Freund von mir. Sie können mich nicht dazu bewegen, sie zu geben." ihn weg. Du magst mit deinen Versprechen aufrichtig genug sein, aber es ist zu riskant. Ich kenne dich nicht; aber wenn ich es wüsste, könntest du diese Information nicht aus mir herausbekommen." Da ich wusste, dass „Ehre unter Dieben" keine Fiktion ist, respektierte ich seine Einstellung.

Doch etwas an dem Mann interessierte mich und veranlasste mich, die Einsamkeit und Trostlosigkeit seines Lebens zu durchdringen. Ich bot ihm an, ihm Zeitschriften zu schicken und alle Briefe zu beantworten, die er mir schreiben würde. Zweifellos vermutete er ein Hintergedanken meinerseits, denn in den wenigen Briefen, die wir austauschten, kam ich bei der Bekanntschaft kaum voran, und ein zweites Gespräch war auch nicht zufriedenstellender. Bryan war höflich – meine Gefangenen waren mir gegenüber immer höflich –, aber es war offensichtlich, dass ich in seiner Welt für nichts stand. Eines Tages schrieb er mir, dass er unsere Korrespondenz nicht fortsetzen wolle und kein weiteres Interview wünsche. Da ich nur bedauerte, dass es mir nicht gelungen war, einen reagierenden Nerv in seinem Wesen anzusprechen, verfolgte ich die Bekanntschaft nicht weiter.

Einige Zeit später, als ich im Gefängniskrankenhaus war, bemerkte ich den Namen „John Bryan" über der Tür einer der Zellen. Bevor ich Zeit zum Nachdenken hatte, stand John Bryan mit ausgestreckter Hand und einem Lächeln des herzlichsten Willkommens in der Tür und sagte:

„Ich freue mich so sehr, Sie zu sehen. Kommen Sie vorbei und besuchen Sie mich."

„Aber ich dachte, du wolltest mich nie wieder sehen", antwortete ich.

*Du* warst es nicht, den ich ausschließen wollte. Es war der Gedanke an die ganze schreckliche Außenwelt, die uns hier drinnen so leiden lässt, und du warst ein Teil dieser Welt."

Blitzschnell verstand ich die Bedeutungswelt seiner Worte und in der nächsten Stunde, bei unserem letzten Treffen, wuchs und blühte der Same unserer Freundschaft wie die Pflanzen des Orients unter der Hand des Zauberers. Offensichtlich war ihm noch nie klar geworden, dass auch ich seine Welt kannte und seine Gefühle dazu verstehen konnte.

Zwei Jahre lang war er Invalide gewesen, und seine Welt hatte sich nun auf das „Müßigzimmer", den Krankenhaushof und das Krankenhaus eingeengt; seine Mitarbeiter sind handlungsunfähige, kranke oder sterbende Sträflinge; seine einzige Beschäftigung, die auf den Tod wartet. Aber er hatte reichlich Gelegenheit, den Charakter und das Schicksal dieser kranken und sterbenden Kameraden zu studieren. Er machte keine Anspielungen auf sein eigenes Schicksal, sondern erzählte mir, wie Tag für Tag sein Herz von Mitleid, von „der Qual des Mitleids" für diese anderen gequält worden sei.

Er wusste von Fällen, in denen unschuldige Männer zu unerhört harten und ungerechten Strafen inhaftiert wurden, von Männern, deren Gesundheit ruiniert war und deren Leben durch den Staat wegen geringfügiger Gesetzesverstöße ruiniert wurde; von Fällen, in denen die Sünde des Täters im Vergleich zur Sünde des Staates in Übeltaten, die im Namen der Gerechtigkeit begangen wurden, gering war. Er hielt es für eine leichtere Sünde, einem Mann seine Uhr zu rauben, als ihn seiner Männlichkeit oder seiner Gesundheit zu berauben. Es war in der Tat ein bitterer Geist, als er die Gerichte und Kirchen betrachtete, die für Gerechtigkeit und Religion eintraten, und dennoch zuließ, dass sich dieses Unrecht vervielfachte. Sein Standpunkt zum Gefängnisproblem war genau das Gegenteil von dem ihren.

Nun, da ich seine Bilanz mit Fällen von Ungerechtigkeit hätte vergleichen können, da auch mein Herz von Mitleid erfüllt war, als er merkte, dass ich ihm glaubte und spürte, wie mit ihm die letzte Barriere zwischen uns geschmolzen war.

Zu dieser Zeit gab es in meiner Welt nur wenige Menschen, die in der Gefängnisfrage so empfanden wie ich, aber in diesem Herzen, das sich mir plötzlich öffnete, spiegelten sich viele meiner eigenen Gedanken und Gefühle wider, und wir standen als Freunde auf der gemeinsamen Basis des Mitgefühls für die leidende Menschheit.

Eine weitere Überraschung erwartete mich, als ich das Thema wechselte und Bryan fragte, was er gerade lese. Es schien, als hätte sein hungerndes Herz Mitgefühl und Kameradschaft in Büchern gesucht. Er hatte sich zunächst an die griechischen Philosophen gewandt und schien in ihrer Philosophie und ihrem Stoizismus die Kraft zum Durchhalten gefunden zu haben; Aber bei den großen Religionslehrern, diesen Liebhabern der Armen, diesen Mitleidigen der Unterdrückten, Jesus Christus und Buddha, hatte er gefunden, was er wirklich suchte. Er hatte Renans „Jesus", auch Farrars „Life of Christ" und das Neue Testament gelesen.

„Buddha war großartig und gut, und einige der anderen Religionslehrer waren es auch", sagte er, „aber Jesus Christus ist besser als alle anderen." Und mit diesem Freund der Freundelosen verließ ich ihn.

Es schien in der Tat seltsam, wie das kriminelle Leben wie ein Gewand von ihm abgefallen zu sein schien, und dennoch galt dieser Mann in unserer Gefängnisverwaltung als der Typus des „Unverbesserlichen". Wie er vorgegangen wäre, wenn Bryan seine Freiheit erhalten hätte, möchte ich nicht vorhersagen. Körperlich war er absolut unfähig, seinen Lebensunterhalt ehrlich zu bestreiten, und er hätte vielleicht einem anderen zugestimmt, der zu mir sagte: „Jeder Mann mit Selbstachtung würde lieber stehlen als betteln." Es gibt Menschen, für die kein Brot so bitter ist wie das Brot der Nächstenliebe. Aber ich bin mir sicher, dass der John Bryan, der sich mir in diesem letzten Interview offenbarte, der *wahre* Mann war, der Mann, der scheinbar ohne Angst dem Urteil seines Schöpfers entgegenging.

Ein bekannter Prediger sagte einmal zu mir: „Oh, gib dieses Gefängnisgeschäft auf. Es ist zu hart für dich, zu anstrengend und deprimierend." Und ich antwortete: „Nicht alle Prediger im Land könnten mir spirituell beibringen, was diese Sträflinge mich lehren, oder mir solchen Glauben an die ultimative Bestimmung der menschlichen Seele vermitteln." Vielleicht war meine Erfahrung außergewöhnlich, aber es waren die älteren Kriminellen, die Männer, die ihren wilden Hafer gesät hatten und zur Besinnung kamen, die meinen Glauben an die menschliche Natur am meisten vertieften.

Gerne zitiere ich in diesem Zusammenhang die Worte eines erfahrenen Aufsehers einer großen Strafanstalt im Osten, der sagt: „Ich habe noch keinen Fall gefunden, in dem ich glaube, dass ältere Kriminelle jüngeren Kriminellen beigebracht haben. Ich glaube, weiter." im Gegenteil, dass der übliche Rat des alten Kriminellen an die Jungen lautet: „Sehen Sie, zu welchem Verbrechen ich geführt habe, und wenn Sie hier rauskommen, benehmen Sie sich."

Meine gesamte Studie über „Oldtimer" bestätigt diese Aussage; Darüber hinaus neige ich dazu zu glauben, dass in sehr vielen Fällen die kriminellen Impulse kurz nach der Pubertät erschöpft sind, wenn das Fieber der Feindseligkeit gegen jede Zurückhaltung sozusagen seinen Lauf genommen hat; und ich glaube, dass die Zeit kommen wird, in der dieser Zweig des Fachs wissenschaftlich untersucht wird.

Es ist sehr zu bedauern, dass die Jugendgerichte, die inzwischen so effizient darin sind, junge Straftäter aus den Reihen der Kriminellen zu retten, ihre

Arbeit nicht aufgenommen hatten, bevor die zweite oder dritte Straftat so vielen jüngeren Männern in unserem Land die Hoffnung auf die Zukunft zunichte gemacht hatte Gefängnisse; denn die unbestimmte Strafe im Rahmen des Begnadigungsausschusses hat wenig dazu beigetragen, das Schicksal derjenigen zu mildern, deren Strafregister Vorstrafen belegen.

Bisher haben wir es mit Verbrechen zu tun. Aber die Zeit ist gekommen, in der wir uns mit den Menschen befassen werden. [5]

## FUSSNOTEN:

[3] Wir visualisieren instinktiv „bestätigte Kriminelle" mit Gesichtern, die ihren Verbrechen entsprechen. Doch unsere Vorurteile sind oft irreführend. Einmal überreichte ich einer Gruppe von Gefängniskommissaren das Zeitungsfoto einer Belegschaft einer führenden Universität im Osten. Die Besatzung trug gestreifte Anzüge und wurde mit Hilfe einer kleinen Andeutung für Sträflinge gehalten. Es war interessant zu sehen, wie selbstbewusst die Kommissare waren, als sie ein Gesicht nach dem anderen als „normalen Verbrechertyp" bezeichneten. Tatsache ist, dass meine „ Gewohnheiten " mit ein oder zwei Ausnahmen, angemessen gekleidet, als Kirchenmitglieder durchgegangen wären, einige von ihnen sogar als Theologiestudenten.

[4] Ich hörte selten die Begriffe „gewohnheitsmäßig" oder „unverbesserlich", die von Männern seiner Klasse verwendet wurden, aber die „Profis" schienen untereinander ein gewisses Ansehen zu haben.

[5] Für eine ausführliche Diskussion dieser Angelegenheit sei der Leser auf „Individualismus in der Bestrafung" von M. Salielles verwiesen , einem der wertvollsten Beiträge, die bisher zum Studium der Strafvollzugslehre geleistet wurden. Auch Sir James Barrs „The Aim and Scope of Eugenics" fordert die Anerkennung des *Individuums* im Verbrecher.

# KAPITEL IV

Alfred Allen war einer meiner ersten Bekannten unter den Gefangenen, da er das Glück hatte, seine Strafe in einer zweiten Verurteilung zu erhalten, bevor die gewohnheitsmäßige Straftat in Illinois in Kraft trat. Unsere Einführung geschah auf folgende Weise: In einem meiner Interviews mit einem jungen Selbstvertrauensmann, der nicht zögerte zu erklären, dass er schon immer darüber nachgedacht hatte, wie man die Imitation für das Original verkauft, um etwas für nichts zu bekommen, wurde meine Aufmerksamkeit abgelenkt Er verzweigt plötzlich zu einer Beschreibung seines Zellengenossen.

„Alfred ist der seltsamste Kerl", begann der Mann. „Er ist ein professioneller Einbrecher und der unschuldigste Kerl, den ich je kannte. Er liest immer Geschichte und politische Ökonomie und ist einfach nur wild darauf, in die Bibliothek zu gehen, um zu arbeiten. Er hat keinen Verwandten, den er kennt, und bekommt weder Besuch noch einen Brief , und ich wünschte, du würdest darum bitten, ihn zu sehen."

Zu dieser Einführung versprach ich, Alfred Allen am nächsten Abend zu interviewen. Der Aufseher gewährte mir das Privileg, abendliche Interviews mit Gefangenen zu führen, wobei die Zeit nur durch die Stunde begrenzt war, zu der jeder Mann die Nacht in seiner Zelle verbringen musste.

Es war ein beispielloses Ereignis für Alfred, zu einem Besucher gerufen zu werden, und er begrüßte mich mit einem breiten Lächeln und zwei ausgestreckten Händen. Mit diesem ersten Händedruck wurden wir Freunde, denn die Tür dieses ausgehungerten und eifrigen Herzens wurde großzügig geöffnet und seine ganze Seele war in seinen großen dunklen Augen. Ich verstand sofort, was der andere Mann meinte, als er Alfred „unschuldig" nannte, denn er hatte eine direktere und arglosere Natur, die ich nie gekannt hatte. Der Junge hatte, da er noch keine einundzwanzig war, so viel zu sagen. Endlich waren die Schleusen geöffnet. Ich erinnere mich, wie er plötzlich innehielt und dann ausrief: „Wie seltsam das ist! Vor zehn Minuten hatte ich dich noch nie gesehen, und jetzt habe ich das Gefühl, als hätte ich dich mein ganzes Leben lang gekannt."

Als Antwort auf meine Fragen skizzierte er rasch die wichtigsten Ereignisse seiner Geschichte. Er war walisischer Abstammung und hatte lesen gelernt, bevor seine Mutter starb, als er fünf Jahre alt war. Als er noch ein Kind war, verlor er seinen Vater, und als er zehn Jahre alt war, war er ein obdachloser, geistig und körperlich hungernder Waisen, der im Kampf ums Dasein als Schuhputzer, Zeitungsjunge und manchmal als Dieb kämpfte. „Etwas zu essen, Kleidung zum Zudecken und einen Platz zum Schlafen zu bekommen, war mein einziger Gedanke; diese Dinge muss ich haben. Tagsüber suchte ich oft nach einem Ort, an dem die Sonne neben Fässern den Bürgersteig erwärmt hatte, und ich" Ich würde dort nachts schlafen gehen.

Endlich, als er etwa dreizehn Jahre alt war, fand er eine freundliche, helfende Hand. Ein Mann, dessen Stiefel er mehrmals geschwärzt hatte und der Alfred zweifellos nach seinen Fähigkeiten beurteilte, nahm den Jungen mit nach Hause, fütterte ihn gut und kleidete ihn bequem. Sehr besorgt enthüllte der ältere Mann, der Alfreds innewohnende Ehrlichkeit *gespürt* haben musste, dem Jungen das Geheimnis seiner Berufung und die Quelle, aus der er das Geld bezog, das er für den Komfort des Obdachlosen auf der Straße ausgegeben hatte. Und Alfred hatte leichte Bedenken, seinem Beschützer zu helfen, indem er seinen geschmeidigen jungen Körper durch kleine Öffnungen in Gebäude schlängelte, zu deren Zutritt er kein Recht hatte. Und so wurde er in das lukrative Geschäft des Ladeneinbruchs verwickelt. [6] Nach der Anstrengung und dem Stress und dem verzweifelten Kampf ums Dasein des einsamen Kindes kann man sich vorstellen, wie leicht er diese neue Berufung annahm. Es war auch eine Art Leben, das seinen Abenteuergeist faszinierte; es ermöglichte ihm sogar, sich dem für ihn größten Luxus hinzugeben, dem Luxus des Gebens. Seine eigenen Nöte hatten ihn zu einem ausgeprägten Gespür für das Leid anderer gemacht. Aber Alfred war nicht der Typ, aus dem erfolgreiche Kriminelle gemacht sind, denn mit achtzehn saß er zum zweiten Mal im Gefängnis und galt als Unverbesserlicher.

Während dieser letzten Inhaftierung hatten Denken und Studium seinen vorherrschenden Charakterzug der Großzügigkeit zu einem umfassenderen Altruismus entwickelt. Er erkannte nun, dass er der Menschheit besser dienen konnte, als indem er Geld stahl, um es zu verschenken. Er untersuchte die Bedingungen der arbeitenden und kriminellen Klassen, die Bedürfnisse der Seite der Gesellschaft, aus der er hervorgegangen war. Ausgangspunkt dieser Veränderung war der Bericht eines Engländers über einen Besuch in diesem Land als „einem Ort, an dem jeder zum Wohle aller lebte". (?) „Als ich das las", sagte Alfred, „hielt ich inne und fragte mich: ‚Habe ich zum Wohle aller gelebt?' Und ich erkannte, dass ich ein Feind der Gesellschaft war und dass ich wieder in die entgegengesetzte Richtung beginnen musste. Es war nicht die Grausamkeit der gesellschaftlichen Verhältnisse, die er für seine Vergangenheit verantwortlich machte. Sein gutes walisisches Gewissen trat mutig hervor und überführte ihn seines eigenen Anteils an gesellschaftlichem Fehlverhalten. „Jetzt, wo ich ein guter Mann sein will", fuhr Alfred fort, „muß ich wohl ein Christ sein" – was die übliche Reihenfolge von „Bekehrung" umkehrt – „und deshalb habe ich in letzter Zeit auch Religion studiert. „Ich habe hart daran gearbeitet, die Dreieinigkeit zu verstehen." Alfred machte keine halben Sachen.

Ich riet ihm, sich nicht mit Theologie zu befassen, sondern sich mit den klaren und einfachen Arbeitsprinzipien des Christentums zu begnügen, die in seinem zukünftigen Kampf mit dem Leben wirklich von Bedeutung sein würden.

Als wir über Bücher sprachen, war ich überrascht, dass dieser Junge mit seinem Thackeray und seinem Scott vollkommen zu Hause war und weitaus mehr in Geschichte und politischer Ökonomie bewandert war als ich. Er sagte, er habe als Zeitungsjunge am Zeitungskiosk immer gelesen , in den Lesesälen der Mission, wo immer er ein Buch in die Hände bekommen konnte. Er sprach fließend, malerisch und völlig unbefangen.

In Alfreds Physiognomie – sein Foto liegt vor mir – war vom sogenannten Kriminellentyp keine Spur; sein Gesicht war unverkennbar das des Studenten, des Denkers, des Enthusiasten. Sein Schicksal schien eine grausame Verschwendung eines feinfaserigen Stücks Menschlichkeit zu sein , mit einem Gehirn, das an jeder Universität einen glänzenden Rekord aufgestellt hätte. Aber die moralischen und körperlichen Entbehrungen, unter denen seine Kindheit zu leiden hatte, hatten verheerende Auswirkungen auf seine Gesundheit und seine Konstitution geschwächt.

Dieses November-Interview führte sofort zu einer Korrespondenz, die sich auf Alfreds Seite auf die Regel beschränkte, dass Sträflinge nur einen Brief pro Monat schreiben dürfen. Meinerseits waren die Briefe häufiger und es wurden regelmäßig Zeitschriften für die Sonntage verschickt. Alfred war ein Neuling in der Korrespondenz und hatte in seinem Leben wahrscheinlich nicht fünfzig Briefe geschrieben. Ich war überrascht über den hohen Durchschnitt seiner Rechtschreibung und die einheitliche Exzellenz seiner Handschrift. Um das ihm zur Verfügung stehende Blatt Narrenpapier optimal zu nutzen, ließ er keine Ränder und entwickelte bald eine kleine, aufrechte Schrift, klar und fast so fein wie eine Zeitschriftenschrift.

durch die Verwendung von Alfreds Briefen anderen die Fähigkeit vermitteln, zwischen den Zeilen zu lesen, die mir durch meine Bekanntschaft mit dem Schriftsteller verliehen wurde. Ich konnte den Klang in seiner Stimme hören und erahnte oft, dass der Gedanke größer war als das Wort. Aber wenn er ihn für sich selbst sprechen lässt, hat er zumindest den Vorteil, direkt mit dem Geist des Lesers in Kontakt zu kommen. Die ersten Auszüge stammen aus einem seiner frühesten Briefe.


" MEIN LIEBER FREUND :

Zelle zurückkam , sah ich einen Brief, eine Zeitschrift und ein Buch auf meinem Bett liegen. Anhand der Handschrift wusste ich, dass sie von dir stammten. Nachdem ich mein

Geschenk angeschaut und den sonnigen Brief gelesen hatte, versuchte ich es Ich wollte mein Abendessen essen. Aber ich hatte einen Kloß im Hals, der mich nicht essen ließ, und bevor ich wusste, was los war, weinte ich über die Erinnerung an meinen lieben Freund. Ich war einmal an einem Weihnachtsbaum in der Mission, wo ich eine Schachtel davon erhielt Süßigkeiten. Aber deines war mein erstes individuelles Geschenk. Man sagt, dass die drei schönsten Wörter in der englischen Sprache „Mutter", „Heim" und „Himmel" sind. Ich habe noch nie eines davon gekannt. Meine erste Erinnerung ist, dass ich in einem Raum mit den Toten war Körper meiner Mutter. Mein ganzes Leben lang schien es, als ob jeder, den ich kannte, jemandem gehörte ; sie hatten Mutter, Bruder, Schwester, irgendjemanden . Aber ich gehörte niemandem und ich konnte die Sehnsucht in meinem Herzen nie unterdrücken, dazuzugehören zu jemandem. Ich habe meinen Gott, aber ein menschliches Herz kann nicht umhin, sich sowohl nach menschlichem als auch nach göttlichem Mitgefühl zu sehnen."

In einem anderen Brief schreibt er in ähnlicher Weise:

„Ich habe mich manchmal gefragt, ob ich ein anderer Junge hätte sein sollen, wenn die Umstände in meiner Kindheit besser gewesen wären. Ich habe im Leben kaum etwas außer Elend gesehen. Im Gefängnis und außerhalb war es mein Schicksal, zu der Klasse zu gehören, in die man gedrängt wird." Ich bin durch die Straßen von Chicago gelaufen, um nicht zu erfrieren. Ich habe auf dem Boden geschlafen, während der Regen auf mich herabprasselte. Zwei Jahre lang wusste ich nicht, was ein Bett ist, mehr als einmal jedoch nur Ich habe das Fasten von zwei oder drei Tagen durch die Freundlichkeit eines Spielers oder eines Diebes gebrochen. Das war, bevor ich das kriminelle Leben als Unternehmer begonnen habe ... Wenn ich jedoch darüber nachdenke, weiß ich nicht, wie ich es hätte durchhalten können in diesem kriminellen Leben. Ich erinnere mich, dass der Mann, der mir Einbruch als eine hohe Kunst beigebracht hat, mir gesagt hat, ich würde nie ein guter Einbrecher sein, weil ich zu schnell Mitgefühl für andere habe."

Erst noch einmal bezog sich Alfred auf die bitteren Erlebnisse seiner Kindheit, und zwar in einem Gespräch. Er hatte noch viele andere Dinge zu schreiben, und seine Gedanken waren erfüllt von der Gegenwart und der Zukunft. Vier Jahre Abende in einer Zelle in einem Gefängnis mit einer guten Bibliothek geben einem die Möglichkeit zum Lesen und Nachdenken, obwohl eine schlecht beleuchtete, nicht belüftete Zelle nach einem Tag anstrengender Arbeit nicht förderlich ist geistige Tätigkeit. Dass diese

Gefängnisbibliothek ein Geschenk des Himmels für Alfred war, geht aus seinen Briefen hervor.

„Mein ganzes Leben lang", schreibt er, „hatte ich den brennenden Wunsch, zu lernen und mich weiterzubilden, und ich glaube nicht, dass ein Tag vergangen ist, an dem ich nicht ein bisschen höher gegangen bin. Vor einiger Zeit habe ich beschlossen, ein Kapitel zu lesen." Ich las jeden Abend im Neuen Testament , obwohl ich damit gerechnet hatte, dass es langweilig werden würde. Aber siehe da! Das erste, was ich merkte, war, dass ich so interessiert war, dass ich jeden Abend vier oder fünf Kapitel las. Der Kaplan gab mir eine hervorragende Rechtschreibung und ich ging hart zu lernen, bis ich jedes Wort darin kenne.

Der Beweis dafür, dass Alfred ein echter Buchliebhaber war, findet sich in vielen seiner Briefe. Er sagt mir:

Laden in die Bibliothek versetzt werden könnte, wäre ich der glücklichste Junge im Staat. Ich wäre bereit, ein weiteres Jahr im Gefängnis zu bleiben. Zweimal, als sie einen zusätzlichen Mann brauchten." Die Bibliothek , die sie mir geschickt haben. Es war eine Freude, mit den Büchern umzugehen und ihre Titel zu lesen, und ich hatte das Gefühl, als wüssten sie, dass ich sie liebte ... Danke für das Scribner Magazine. *Aber* die Blätter waren ungeschnitten. Ich will All die Hilfe und Freundschaft, die Sie mir ersparen können. Ich bin froh, jede Zeitschrift zu haben, mit der Sie fertig sind. Aber Sie dürfen keine neuen nur für mich kaufen. The Eclectic und *Harpers* waren *herzlich* willkommen. *Man versus the State* war ein großartiger Artikel, außerdem *„Bildung als Faktor bei der Gefängnisreform"* und Prof. Ely zum Eisenbahnproblem. Die Zeitschriften, die Sie verschicken, werden Ihnen dienen, sie werden an jeden Mann weitergegeben, den mein Zellengenosse oder ich kenne." [7]

Alfred widmete sich den Schriften von John Draper und verschlang alles, was er über Soziologie erreichen konnte, insbesondere alles, was mit Arbeitsproblemen zu tun hatte . Er hatte eigene Theorien zu vielen Aspekten des Gemeinwohls, aber kein Hauch von Anarchie oder Klassenhass verzerrt seine Ideale der Gerechtigkeit für alle. Er plädiert stets für konstruktive statt destruktive Maßnahmen.

Gelegentlich bezieht sich Alfred auf die Dichter. Er mag Oliver Wendell Holmes und Lowell ist ein besonderer Favorit; Während er sich an den „Biglow Papers" erfreut, zitiert er anerkennend aus Lowells ernsteren Gedichten. Die Kameradschaft von Thackeray, Dickens und Scott erhellte und milderte viele dunkle, schwere Stunden für Alfred. „Sir Walter Scotts Romane haben meinen Geschmack für Schundkram gebrochen", schreibt er. Natürlich fesselte und begeisterte ihn Victor Hugos „Les Miserables ". „Werde ich jemals Jean Valjean, den Galeerensklaven, oder Cosette vergessen? Beim Lesen der Geschichte hielt ich eine Figur wie den Bischof für unmöglich. Ich habe mich geirrt." Über Charles Reade sagt er: „Man kann nicht anders, als Reade zu lieben. Er hat so einen schneidigen, ausgelassenen Stil. Und dann hat er kaum geschrieben, außer um etwas Falsches oder eine Täuschung anzuprangern." Selbst in der Fiktion folgt seine Vorliebe dem Trend seiner brennenden Liebe und seines Mitleids für die Trostlosen und Unterdrückten. Wie hätte er Tolstoi verehrt!

Klagen oder Kritik an den Härten des Sträflingslebens bilden nur einen kleinen Teil der dreißig Briefe, die Alfred mir im Gefängnis schrieb. Er vertritt diesen Standpunkt: „Ich sollte mich nicht beschweren, weil ich mir diese Strafe selbst auferlegt habe." „Ich bin fast froh, wenn mir jemand Unrecht tut, weil ich das Gefühl habe, dass es mir hilft, das Unrecht auszugleichen, das ich anderen angetan habe." Sollen wir dieser schrecklichen Vorstellung von der moralischen Notwendigkeit der Sühne niemals entkommen, auch nicht auf Kosten einer anderen?

Dennoch spürt Alfred die Strapazen, die er erdulden muss, und weiß sie darzustellen. Und er spricht nicht „im Namen der Galerie", sondern an seinen einzigen Freund, wenn er schreibt:

„Versuchen Sie sich vorzustellen, dass Sie den ganzen Tag auf einem Hocker arbeiten und nicht stehen dürfen, auch wenn Ihre Arbeit auf diese Weise besser erledigt werden kann. Wenn Sie ein Geräusch hören, dürfen Sie nicht aufschauen. Sie befinden sich in einem Umkreis von zwei Fuß um einen Begleiter, dürfen das aber nicht Sprechen Sie. Sie sitzen den ganzen Tag auf Ihrem Stuhl und arbeiten. Nichts als Arbeit. Außerhalb meines Geistes war es für mich eine Freude, hier drinnen ist es eine Qual. Es scheint, als wären die Minuten Stunden, die Stunden Tage, die Tage Jahrhunderte. Ein Mann im Gefängnis soll eine Maschine sein. Solange er zehn Stunden am Tag arbeitet – nicht lächeln, nicht reden, nicht von seiner Arbeit aufschauen –, erledigt er genug Arbeit, um den Auftragnehmern gerecht zu werden macht es gut und befolgt die vielen ungeschriebenen Regeln, ihm geht es gut. Das Problem mit den Sträflingen ist, dass sie es nicht aus dem Kopf bekommen, dass sie Menschen und keine Maschinen sind. Das gegenwärtige System mag eine gute Staatskunst sein. Es ist ein schlechtes Christentum. Aber ich bezweifle, dass es gute Staatskunst ist, ein System aufrechtzuerhalten, das so viele Menschen dazu bringt, sich umzubringen, verrückt zu werden oder, wenn sie lebend aus dem Schatten herauskommen, den Staat und ihre Mitmenschen zu hassen. Wie ein Sträfling zu mir sagte: „Es ist komisch, dass man in diesem Zeitalter der Aufklärung nicht herausgefunden hat, dass die Brutalisierung eines Mannes ihn nie bessern wird." Das Leben im Gefängnis hat mich nicht zu einer Reform geführt. Es hat mich manchmal verbittert, als ich je für möglich gehalten hätte. „Man kann nicht in einem Gefängnis leben, ohne Dinge zu sehen und zu hören, die einem das Blut zum Kochen bringen …"

„Hier kommt es zu Zeiten, in denen es mir so vorkommt, als könnte ich die Belastung nicht länger ertragen. Andererseits habe ich sogar in diesem schrecklichen alten Laden einige sehr glückliche Zeiten, wenn ich an eure Freundschaft denke und Luftschlösser baue. Meine Lieblingsluft Castle basiert auf der Hoffnung, dass ich, wenn meine Zeit vorbei ist, in eine Druckerei gehen und mit der Zeit als Redakteur arbeiten kann. Und vielleicht ein bisschen etwas tun kann, um den Armen zu helfen und die Sache des Fortschritts zu unterstützen. Werde ich Erfolg haben? in meinem Traum? Verwirklichen wir jemals unsere Ideale?"

„Ich frage mich, ob jemals ein Bildhauer gearbeitet hat

Bis der kalte Stein sein glühendes Herz erwärmte;

Oder wenn überhaupt ein Maler mit Licht und Schatten

Der Traum seines innersten Herzens dargestellt.

„Ich hatte Zweifel, ob der Frühling wirklich da war, bis die Veilchen in Ihrem Brief kamen. Jetzt bin ich kein Ungläubiger mehr. Ich fürchte, dass ich alle schönen Dinge zu sehr liebe, als dass ich mich damit wohl fühle. Wenn einem Sträfling Schönheit am Herzen liegt Diese Sensibilität kann ihm im Gefängnis nur Schmerzen bereiten. Ich liebe Musik und manchmal habe ich das Gefühl, dass sie meiner Meinung nach nur durch Musik ausgedrückt werden kann; und ich hoffe, dass ich irgendwann Klavierunterricht nehmen kann."

Später entdeckte ich, dass in Alfreds Blut eine Spur des alten walisischen Minnesängers steckte, aber damals bestand kaum Aussicht, dass er jemals die Hoffnung auf ein Musikstudium verwirklichen würde. Und das alles, während der Junge unter der Belastung des Sträflingslebens, dem „Nichts als Arbeit" auf einem Hocker, zehn Stunden am Tag am Schuhvertrag, immer weiter zusammenbrach. Die körperliche Erschöpfung war in der Handschrift der kürzeren Briefe deutlich zu erkennen, in denen er mir von der Revolte der Natur gegen die Gefängnisdiät erzählte und davon, wie er Nacht für Nacht „von Esswaren träumt". „Ich glaube manchmal, dass ich wirklich verhungere", schreibt er. Aber das Problem war nicht so sehr das Gefängnisessen, sondern vielmehr die Krankheit des Jungen.

Ungefähr um diese Zeit besuchte ich ihn und war überrascht von dem hageren und ausgehungerten Gesicht und dem Reiz der hungrigen Augen, die in meine blickten. Ich hatte das Gefühl, als hätte der Hunger seine Zähne in meinen eigenen Körper geschlagen, und die ganze Nacht, ob ich träumte oder wach war, hielt mich dieser Schrecken fest. Zum Glück: Denn ich wusste, dass es für mich keine Ruhe geben würde, bis Kräfte in Bewegung gesetzt würden, um eine Veränderung zum Besseren in Alfred herbeizuführen.

Im allgemeinen Alltag des Gefängnislebens gilt: Wenn der Gefängnisarzt einen Verurteilten für arbeitsfähig erklärt, muss der Verurteilte entweder arbeiten oder bestraft werden, bis er der Arbeit zustimmt; oder--? Im Fall von Alfred oder auf jeden Fall würde ich mir nicht anmaßen, individuelle Verantwortung zu übertragen, aber sobald der Fall dem Direktor vorgelegt wurde, wurde Alfred zu einem Arbeitswechsel und einer Spezialdiät mit äußerst günstigen gesundheitlichen Ergebnissen verordnet.

Alfreds Inhaftierung dauerte etwa zwei Jahre, nachdem ich ihn zum ersten Mal getroffen hatte, und dieser gesundheitliche Zusammenbruch trat im zweiten Jahr ein. Als der Tag der Entlassung näher rückte, flammten seine Hoffnungen auf und brachen in seinem letzten Brief in Worte.

„Nächsten Monat werde ich ein freier Mann sein! Denken Sie darüber nach! Ein freier Mann. Frei, alles zu tun, was richtig ist, frei, auf Gottes grüner Erde zu gehen, wo es mir gefällt, frei, die reine Luft zu atmen und der Sache zu *helfen sozialen Fortschritt* statt ihn zu verzögern, wie ich es getan habe.

Nun hatte ich in Chicago einen vom Himmel gesandten Freund, dessen Herz und Hand immer offen für die Bedürfnisse meiner Gefangenen, ja für die Bedürfnisse der gesamten Menschheit waren. Dieser Freund war ein walisischer Prediger. Er besuchte mich an einem Novembernachmittag in Chicago, als ich gerade von einem Besuch im Gefängnis zurückgekehrt war. Ich prickelte vor Interesse an dem walisischen Gefangenen, den ich am Abend zuvor zum ersten Mal getroffen hatte. Im Vertrauen auf das Mitgefühl meines Zuhörers ließ ich mir freien Lauf und erzählte den Eindruck, den Alfred auf mich machte. Ich hatte das Gefühl, als hätte ich die Hand der Vorsehung selbst ergriffen – und hatte ich das nicht getan? – , als mein Freund sagte:

„Ihr walisischer Junge ist ein Landsmann von mir. Wenn Sie ihn nach Ihrer Freilassung zu mir schicken, denke ich, dass ich ihm einen Weg ebnen kann." Diese Aussicht auf einen guten Start in die Freiheit war für Alfred von unschätzbarem Wert, denn sie gab ihm Mut zum Durchhalten und einen moralischen Ansporn für den Rest seiner Haftstrafe.

Jeder Mann in meinem Bundesstaat, der aus dem Gefängnis entlassen wird, erhält eine Rückfahrkarte an den Ort, von dem er geschickt wurde, zehn Dollar in bar und einen Anzug. Diese Anzüge stammten von Sträflingen und sind für den normalen Beobachter zwar nicht erkennbar, für die Polizei im ganzen Staat jedoch sofort erkennbar. Halbgetragene Anzüge konnte ich problemlos über meinen eigenen Freundeskreis besorgen. Als Alfreds Tag der Freiheit kam, erwartete ihn eine gute Geschäftskleidung, und vor dem Abend war keine äußere Spur seiner Sträflingserfahrung mehr vorhanden.

Nach vorheriger Absprache ging Alfred direkt zum walisischen Prediger. Dieser Pfarrer hielt sein Versprechen mehr als wahr, denn er bewirtete den Jungen über Nacht in seinem eigenen Haus und schickte ihn dann in eine kleine Schulsiedlung in einem angrenzenden Staat, wo ihm eine Beschäftigung und ein Zuhause für den Winter gesichert worden waren, wie der Arbeitgeber wusste Alfreds Geschichte.

Und dort erlebte Alfred zum ersten Mal in seinem Leben einige der richtig guten Zeiten, die für die Jugend in Amerika das natürliche Geburtsrecht zu sein scheinen. Hier ist sein eigener Account:

„Ich hatte eine wundervolle Zeit an Thanksgiving. Das ganze Tal versammelte sich in der kleinen Kapelle, jeder brachte Körbe mit Esswaren. Es gab Hühner, Gänse und den unvergessenen Truthahn, Pasteten aller Art von guten Dingen, die der sterbliche Mensch kennt." Am Abend füllten wir Jungen und Mädchen zwei Schlitten voll und machten eine Schlittenfahrt. Man hätte unser Lachen und Singen zwei Meilen entfernt hören können. Wir kamen zurück zum Schulhaus, wo Äpfel, Nüsse und Süßigkeiten herumgereicht wurden und die Schlafenszeit an diesem Abend war zwölf Uhr.

Für Alfred zählten nicht die guten Zeiten, sondern die Chance auf Bildung. Er begann sofort mit der Schule und arbeitete außerhalb der Schulzeit hart, nicht nur für seine Verpflegung, sondern nahm auch Gelegenheitsjobs in der Nachbarschaft an, mit denen er Geld für seine persönlichen Ausgaben verdienen konnte. In seiner Westentasche trug er Listen mit Wörtern, die er sich während der Arbeit merken sollte, und wünschte sich immer noch, „dass man nicht schlafen müsste, sondern die ganze Nacht lernen könnte". Die moralischen Einflüsse waren allesamt gesundheitsfördernd. Die Menschen, unter denen er lebte, waren fleißig, intelligent und hochgesinnt. Zu seinen Studien gehörte in diesem Winter ein Kurs über Shakespeare, und die gesamte mentale Atmosphäre war äußerst anregend. Innerhalb weniger Monate wurde die Chance, in einer Druckerei zu arbeiten, eifrig angenommen und es schien wirklich so, als ob einige seiner Träume wahr werden könnten. Doch während die Wellen an der Oberfläche des Lebens glitzerten, herrschte darunter der gefährliche Sog der Krankheit. Es traten Tuberkulosesymptome auf, die Arbeit in der Druckerei musste nach einigen Wochen aufgegeben werden, und Alfreds Arzt riet ihm, sich vor dem Einsetzen der Kälte in den Süden vorzuarbeiten; da ein weiterer strenger Winter im Norden wahrscheinlich tödlich wäre. Nach Rücksprache mit seinen Freunden wurde dieser Kurs beschlossen; und im Vertrauen darauf, dass er mit Sicherheit eine vorübergehende Arbeit bei den Bauern entlang der Linie finden würde, machte er sich auf den Weg in den Süden, ohne von der Prüfung moralischer Gesinnung und guter Vorsätze zu träumen, die vor ihm lag. Das Kind hatte Zuflucht vor dem Elend im kriminellen Leben gesucht, vor dem sich seine Seele schon früh empört hatte; aber der Mann musste sich nun dem verzweifelten Kampf der Menschheit stellen, um in einem ehrlichen Leben Fuß zu fassen.

Im ersten Monat lief alles ziemlich gut, dann begann das Unglück sowohl in den Kleinstädten als auch auf dem Bauernland.

„Die Bauern haben zwei schlechte Saisons durchgemacht; es scheint kein Geld zu geben, und es gibt kaum eine Farm ohne Hypothek", schrieb er mir, und dann: „Als ich den letzten Penny meines Einkommens aufgebraucht hatte, musste ich einen Tag lang ohne Essen auskommen, Als der Hunger mich überwältigte, verkaufte ich einige meiner Sachen. Danach bekam ich eine Woche Arbeit und hatte zwei Dollar Vorsprung. Ich zielte auf das 100 Meilen entfernte St. Louis und ging die ganze Strecke zu Fuß. Was für ein Spaziergang das war! Ich bin noch nie an einer Stadt vorbeigekommen, ohne nach Arbeit zu suchen. Die Armut dort ist erstaunlich. Ich blieb bei meiner Entschlossenheit, nicht zu betteln. Ich muss gestehen, dass ich nie eine größere Versuchung verspürte, in mein altes Leben zurückzukehren; und ich denke, wenn ich kann Überwinde die Versuchung, wie ich es an dem Tag tat, als ich *es war* hungrig , ich brauche keine Angst vor der Zukunft zu haben.

„Ich kam mit fünf Cent in der Tasche in St. Louis an. Drei Tage lang lief ich durch die Straßen der Stadt und versuchte, Arbeit zu finden, aber ohne Erfolg. Ich durchsuchte die Zeitungen nach Anzeigen für gesuchte Männer, aber für jeden Ort gab es unzählige Bewerber. Mein Herz tat mir weh, als ich durch die Straßen ging und Männer und Frauen sah, die um das Nötigste zum Leben mussten. In der dritten Nacht schlief ich auf den Steinstufen einer Baptistenkirche. Dann antwortete ich auf eine Anzeige für die Verschiffung einer zusätzlichen Männerbande Sie waren unterwegs, um irgendwo in Arkansas am Eisenbahnbau zu arbeiten. Es war eine neugierige Mannschaft, die Hälfte der Männer waren Landstreicher, die nicht die Absicht hatten, zu arbeiten, einige waren gut gekleidete Männer, die nichts anderes zu tun fanden, einige waren Eisenbahner, die es getan hatten arbeitete an nichts anderem. Als einer der Bremser herausfand, wohin wir wollten, sagte er: „Dieser Ort! In zwei Monaten werdet ihr alle im Krankenhaus sein oder tot sein."


„Am zweiten Abend hielten wir in der kleinen Stadt an, in der wir jetzt sind. Die Arbeit ist wegen der Sümpfe und der Hitze schrecklich. Von den fünfundzwanzig, die angefangen haben, sind nur noch acht übrig. Gestern bin ich wegen der Hitze ohnmächtig geworden, aber wenn es so ist bringt mich um , ich bleibe bei der Arbeit, bis ich etwas Besseres finde.

Die Arbeit tötete Alfred nicht, aber das Malariafieber verwandelte die Arbeiterunterkünfte bald in eine Art Lagerkrankenhaus, in dem Alfred, obwohl er nicht arbeiten konnte, ein Talent für die Pflege hilfloser Menschen entwickelte. Seine Briefe waren zu dieser Zeit voller Krankheitsberichte und den Bedürfnissen der Kranken. Er hatte mich nie um Geld gebeten; Unter meinen Gefängnisfreunden schien es fast eine Ehrensache zu sein, mich *nicht* um Geld zu bitten; aber „wenn du mir etwas schicken könntest, um Zitronen für einige der Jungen zu besorgen, die keinen Cent haben", war sein einziger Appell; worauf ich gerne geantwortet habe.

Es sollten jedoch bessere Tage kommen. Es war kühleres Wetter vor der Tür und im Winter fand Alfred in einem Sägewerk eine regelmäßige Anstellung, die gelegentlich durch kurze Krankheiten unterbrochen wurde. Im Großen und Ganzen war das nächste Jahr ein Jahr des Wohlstands. Das Leben hatte sich in dem einfachen Problem der persönlichen Unabhängigkeit aufgelöst, und mit gutem Willen ergriff Alfred den Vorschlag, entschlossen, sich für seinen Arbeitgeber wertvoll zu machen. Dass er dies geschafft hat, habe ich in einer uneingeschränkten Empfehlung seines Arbeitgebers bewiesen.

Als die Familie, bei der er ein Jahr lang gewohnt hatte, die Stadt verlassen wollte, wurde ihm angeboten, ihr kleines Häuschen für zweihundertfünfzig Dollar bei monatlicher Zahlung zu kaufen; und indem er einen Mann und seine Frau als Mieter sicherte, gelang ihm dies.

„Endlich bin ich in meinem eigenen Haus", schreibt er mir. „Ich bin heute auf die Piazza gegangen und habe mit Stolz über das Tal geschaut, weil ich unter meinem eigenen Dach war. Ich habe das schöne Wohnzimmer für mich reserviert und drei Abende damit verbracht, Regale aufzustellen und sie zu schmücken." und versuche, den Raum hübsch zu gestalten. Ich werde unten in der Mühle ein paar schöne Zierleisten besorgen, um Rahmen für die Bilder zu machen, die du mir geschickt hast. Und ich werde einen kleinen Garten anlegen und etwas Gemüse anbauen."

Doch das angenehme Gefühl, ein Zuhause zu besitzen und die Freude am Aufbau sozialer Beziehungen, wurde von eindringlichen Erinnerungen an die Vergangenheit überlagert. Die helleren Möglichkeiten, die sich seiner Fantasie eröffneten, schienen sein Gefühl der Isolation nur zu verstärken. Äußere Umstände konnten seine eigene Persönlichkeit nicht verändern oder seine Erfahrungen auslöschen. Es war eine dunkle Stunde, in der er schrieb:

„Wie elend das alles ist, dieses verworrene Netz meines Lebens mit seinem Leiden, seiner Sünde und seiner Vergeltung. Es ist immer noch bei mir. Ich kann mich jetzt in der Tür meiner Gefängniszelle stehen sehen und zu der kleinen Schleife aufschauen– Loch in einem Fenster auf der anderen Seite des Korridors, versucht, einen Blick auf den blauen Himmel oder einen Stern zu erhaschen, sehnt sich nach reiner Luft und Sonnenschein, sehnt sich nach Freiheit ...

„So groß meine Liebe zu Frauen auch ist, so sehr ich mich auch danach sehne, dass jemand mein Leben teilt, ich sehe nicht ein, wie ich jemals eine Frau bitten kann, die Hälfte dieser geschwärzten und von Verbrechen befleckten Seite meiner Vergangenheit in ihr Leben aufzunehmen. Ich muss versuchen, Glück darin zu finden, anderen zu helfen.“

Aber die Natur war zu viel für Alfred. Wenige Monate später erzählt er mir, dass er heiraten wird und dass seine Freundin, eine junge Witwe, „gütig und mütterlich ist“. weniger von dir? Nicht ein bisschen. Es tut mir nur weh, an alles zu denken, was du durchgemacht hast."


Die Glücksbriefe nach dieser Heirat zeugen davon, dass die Zuneigung zwischen den beiden stark war. Hier werfen wir einen Blick auf die frühen Ehetage:

„Ich habe neue Schritte zu unserem Haus gemacht, schicke Holzarbeiten an der Veranda angebracht und mich darauf vorbereitet, nächsten Monat sowohl die Innen- als auch die Außenseite des Hauses zu streichen.“ – Alfred war Nachtwache im Holzwerk. – „Das ist es Vier Uhr nachmittags; ich schreibe an einem offenen Fenster, von dem aus ich hinausschauen und die Blumen meiner Frau im Garten sehen kann. Ich kann über das Tal auf den dahinter liegenden Baumkamm blicken, während die Brise hereinkommt und den Duft mitbringt der Kiefern. Draußen in der Küche kann ich meine Frau singen hören, während sie Kuchen für unser Abendessen backt. Aber mein alter Ehrgeiz, eine Druckerei zu besitzen, hat mich nicht verlassen. Darauf freue ich mich immer noch.“

Gerade hier möchte ich sagen: „Und sie lebten glücklich bis ans Ende ihrer Tage.“ Aber das Leben ist kein Märchen; Für viele scheint es nur ein Schmelztiegel zu sein, durch den die Seele geführt wird. Aber die Wechselfälle, die in Alfreds wenigen verbleibenden Jahren folgten, waren die des allgemeinen Schicksals. In fast jedem Brief gab es Hinweise auf einen schlechten Gesundheitszustand, der zu häufigen Arbeitsausfällen führte. Drei Jahre nach seiner Heirat schreibt mir Alfred voller Freude über die Vaterschaft von dem Baby, von seiner listigen Art und seiner allgemeinen Liebe; und was er tat, als er mit einigen kleinen Dingen bekleidet war, die ich ihm geschickt hatte. Dann, als das Kind ein Jahr alt war, kam ein besorgter Brief, in dem es von der Krankheit des Babys Alfred berichtete, und dann:

" MEIN LIEBER FREUND :

„Mein Baby ist tot. Er ist letzte Nacht gestorben.

„ ALFRED. “

Dieses Zerreißen der Herzen war eine neue Art von Leiden, schlimmer als alles, was durch persönliche Not verursacht wurde. Voller Trauer schreibt er mir: „Wenn ich an diese Worte denke: ‚Das Grab meines Babys‘.“ Ich wusste, dass ich ihn sehr liebte, aber wie sehr ich es wusste, bis er weggebracht wurde. Es ist nicht mehr dieselbe Welt, seit er gestorben ist. Der arme kleine Schatz! Am Tag, nachdem er krank geworden war, sah er mir ins Gesicht und krähte zu mir und klatschte in seine kleinen Hände und rief mich zum letzten Mal „da-da“. Oh! mein Gott! wie es mir weh tut. Es kommt mir manchmal so vor, als müsste mir das Herz brechen …

„Seitdem das Baby gestorben ist, ist es für mich zur Qual geworden, in der Sägemühle zu wachen. In den langen Stunden der Nacht erscheint mir das Gesicht meines Babys so lebhaft, dass es mir Angst macht, daran zu denken.“

Das Ende war nicht mehr fern; Von der langen Krankheit, die darauf folgte, erholte sich Alfred nicht, obwohl er arbeitete, obwohl er stehen konnte; Auch die Frau war krank und musste dringend Geld verdienen. Verzweifelt schreibt Alfred über seine unerfüllten Träume und fügt hinzu: „Es scheint mir nur gelungen zu sein, mich selbst zu reformieren“, aber selbst im letzten Bleistiftgekritzel klammert er sich noch an die Hoffnung, wieder arbeiten zu können.

Ich kann mir Alfred nur als einen guten Soldaten im Kampf ums Leben vorstellen. Als Kind verzweifelt um die bloße Existenz kämpfend, für kurze Zeit moralisch durch mangelhafte soziale Verhältnisse besiegt; später durch die Unmenschlichkeit des Gefängnisvertragssystems körperlich erschöpft; dann atmete er durch die Freundlichkeit des walisischen Predigers tief und glücklich ein; aber nur, um sich mit widrigen wirtschaftlichen Bedingungen in den Kampf zu stürzen; und die ganze Zeit über kämpfte er ständig gegen die unerbittlichsten Feinde, die Krankheit, die ihn schließlich besiegte. Er war in der Tat ein tapferer Geist.

Werden unter denen, die dieses Bild von Alfreds Leben studieren, die „Gewohnheitsverbrecher“ sein, die das Bildnis für sich beanspruchen werden, oder werden die heimeligen, zartherzigen Männer und Frauen den Nervenkitzel der Verwandtschaft verspüren?

Wahrlich, Alfred war eins mit allen liebenden Herzen, die nach oben streben, sei es im Gefängnis oder im Palast.

**FUSSNOTEN:**

[6] Alfred betrat nie Privathäuser.

[7] Mrs. Burnetts charmante kleine Geschichte, „Edithas Einbrecher", ging unter den Einbrechern im Gefängnis die Runde, bis sie in Stücke gerissen wurde.

---

# KAPITEL V

Ein Gewohnheitsverbrecher der ausgesprochenen Art war mein Freund Dick Mallory. Ich erinnere mich nicht an unser erstes Treffen, aber er muss damals dreißig Jahre alt gewesen sein, war zum dritten Mal im Gefängnis und verbüßte eine vierzehnjährige Haftstrafe. Zu Beginn unserer Bekanntschaft bat ich ihn, für mich einen detaillierten Bericht über seine Kindheit und Jugend, das Umfeld und die Einflüsse zu schreiben, die ihn zu dem gemacht hatten, was er war, und auch über seine Eindrücke von den verschiedenen Besserungsanstalten und kleineren Strafanstalten, in denen er gewesen war Insasse. Dies war ihm mit Sondergenehmigung gestattet, und der Gefängnisdirektor bestätigte die allgemeine Zuverlässigkeit seiner Aussagen. Die folgende kurze Skizze seiner Jugend ist eine Zusammenfassung seiner eigenen Berichte.

Man kann Dick Mallory nicht als Opfer sozialer Umstände betrachten, er war auch nicht krimineller Abstammung. Einer seiner Großväter war Bauer, der andere Mechaniker. Sein Vater war ein Arbeiter, seine Mutter eine großherzige Frau, die ihrem Sohn durch und durch gütig und bis zuletzt ergeben war. Bei Dick muss es an einem anlagebedingten Mangel an moralischer Gesinnung gelegen haben , der derselbe eigensinnige, unbeherrschbare Junge war, den Mütter mit gebrochenem Herzen in allen Gesellschaftsschichten kennen. Impulsiv, großzügig und mit einem ausgeprägten Geselligkeitsgefühl setzte er sich mit Sträflingen und Wärtern in den verschiedenen Strafanstalten durch, die in seine vielfältigen Erfahrungen einflossen. Ich hasse es, es in Worte zu fassen, aber Dick war unbestreitbar ein Dieb; und seine Karriere als Dieb begann sehr früh. Als er sieben Jahre alt war, wurde er auf eine Pfarrschule geschickt, und dort erzählte er mir: „Das waren harte Jungs, mich eingeschlossen. Dort erhielt ich meine ersten Unterrichtsstunden im Stehlen. Wir gingen durch alle Gassen weiter." auf dem Weg zur und von der Schule, brechen in Schuppen ein und stehlen alles, was wir für ein paar Cent verkaufen können, um mit dem Geld in billige Theater zu gelangen.

Diese frühe Gesetzlosigkeit führte zu noch schwerwiegenderen Vergehen, bis der Junge mit dreizehn Jahren in die Besserungsanstalt geschickt wurde. Diese Reformschulerfahrung – Ende der siebziger Jahre – bot die bestmögliche Kultur für all das Böse in seiner Natur. Diese Reformschule wurde offen als „Brutstätte der Kriminalität" des Staates bezeichnet. Dick ließ es zwangsläufig noch schlimmer zurück als bei seinem Eintritt. Bald folgte ein weiteres Delikt, für das er für einen Monat ins Gefängnis geschickt wurde, in der Hoffnung, dass ihm dies „eine Lektion erteilen" würde. „Das war es. *Aber oh, was für eine Lektion.* Oh! Aber es war ein harter Ort für einen

Jungen! In jeder Zelle waren drei bis sieben, einige davon Jungen, die jünger waren als ich, einige hartgesottene Kriminelle. Wir wurden zusammengepfercht Müßiggang, nur Lektionen über Kriminalität lernen. In weniger als sechs Monaten war ich ein zweites Mal dort. Dann zog meine Mutter in ein anderes Viertel, aber leider zur Abwechslung. In derselben Gegend gab es mehr Diebe als in jedem anderen Teil von Chicago Von der Sünde an befleckte Stadt. Von dem Zeitpunkt an, als ich mich in diesem Viertel kennenlernte, war ich ein überzeugter Dieb und ein ständiger Gegenstand des Verdachts der Polizei.

„Eines Abends wurde ich aus allgemeinen Gründen verhaftet, auf die Polizeiwache gebracht und der gesamten Polizeieinheit vorgeführt. Der Hauptmann sagte: ‚Das ist der berüchtigte Dick Mallory, sehen Sie sich ihn genau an und bringen Sie ihn nachts oder …‘ Tag, wo immer du ihn finden magst.‘“ Dies vervollständigte seine Feindschaft gegenüber Recht und Ordnung.

Bald darauf folgte ein Erlebnis im Haus der Besserung, von dem er sagt: „Ich war zum ersten Mal dort und es war eine elende Zeit. Sodom und Gomorra konnten in ihren besten Tagen dem nicht das Wasser reichen. Das wissen Sie inzwischen.“ Ich war kein Frühlingshuhn, aber der Ort machte mich tatsächlich krank; es wimmelte buchstäblich von Ungeziefer, die Männer waren halb verhungert und halb bekleidet. Diese Erfahrung im Arbeitshaus wiederholte sich mehrere Male und wurde später als der tiefste moralische Verfall seiner gesamten Karriere angesehen. „Ich habe in diesen Zeiträumen meiner Freiheit nicht versucht, Arbeit zu finden, weil ich jedes Mal verhaftet wurde, wenn ich von einem Polizisten getroffen wurde, der mich schon einmal gesehen hatte.“

Der zutiefst demoralisierte Dick Mallory suchte die Saloons auf, zunächst aus Gründen der Geselligkeit, dann wegen der Anregung, die dem Leben vorübergehend Lebensfreude verlieh, bis sich die Gewohnheit des Trinkens bestätigte und zu schwerwiegenderen Verbrechen führte.

Vielleicht hätten weder unsere modernen Jugendgerichte noch unsere verbesserten Methoden in der Besserungsanstalt und im Justizvollzugsanstalten den Verlauf von Dick Mallorys Leben wesentlich verändert, obwohl eine gründliche handwerkliche Ausbildung seine destruktiven Tendenzen möglicherweise in konstruktive Kräfte verwandelt hätte und die richtige Lehre dies möglicherweise getan hätte vermittelte ihm einige Grundsätze guter Staatsbürgerschaft. Wie dem auch sei, die Tatsache blieb bestehen, dass seine Inhaftierung zu einer gesellschaftlichen Notwendigkeit geworden war, bevor dieser Junge seine Volljährigkeit erreicht hatte; Er war genau der Typ geworden, gegen den sich unsere strengste Gesetzgebung richtete.

Aber das war nicht der Dick Mallory, den ich zehn Jahre später so gut kennenlernte und der zwei Jahre oder länger mein Führer und Leiter bei einigen der besten Arbeiten war, die ich je für Gefangene geleistet habe. Seltsamerweise war dieser Mann, so völlig verantwortungslos und gesetzlos wie er bis dahin gewesen war, ein vorbildlicher Gefangener. Er passte sich sofort an, erlernte sein Handwerk im Schuhhandel schnell, wurde ein erfahrener Handwerker und verdiente durch zusätzliche Arbeit etwa sechzig Dollar im Jahr. Er war fröhlich, vernünftig, besonnen; und ließ sich nieder, um das Sträflingsleben mit der Entschlossenheit zu leben, das Beste daraus zu machen und die Gelegenheit zu nutzen, abends zu lesen und zu lernen. Der normale Mensch in ihm kam zum Ausdruck. Sein Vergleich zwischen der Justizvollzugsanstalt und der Strafanstalt fiel völlig zu Gunsten der letzteren aus. Er erkannte die Notwendigkeit einer strengen Disziplin für Männer wie ihn; Er erkannte die Schwierigkeiten der Position des Direktors und seine Kritik an den Institutionen beschränkte sich hauptsächlich auf die Missbräuche, die dem Vertragssystem innewohnen. Er hatte nie Kontakt zu Kranken oder Behinderten, war selbst mit der unbändigen Lebenskraft der Söhne Erins gesegnet und körperlich in der Lage, mehr als alle von ihm verlangten Arbeiten zu verrichten. Sein Standpunkt zum Sträflingsleben und zur Gefängnisverwaltung war zu dieser Zeit völlig identisch anders als die von John Bryan. Er stürzte sich in die Korrespondenz mit mir mit einem Eifer, der nie nachließ, füllte jeden Zentimeter des ihm zugeteilten Briefpapiers aus, schätzte jede Zeile meiner Briefe und las sie an den langen Sonntagnachmittagen in seiner Zelle noch einmal. Jahrelang hatte er die Gefängnisbibliotheken optimal genutzt. Seine Lektüre erfolgte hauptsächlich in wissenschaftlicher Hinsicht; Galton, Draper und Herbert Spencer schätzten ihn besonders. Sein Lieblingsroman war M. Lintons „Joshua Davidson“, eine eindrucksvolle moderne Paraphrase des Lebens Jesu. Sein gutes Wesen brachte ihm viele kleine Gefälligkeiten und Privilegien von den Gefängniswärtern ein, und die Zeit, in der ich ihn als Gefangenen kennenlernte, war zweifellos die glücklichste Zeit seines Lebens.

Wir hatten immer einen jungen Gefangenen zur Hand, den wir aus dem kriminellen Leben befreien wollten. Normalerweise war es ein Zellengenosse von Dick, den er gut kennengelernt hatte. Und äußerlich war Dicks Mutter immer bereit, ihrem Sohn dabei zu helfen, den Sohn einer anderen Mutter auf die Beine zu bringen. Unser erstes gemeinsames Experiment in dieser Richtung war zunächst etwas entmutigend. Der folgende Auszug aus einem von Dicks Briefen spricht für sich, nicht nur für unseren *Schützling* Harry, sondern auch für Dicks Haltung in diesem und ähnlichen Fällen.

„Mein Bruder schrieb mir, dass Harry sich den Fuß verbrannt hatte und einen Monat lang nicht arbeiten konnte. Während dieser Zeit zahlte ein Freund von mir seine Verpflegung. Als er sich erholte, ging er für ein paar

Tage wieder zur Arbeit, bezog sein Gehalt und verließ die Stadt , und lasse meinen Freund aus eigener Tasche. Jetzt möchte ich diesen Verlust wiedergutmachen, weil ich mich für Harry verantwortlich fühle. Ich habe nie das Vertrauen in ihn verloren; und was mich am schlimmsten macht, ist, dass ich es ihm nicht sagen kann Ich bin ihm nicht böse. Ich würde in dieser Minute zwanzig Dollar geben, wenn ich wüsste, wo ein Brief ihn erreichen würde.

„Ich habe nie direkt versucht, einen Mann auf mein eigenes Niveau zu bringen, und wenn es mir nie gelingt, mich viel über mein derzeitiges Niveau zu erheben , möchte ich das Mittel sein, andere zu erheben." Allerdings erwies sich Harry nicht als gänzlich verlorenes Unterfangen und Dick freute sich, später bessere Nachrichten von ihm zu erhalten.


Das nächste Mal hatten wir mehr Glück, als Ned Triscom , ein junger Zellengenosse von Dick, freigelassen wurde. Dick hatte wochenlang Pläne für die Zukunft dieses Jungen gemacht und mich um Hilfe bei der Sicherung einer Situation und der Organisation einer Abendschule gebeten, wobei Dick die Rechnungen garantierte. Unsere Pläne gingen sogar besser auf, als wir gehofft hatten. Ned erwies sich als wirklich der Richtige, und als ich ihn später in Chicago traf, bestätigten meine Eindrücke Dicks positiven Bericht mehr als. Aber Ned war Dicks *Entdeckung* , und Dick muss seinen eigenen Bericht abgeben.

„Ich möchte Ihnen für das danken, was Sie für meinen Freund Ned getan haben. Er hat mir jede Woche geschrieben, seit er gegangen ist, und es tut mir gut zu wissen, dass er auf dem richtigen Weg zum Erfolg ist. Sobald Sie anfangen zu empfangen Neuigkeiten von Ihren Freunden, die ihn kennengelernt haben, Sie werden Dinge hören, die Ihr Herz erfreuen werden. Er lobt Miss Jane Addams begeistert, hat einige Abende im Hull House verbracht und besucht meine Mutter oft. Es geht ihm gut Bemerkenswert gut in seiner Arbeit und verdiente letzte Woche vierundzwanzig Dollar. Er hat keinen Verwandten in seiner Nähe als eine Tante, die er in seinem Urlaub besuchen wird. Ich habe ihn nie etwas über seine Vergangenheit gefragt, *und* er hat mir nie etwas erzählt. Ich habe einfach geurteilt Ich habe immer gedacht, dass er hier fehl am Platz ist, und jetzt frage ich mich, wie er jemals hierher gekommen ist.

Ich mochte Dick, weil er Ned nie etwas über seine Vergangenheit gefragt hatte. Durch Dicks Interesse an dem Jungen wurde Ned sofort in ein gesundes moralisches Umfeld in Chicago gebracht, und er war wirklich ein sehr interessanter und vielversprechender junger Mann mit außerordentlich guten Manieren. Er besuchte mich eines Abends in Chicago und schien so gut wie jeder andere zu sein, mit den richtigen Interessen, und er blieb mit mir in Korrespondenz, solange ich seine Briefe beantwortete.

Mrs. Mallory interessierte sich ebenso sehr für Dicks philanthropische Experimente wie ich, und mehrere Männer, die frisch aus der Strafanstalt kamen, verbrachten ihre ersten Tage in Freiheit im Sonnenschein ihres herzlichen Willkommens und im Schutz ihres gastfreundlichen Daches. So bildeten Dick Mallory, seine Mutter und ich eine Art Erste-Hilfe-Organisation für die ehemalige Sträflingsgesellschaft.

Ein weiterer Schützling Mallorys war Sam Ellis, dessen kriminelle Aussaat von wildem Hafer Ausdruck einer Natur mit unstillbarer Abenteuerlust zu sein schien. Das Abenteuer der Gesetzlosigkeit gefiel ihm wie ein Spiel, und die damit verbundenen Gefahren lockten ihn an, so wie das „rote Spiel des Krieges" schon so manchen jungen Mann angelockt hat und das Spiel der Hochfinanz so manchen Älteren in seinen Bann gezogen hat.

Aber Sam Ellis gab sich auch mentalen Abenteuern hin – dem Spiel, die Fiktion so überzeugend zu gestalten, dass sie als Tatsache akzeptiert wurde, denn Sam wurde als Geschichtenerzähler geboren. Vielleicht hätte ich Sam für einen schlichten Lügner halten sollen, aber ich konnte ihn nie für einen solchen halten, denn er sprach offen über diese Fähigkeit, wie er über jedes andere Talent gesprochen hätte; und er erzählte mir, dass es ihn unendlich faszinierte, andere an die reinen Erfindungen seiner Fantasie glauben zu lassen. Ich hatte immer das Gefühl, dass er als Romanautor seine wahre Berufung gefunden und Erfolg gehabt hätte. Er hatte auch ein Gespür für Literatur, und ich glaube, er hat in dem folgenden Auszug aus einem seiner Briefe glücklich zum Ausdruck gebracht, welche Begleiter Bücher für einen Gefangenen sein können:

„Ich habe Seneca, Montaigne, Saadi, Marcus Aurelius, Rochefoucauld, Bacon, Sir Thomas More, Shelley, Schopenhauer, Clodd, Clifford, Huxley, Spencer, Fiske, Emerson, Ignatius Donnelly, Bryan, BO Flower, JK Hosmer, und eine Vielzahl kleinerer Lichter. Über Emerson sagt er: „Wir sind Freunde. Es war ein großer Aufstieg für mich und ein schrecklicher Abstieg für ihn. Ich habe zwei Wochen lang nichts anderes getan, als Emerson zu lesen, zu denken, zu reden und zu träumen, und die Vertrautheit festigt uns nur." Freundschaft desto stärker. Es muss außergewöhnlich hohes Denken erfordert haben, um so reine und entzückende Dinge zu erschaffen. Er erhebt einen in eine höhere Atmosphäre und trägt den Gedanken auf breiten und liberalen Linien weiter. Anstatt einen in die Gosse schauen zu lassen, um das zu sehen Als Spiegelbild des Himmels lässt er uns in den Himmel selbst blicken. In Stunden der Depression suchte dieser Mann die Gesellschaft von Marjorie Fleming. Wahrlich, er verstand den Wert des alten Ratschlags: „Um dich von einer lästigen Fantasie abzulenken, musst du nur zu deinen Büchern

rennen ." Und wenn ich an die liebe Pet Marjorie denke, die sich ihren Weg
durch das Jahrhundert und über das Meer bahnt, um den Ort der Finsternis
und Verzweiflung aufzuheitern und zu erhellen! Dieser Mann hatte keine
Lust, Kriminalgeschichten zu lesen – er lebte sie – sein Leben außerhalb des
Gefängnisses war voller Aufregung und Abenteuer. Als Zeiten des
Nachdenkens kamen, wandte er sich etwas völlig anderem zu; Und waren die
in ihm nach oben wirkenden Kräfte nicht ebenso lebendig und aktiv wie die
nach unten gerichteten Tendenzen?

Wie dem auch sei, weder Dick Mallory noch mir gelang es, dieses launenhafte
Wesen fest in den Griff zu bekommen; Aber er versuchte nie, uns
aufzudrängen, reagierte immer auf mein Interesse an ihm und fand eine
Chance, mir einen Gefallen zu tun, bevor er in einem Bergbaugebiet im
äußersten Westen aus meinem Horizont verschwand, wo zweifellos andere
Abenteuer auf ihn warteten. Dick Mallory betrachtete Sam immer mit
herzlicher Zuneigung und seine klare Persönlichkeit hat ein lebendiges Bild
in meiner Erinnerung hinterlassen.

Ich finde, dass Dick Mallory das Zentrum war , von dem mehr meiner
Bekannten im Gefängnis ausstrahlten als von jeder anderen Quelle. Sein
Geist war immer auf der Hut vor den Männern um ihn herum, und er war
immer auf der Suche nach Möglichkeiten, ihnen zu helfen. In einem unserer
Interviews lautete seine Begrüßung an mich:

„Hier sind zwei polnische Jungen, die Sie sehen müssen; und Sie müssen
etwas für sie tun."

„Ich werde keinen weiteren Gefangenen kennen lernen, Dick", war meine
Antwort. „Ich habe jetzt mehr Männer auf meiner Liste, als ich ihnen gerecht
werden kann. Ich habe keine Zeit für einen weiteren."

„Es macht keinen Unterschied, ob du Zeit hast oder nicht, diese Jungs sollten
hier raus, und es gibt niemanden außer dir, der sie rausholt", sagte Dick in
einem Tonfall der Endgültigkeit.


Ich erkannte sofort, dass es nicht nur um das Schicksal der polnischen Jungen
ging, sondern auch um meine Stellung in der Meinung Mallorys; Denn
zwischen uns beiden herrschte die unausgesprochene Übereinkunft, dass wir
aufeinander zählen konnten, und Dick wusste ganz genau, dass ich ihn nicht
im Stich lassen konnte. Nichts in meiner gesamten Gefängniserfahrung
erwärmt mein Herz so sehr wie der Gedanke an unsere polnischen Jungen.
Keiner von ihnen war zwanzig Jahre alt; Sie waren Arbeiterjungen mit einem
guten allgemeinen Charakter, und dennoch verbüßten sie eine
fünfzehnjährige Haftstrafe, die aufgrund einer Formalität in einem schlecht
formulierten Gesetz verhängt worden war.

Mein Gespräch mit dem jüngeren der Jungen verlief vollkommen zufriedenstellend. Ich fand ihn offen und intelligent und bereit, mir jeden Punkt in seinem Fall mitzuteilen. Aber beim älteren war es anders; Er hörte sich alle meine Fragen schweigend an und lehnte jede Antwort ab. Schließlich sagte ich: „Sie müssen meine Fragen beantworten , sonst kann ich nichts für Sie tun." Dann richtete er seine großen schwarzen Samtaugen auf mich und sagte nur: „Du willst mir etwas Böses tun?" Was für ein Kommentar zu den Erfahrungen des Jungen vor Gericht in Chicago! Er konnte sich einfach nicht vorstellen, dass ein Fremder ihn aus einem anderen als schädlichen Motiv aufsuchen würde. Und dieses Mal kamen wir nicht weiter voran, aber als ich wiederkam, war das Willkommen in den schwarzen Samtaugen zu sehen, und mit der Begrüßung: „Ich weiß jetzt, dass du mein Freund bist", gab er mir seine Aussage und beantwortete alle meine Fragen.

Nun schien es unmöglich, dass gegen diese Jungen ohne triftigen Grund eine so schwere Strafe verhängt werden konnte. Aber ich vertraute auf Dick Mallorys Urteil über sie, und meine eigenen Eindrücke waren durch und durch positiv; Darüber hinaus war mein guter Freund, der Aufseher, davon überzeugt, dass schweres Unrecht geschehen sei.

Es dauerte zwei Jahre, bis ich alle Fäden entwirrt, alle meine Beweise gesammelt und den Fall dem Gouverneur vorgelegt hatte. Der Gouverneur sah sich die Papiere sorgfältig an und sagte dann:

„Wenn ich meine ganze Arbeit so gründlich erledigt hätte, würde ich nicht so kritisiert werden , wie ich es jetzt bin. Was soll ich für diese Jungs tun?"

Ich machte einen kühnen Strich für das, was ich wollte, und antwortete: „Ich möchte, dass du mir zwei Begnadigungen gibst, die ich morgen den Jungen überbringen kann."

Der Gouverneur klingelte nach seiner Sekretärin, zu der er sagte: „Stellen Sie zwei Begnadigungen für diese polnischen Jungen aus." Und zehn Minuten später verließ ich mit den beiden Begnadigungen in der Hand das Büro des Gouverneurs. Und so kam es, dass ich Dick Mallory eine der glücklichsten Stunden meines Lebens zu verdanken hatte.

Als ich am nächsten Tag das Gefängnis erreichte, war mir die gute Nachricht vorausgeeilt. Einer der Beamten empfing mich an der Tür, schüttelte mir zur Begrüßung beide Hände und sagte:

„Es gibt keinen Beamten oder Sträfling in diesem Gefängnis, der sich nicht über die Freiheit dieser Jungen freuen würde, und jeder Sträfling wird davon erfahren."

Was die polnischen Jungen selbst betrifft, so erwartete der blonde, liebe Junge gute Nachrichten; aber die schwarzen Samtaugen des Dunklen waren von dem unglaublichen Glück verwirrt. Ich stand an der Tür und schüttelte ihnen die Hand, als sie in die Freiheit eintraten, und erhielt anschließend von beiden Briefe mit Einzelheiten ihrer Heimkehr. Und so wurde Mallorys Ziel erreicht.

Dies sind nur einige der vielen, die diesem Mann zu Dank verpflichtet waren. Erst letztes Jahr erwähnte ein Mann, der jetzt in England stirbt, in einem seiner Briefe an mich dankbar die Hilfe, die Mallory ihm bei seiner Entlassung aus dem Gefängnis vor vielen Jahren gewährt hatte. Mallorys Briefe zeugen von einer helfenden Hand. Durch sie alle zieht sich der silberne Faden menschlicher Güte, die Spuren der gewährten Wohltaten und der für andere unternommenen Anstrengungen.

Und wie stand es um Dick Mallorys eigenes Leben nach seiner Entlassung aus dem Gefängnis? Ihm hatte es immer an Vertrauen in sich selbst und in seine Zukunft gefehlt, und jetzt schien sich der Strom der Existenz gegen ihn zu wenden. Er war 32 Jahre alt und hatte mehr als die Hälfte seines Lebens in Gefangenschaft verbracht. In seinem Ehrgeiz, mit Gefängnisverträgen Geld zu verdienen, hatte er zu stark auf körperliche und nervliche Ressourcen zurückgegriffen. In seinen eigenen Worten: „Ich war mir überhaupt nicht bewusst, in welcher körperlichen Verfassung ich war. Wenn ich nur an einen Ort hätte gehen können, an dem ich mich unter ärztlicher Behandlung hätte erholen können! Aber nein! Ich wollte nur zur Arbeit gehen. Ganz ich. *"wusste, dass es Arbeit war. "*

Die schweren Zeiten des Jahres 1993 brachen an, ein Mann musste die Arbeit annehmen, die er bekommen konnte, und Mallory konnte die Arbeit, die ihm in den Weg kam, nicht erledigen. Seine Mutter starb und das Haus wurde zerstört. Er griff erneut auf die Geselligkeit im Salon zurück, und mit der Erneuerung alter Verbindungen und unter dem Einfluss von Aufputschmitteln brach die rücksichtslose Gesetzlosigkeit seiner Kindheit erneut in einer Tat aus, die zu einer Haftstrafe in einem anderen Gefängnis führte.

Der Mann war völlig niedergeschlagen. Seine alten Vorstrafen kamen ans Licht und er fand sich in den Strapazen seiner Vergangenheit wieder. Er wurde zutiefst gedemütigt – er war nicht in der Lage, auch nur einen Penny zu verdienen, und den großzügigen Impulsen, die noch immer in ihm waren, stand kein Kanal mehr offen. Die alte Lebensfreude flackerte noch gelegentlich in der erlöschenden Glut auf, verdunkelte sich aber allmählich zu einer dumpfen Verzweiflung, was sein eigenes Leben betraf. Aber sein Interesse an anderen blieb bestehen, und die einzigen Gefälligkeiten, die er jemals von mir verlangte, galten „den Jungen", denen er nicht mehr helfen konnte. Er schrieb mir immer noch frei und seine Briefe erzählen ihre eigene Geschichte:

„Einmal in unserer Freundschaft glaubte ich wirklich, dass in meiner Zukunft alles möglich sei. Ich hatte nie vor, dich zu täuschen – Und als ich meine gebrochenen Versprechen erkannte, brach auch mein Herz. Seitdem war ich nie mehr derselbe Mann und kann es auch nie wieder sein." . Ich kann nicht anders, als auf die dunkle Seite zu schauen, denn das Leben war so schwer für mich. Ah! Es ist ein harter Ort, wenn man an einem Punkt angelangt ist, an dem die Zukunft so hoffnungslos erscheint wie mir."

Und es war wirklich hoffnungslos; Inhaftierung und Zerstreuung hatten ihre Wirkung getan und sein Tod kam kurz nach seiner Entlassung aus diesem Gefängnis. Da sich sein Leben als verlorenes Spiel erwiesen hatte , war es weitaus besser, dass es endete. Aber hatte Robert Louis Stevenson nicht Recht mit seiner Überzeugung, dass all unser moralisches Versagen den Wert unserer guten Eigenschaften und unserer guten Taten nicht schmälert? Das Gute, das Mallory tat, war positiv und dauerhaft; und sicherlich sollte sein Name unter denen geschrieben stehen, die ihre Mitmenschen liebten.

Der grausamste Schlag im Schicksal von Dick Mallory war für mich folgender: In den Augen vieler scheint seine Geschichte die Strenge der Gesetzgebung gegen Gewohnheitsverbrecher zu rechtfertigen. Bei all seinen Bemühungen, andere zu retten, konnte er sich selbst nicht retten – und da er sich der Ungerechtigkeit bewusst war, die aus lebenslangen Haftstrafen für „ Gewöhnliche " resultierte, zählte die Summe seines Lebens gegen die Gnade dieser Klasse.

# KAPITEL VI

Dick Mallory selbst wurde wegen Diebstahls im Rahmen der gewohnheitsmäßigen Straftat zur Höchststrafe von vierzehn Jahren verurteilt; und er ärgerte sich über das Urteil in seinem eigenen Fall nicht, weil er das Leben in der Strafanstalt im Großen und Ganzen genauso zufriedenstellend fand, wie es draußen gewesen war; und als ich ihn traf , interessierte er sich intensiv für die anderen Gefangenen. Er ärgerte sich jedoch über die Tatsache, dass die „gewohnheitsmäßige Handlung" ohne Diskriminierung auf jeden angewendet wurde , der wegen einer zweiten Straftat verurteilt wurde. Er führte auf eigene Faust eine Studie über die einzelnen Männer durch, die man „ Gewohnheiten " nannte. Ich habe nie verstanden, wie Dick Mallory es schaffte, so viel über einzelne Sträflinge zu wissen, wie er wusste; Aber er war ein scharfer Beobachter und schlagfertig, und die Wachen und Vorarbeiter gaben ihm oft kleine Informationen. Er gab jedoch zu, dass sein wirkliches Wissen über die Männer unter der „gewohnheitsmäßigen Handlung" dürftig war, und bat mich, einige persönliche Beobachtungen zu machen. Zu diesem Zweck gab er mir eine Liste von etwa einem halben Dutzend Männern, die ich zu befragen versprach, und auf diese Weise begann meine Bekanntschaft mit Peter Belden, eine Bekanntschaft, die noch viele Jahre, nachdem Dick Mallory den Zugriff irdischer Gerichte verlassen hatte, bestehen bleiben sollte.

Peter Belden war damals ein Mann von etwa dreißig Jahren, verkümmert, etwas taub und sein rechter Arm war durch einen Unfall in der Gefängniswerkstatt gelähmt. Sein Haar, seine Augen und sein Teint hatten weitgehend die gleiche Farbe, aber seine guten, kräftigen Gesichtszüge drückten Intelligenz aus. Er trug die Sträflingsstreifen, die die Individualität im gesamten Gefängnis auslöschten.

Trotz dieser körperlichen Nachteile, einer Vorstrafe und einer lebenslangen ungünstigen Umgebung machte sich eine gewisse innewohnende Kraft und Männlichkeit in seinem Wesen bemerkbar. Er ging davon aus, dass ich seine Aufrichtigkeit nicht in Frage stellen würde, und ich auch nicht. Er sagte nichts über seine eigenen Nöte, appellierte nicht an mein Mitgefühl, sondern besprach die gewohnheitskriminelle Tat ganz unpersönlich und intelligent; Er nahm sofort die Haltung eines Menschen an, der bereit war, mich bei allen Bemühungen zum Wohle der kriminellen Klasse, zu der er gehörte, zu unterstützen.

Aber während er über andere sprach, dachte ich an ihn, und als ich mich erkundigte, was ich persönlich für ihn tun könnte, bat er mich, die Erlaubnis des Direktors einzuholen, einen Bleistift und ein Schreibtablett in seiner Zelle zu haben, da er gerne arbeitete an mathematischen Problemen in seiner Zelle.

Dies war der einzige Gefallen, den der Mann im Gefängnis von mir verlangte, und bis heute weiß ich nicht, ob er seine vierzehnjährige Haftstrafe für ungerecht hielt. Da er ziemlich freundlos war und weder Briefe empfing noch schrieb, war er nur allzu gern bereit, mit mir zu korrespondieren. Als ich seinen ersten Brief erhielt, war ich überrascht, dass er als Linkshänder regelmäßig und klar schrieb und nur gelegentlich Fehler in der Rechtschreibung oder im korrekten Englisch aufwies.

Immer interessiert an der Herkunft und den prägenden Einflüssen, die zum kriminellen Leben dieser Männer geführt hatten, bat ich Belden, für mich die Geschichte seiner Jugend zu schreiben; und ich gebe es aus seinen eigenen Briefen, die mir jetzt vorliegen, soweit möglich in seinen eigenen Worten wieder:

„Ich habe oft gedacht, dass mir das Leben ziemlich schwer fällt, habe aber immer versucht, das Beste daraus zu machen. Ich weiß, dass es viele gibt, denen es schlechter ergangen ist als mir, und aus Mitleid mit ihnen habe ich es geschafft." die harte Seite des Lebens leichter zu finden als sonst.


„Ich wurde auf einer Insel vor der Küste Englands geboren. Mein Vater und meine Mutter waren irischer Abstammung, aber wir sprachen alle sowohl Englisch als auch Französisch, und ich ging vier Jahre lang zur Schule, bevor ich zwölf wurde. Ich lernte Französisch und Englisch , Geschichte, Grammatik und Rechtschreibung; aber ich habe alles für Arithmetik und andere Zweige der Mathematik beiseite gelegt: So lange ich mich erinnern kann, hatte ich eine große Vorliebe für Zahlen; ich verdiente mein Schulgeld mit Gelegenheitsarbeiten für einen Bauern, denn das waren wir sehr arm. Mein Vater war ein starker Trinker und wir waren vierzehn in der Familie. Es gab Tage, an denen wir nur ein oder zwei Mahlzeiten zu uns nahmen, und einige Tage, an denen wir überhaupt nichts zu essen hatten."

Die Mutter des Jungen war ehrgeizig für seine Ausbildung; Sie hatte Verwandte in einem unserer westlichen Staaten, und als Peter zwölf Jahre alt war , wurde er in dieses Land geschickt mit der Vereinbarung, dass er in der Schule bleiben sollte.

„Aber anstatt zur Schule zu gehen, wie ich erwartet hatte, wurde ich hier und überall herumgeschubst und getreten. Meine Cousine sagte immer: ‚Es ist Schule , die du willst , oder? Ich werde dir Schule geben ', und ihre Schule war immer so." mit einem Knüppel oder einem Tritt gegeben. „ Lernen " und „erziehen "? Das ist zu viel davon , was du schon hast; geh raus und kümmere dich um die Kuh."

Der Junge ertrug dieses Leben mehrere Monate lang und „fürchtete sich so sehr vor diesem Cousin, dass ich manchmal die ganze Nacht draußen blieb und im nahegelegenen Wald schlief." Dann, in einer Stunde der Verzweiflung, beschloss er, wegzulaufen, und nach zwei oder drei vorübergehenden Jobs, an denen er für seinen Vorstand arbeitete, zog es ihn in die Holzregionen von Michigan. Dort wurde sein Bildungsstreben auf unerwartete und höchst merkwürdige Weise befriedigt.

In den siebziger Jahren kursierten verschiedene Gerüchte über unmoralische Häuser im Zusammenhang mit diesen Holzfällergebieten, und später wurden Maßnahmen ergriffen, die die Insassen effektiv zerstreuten. Eines dieser Häuser wurde von einem Hochschulabsolventen aus dem Osten geführt, der für das Ministerium ausgebildet worden war, aber vom geraden und schmalen Weg abgekommen war und sich dem Fälschungsgeschäft widmete; Infolgedessen verbrachte er fünf Jahre im Gefängnis und suchte anschließend Zuflucht vor seiner Vergangenheit in der Wildnis von Michigan.

Zufall oder Schicksal führten Peter Belden, einen dreizehnjährigen Jungen, in den Kreis der Herrschaft dieses Mannes, wo seltsamerweise die höhere Seite der Natur des Jungen eine Chance zur Entwicklung fand. Peter erhielt bei diesem „Rossman's" eine Anstellung als Hundepfleger und als Laufbursche. Der Mann, Rossman, studierte den Jungen, und als er seine Leidenschaft für das Lernen entdeckte, festigte er die Bindung zwischen ihnen durch das Versprechen, einen gleichwertigen Studiengang an der Universität zu absolvieren.

Für Peter schien es in der Tat so, als käme er in den Schoß des Glücks, gekleidet und gefüttert zu werden und ein eigenes Zimmer zu bekommen, „mit College-Büchern in den Regalen", das ihm jederzeit zur Verfügung stand; „Und außerdem gab es einen Koffer voller Bücher – allerlei wissenschaftliche Bücher."

genoss der Junge nach Herzenslust den Gebrauch von Büchern. Das Studium war seine Freizeitbeschäftigung, und getreu seinem Wort gab ihm Rossman täglich Unterricht, indem er ihn durch Algebra, Trigonometrie und die verschiedenen Zweige der höheren Mathematik führte, wobei er Geographie und Geschichte und – jeden Sonntag das Bibelstudium nicht außer Acht ließ . Wer kann die Höhen und Tiefen, die geheimnisvolle Komplexität von Rossmans Natur ergründen? Dies ist Peters Hommage an den Mann:

„Ich war drei Jahre lang bei ihm. Ich fand immer, dass er sehr nett war, nicht nur zu mir, sondern zu allen Mädchen im Haus und zu jedem einzelnen ."

In dieser moralisch geächteten Gemeinschaft wuchs Peter im Alter von sechzehn Jahren auf und zog durch eine gewisse Anziehungskraft seiner eigenen Natur die besten Elemente seiner ungünstigen Umgebung an. Und hier ereignete sich die einzige Romanze in seinem Leben; Zumindest für ihn scheint es ebenso idyllisch gewesen zu sein wie Pauls Gefühle für Virginia. Das Mädchen, jung und hübsch, war freiwilliges Mitglied von „Rossman's". Auch sie hatte eine Geschichte. Sie wurde von ihrer Familie einigermaßen streng erzogen und in eine Klosterschule gebracht, wo sie die Unterdrückung und Zurückhaltung als unerträglich empfand. In ihrem rücksichtslosen Wunsch nach Freiheit nutzte sie die Chance, der Klosterschule zu entkommen, fand Zuflucht in der nächstgelegenen Stadt und wurde dort dazu überredet, sich der Rossman-Gruppe anzuschließen, ohne zu wissen, in welchen Abgrund sie stürzte. Sie war noch eine Anfängerin in diesem Unterfangen, als sie sich für Peter Belden, den jungen Studenten, interessierte. Gemeinsam arbeiteten sie an Zahlenproblemen, wobei ihre Gespräche oft von den Problemen in Büchern zu den Problemen des Lebens, insbesondere ihres eigenen Lebens, abschweiften, bis der Tag kam, an dem Peter ihr sagte, dass er ohne sie nicht leben könne.

Dann schmiedeten die beiden jungen Leute ihre Pläne, diese Gemeinschaft zu verlassen, ehrlich zu heiraten und das Problem eines gemeinsamen Lebens zu lösen. Dies sollte jedoch nicht geschehen – denn der Tod forderte das eigensinnige Mädchen und beendete das kurze Kapitel der Romantik in Beldens Leben. Und der Mann, mittlerweile fast sechzig Jahre alt, trägt immer noch dieses Stück Frühling in seinem Herzen, und „Mai" – so treffend benannt – erscheint ihm nun durch die Destillation der Zeit und die Alchemie der Erinnerung als ein Engel des Lichts, der Eine Liebe seines Lebens.

Weitere Änderungen gab es nun am Flügel. „Rossman's" war nicht länger zu dulden und der Besitzer war gezwungen, seine Gruppe aufzulösen und diesen Teil des Landes zu verlassen. Zu diesem Zeitpunkt machte sich der wahrhaft unheilvolle Einfluss Rossmans bemerkbar, der das junge Leben, das jetzt durch Bande der Dankbarkeit und Gewohnheit an ihn gebunden war, tödlich vernichtete und sogar die Entwicklung seiner mathematischen Begabung in einen Fluch verwandelte. Rossman war gezwungen, das verrufene Geschäft aufzugeben, in dem er tätig war, und eröffnete ein Glücksspielhaus in Chicago. Belden weihte er in alle dunklen Bräuche und alle raffinierten Tricks ein, die in diesen Glücksspielhöllen praktiziert werden . Hier kam Beldens natürliche Begabung für das Rechnen und Kombinieren von Zahlen, verstärkt durch mathematische Ausbildung, ins Spiel. Die Faszination des Spiels als solches hat sich sogar in einen von Beldens Briefen an mich eingeschlichen, in dem mehrere Seiten dem Beweis gewidmet sind, wie durch wissenschaftliche Manipulation der Karten bestimmte Ergebnisse erzielt werden können. Doch erneut fiel Rossmans Geschäft unter das Verbot des Gesetzes, und bald darauf wurde Belden wegen einer offensichtlichen Unehrlichkeit ins Gefängnis geschickt.

Ein Jahr später investierte ein ehemaliger Sträfling mit Widerstandskraft, geschwächt durch die Strenge der Gefängnisdisziplin, ohne Handel, die vom Staat gegebenen zehn Dollar in billige Oberbekleidung als Ersatz für den Anzug, der auf den ersten Blick von der Polizei erkannt wurde, die der Belden wurde daraufhin dem Ex-Sträfling verliehen und kehrte nach Chicago zurück. Ohne Freunde, mittellos und daran gewöhnt, nach seinem Verstand zu leben, war Belden bald wieder „in Schwierigkeiten", wurde schnell wegen der Gewohnheitskriminalität verurteilt und mit der Höchststrafe von vierzehn Jahren belegt. Drei Jahre dieser Strafe verbüßte Belden nach Beginn unserer Bekanntschaft. Er hatte einen Unfall erlitten, der zu einer Armlähmung geführt hatte, und seine Aussichten waren hoffnungslos und trostlos. Nachdem er jedoch seine rechte Hand nicht mehr benutzen konnte, machte er sich sofort an die Arbeit und lernte, mit der linken Hand zu schreiben, was ihm schnell gelang. Die vom Direktor auf meine Bitte hin ausgehändigte Tafel war bald mit komplizierten mathematischen Problemen übersät; Differentialrechnung war für die Wachen natürlich bedeutungslos, aber ein kontinuierlicher Vorrat an Tabletten war ein sicherer Ausweg für einen Geist, der in Sachen Zahlen als „geknallt" galt. Aufgrund seiner Gebrechen waren Beldens Gefängnisaufgaben leicht; Seine Hingabe an den Aufseher McClaughrey , der ihn mit Freundlichkeit behandelte, sorgte dafür, dass er sich an die Gefängnisregeln hielt, während sein zuvorkommendes Wesen die freundliche Achtung seiner Mitgefangenen einbrachte. Und so verging die Zeit bis zu seiner endgültigen Veröffentlichung. Diesmal verließ er das Gefängnis in einem gut sitzenden Second-Hand-Anzug, den ihm ein Freund geschickt hatte. Dick Mallory, der damals ein freier Mann war, begrüßte ihn in Chicago, sah ihn an Bord des Zuges nach einer anderen Stadt, in der ich für seine Aufnahme in ein „Heim" gesorgt hatte, und beschleunigte mit herzlichem Wohlwollen seinen Abschied aus den Reihen der Kriminellen. Das war im Jahr 1893; Von diesem Tag an führte Peter Belden ein ehrliches Leben.

Von den Bewohnern des Heims oder den Mitgliedern dieser Familie, wie die heilige Frau, die das Haus gründete und leitete, als diese Männer galten, wurde erwartet, dass sie zu den Kosten des Heims so viel beisteuerten, wie es tatsächlich kostete, sie zu behalten. Während der harten Winter 1894 und 1895 suchten Tausende arbeitsfähiger Männer vergeblich nach Arbeit und warteten darauf, am Ende eines fruchtlosen Tages an die Reihe zu kommen, während Peter Belden, dessen rechter Arm nutzlos war, jede Chance nutzte, wenig zu verdienen Beträge und durch strikte Selbstverleugnung gelang es ihm, das Nötigste seines Lebens zu decken. Ein- oder zweimal konnte er dies ein paar Tage lang nicht tun, aber der Hausverwalter half ihm über diese Pausen hinweg; und ich wusste von ihr, dass Belden sich unermüdlich bemühte, seine Ausgaben zu bestreiten. Dass dies alles andere als einfach war, zeigt der folgende Auszug aus einem Brief aus dem Winter 1895:

„Ich bin gesundheitlich recht gut, vielen Dank, aber ich habe eine sehr schwere Zeit hinter mir. Gib mein Bestes, ich komme nicht voran. Gestern musste ich mir einen Dollar von zu Hause leihen. Ich bin immer noch auf der sicheren Seite . “ , tagein, tagaus, Briefpapier verkaufend. Ich hatte in den letzten Monaten oft das Gefühl, aus Verzweiflung aufzugeben. Ein gewisses *Etwas* sagt mir jedoch, dass ich weitermachen soll. Sie haben mich freundlich gefragt, ob ich Kleidung bräuchte. Ja, danke Du, ich brauche Schuhe und Strümpfe und ich habe kein Geld, sie zu kaufen. Nun, lieber Freund, gib kein Geld aus, um mir diese Dinge zu besorgen; ich werde froh und dankbar sein für alles, was ich schon einmal benutzt habe.“

Als der finanzielle Wohlstand allmählich zurückkehrte, wurde es für Belden einfacher, über die Runden zu kommen. Zu seinen Briefpapierkunden knüpfte er freundschaftliche Beziehungen, konnte seinen Vorrat an verkaufsfähigen Artikeln vergrößern und gewann das Vertrauen zweier Großkonzerne, die ihm Waren auf Ratenzahlung lieferten. Zu diesem Zeitpunkt schrieb mir der Heimleiter:

„Ich habe großes Interesse an Peter Belden, denn er war ein guter, ehrlicher und fleißiger Mann, seit er zu uns kam. Ich möchte Ihnen sagen, dass Ihre freundlichen Bemühungen von ihm voll und ganz geschätzt werden. Er arbeitet ernsthaft an der Arbeit in einem Unternehmen.“ Weg, und alle, die etwas mit ihm als Mann zu tun haben, haben Vertrauen zu ihm.

Auch Beldens Interessen begannen sich zu erweitern und seine häufigen Briefe an mich zu dieser Zeit sind wie bewegte Bilder, die Einblicke in die Innenräume verschiedener Häuser und in den Kontakt mit allen möglichen Menschen gewähren – einer sympathischen Jüdin, einem brillanten katholischen Bischof, einer Fälschung magnetischer Heiler und spiritistischer Betrüger. Am Ende einer Vorlesung wandte er sich sogar an den berühmten Dekan Hole, um sich ein Autogramm des Dekans zu sichern, das er mir schickte. und er hatte interessante Erfahrungen mit verschiedenen anderen Charakteren. Er wurde häufig in religiöse Diskussionen verwickelt, vertrat jedoch die feste Meinung, dass Glaubensbekenntnisse oder das Fehlen von Glaubensbekenntnissen für ihn nichts bedeuteten, solange man gut und hilfreich für andere sei. Dieser einfache Glaube stimmte mit seiner Vorgehensweise überein. Das Mitleid wohnte immer in seinem Herzen, und ich glaube nicht, dass er jemals die Gelegenheit genutzt hat, ihm zu helfen. Er vergaß nicht die Gefangenen, die in der Strafanstalt, in der er eingesperrt war, zurückgelassen wurden , und schickte ihnen über mich Zeitschriften, Briefe und Nachrichten. In einem seiner Briefe finde ich diesen kurzen Vorfall, der so charakteristisch für den Mann ist, wie ich ihn kannte:

„Während ich heute auf der Suche war, sah ich einen armen blinden Hund – es war ein sehr erbärmlicher Anblick. Er ging ein wenig hin und her, bewegte sich hin und her. Das arme Ding wusste nicht, wo er war, denn er war blind, wie es nur sein konnte, und nicht nur blind, sondern auch lahm. Etwas fiel mir auf, als ich ihn sah; ich sagte mir: „Ich bin verkrüppelt, aber vielleicht werde ich eines Tages wie dieser arme Hund sein; wer kann das sagen? Das werde ich bestimmt schaffen." was ich für ihn tun kann.'

„Ich konnte ihn nicht mit nach Hause nehmen, aber ich tat das Nächstbeste, denn ich nahm ihn aus der Meute der Jungen, die ihn zu verfolgen begannen, und gab ihn einer Frau, die offensichtlich interessiert und mitfühlend aus dem Fenster schaute; sie versprach es sich um ihn zu kümmern."

In den Hunderten von Briefen, die Belden mir geschrieben hat, finde ich keine Zeile der Verurteilung oder auch nur der harschen Kritik an irgendjemandem, obwohl er die Vorurteile teilt, die Männer seiner Klasse gegenüber wohlhabenden Kirchenmitgliedern gemeinsam haben. Nicht, dass er auf ihren Besitz neidisch gewesen wäre, aber da er die Grausamkeit und die moralische Gefahr extremer Armut zu gut kannte und bereit war, seinen letzten Dollar auszugeben, um das Leid zu lindern, konnte er sich einfach nicht vorstellen, wie es für einen Nachfolger Christi möglich war, Geld anzuhäufen Wohlstand, während es noch Ausbeutungsbetriebe und Kinderarbeit gab.

In dieser Zeit in Beldens Leben bereiteten ihm seine Kenntnisse der Mathematik große Freude, und sie brachten ihm in den Zeitungskolumnen zu mathematischen Rätseln eine herausragende Rolle, in denen „Mr. Belden" als letzte Autorität zitiert wurde. Seinen Briefen an mich waren zahlreiche Zeitungsausschnitte beigefügt, und vor mir liegt eine handschriftliche Notiz des Herausgebers einer bekannten Zeitung an Belden, in der er sagt:

„Ihre Lösung des Problems ist eine äußerst geniale und mathematisch fundierte Analyse der gestellten Frage und würdigt Ihr Talent in hohem Maße."


Diese Anerkennung der Überlegenheit im Bereich seiner natürlichen Begabung und Leidenschaft war für Belden in der Tat wertvoll, aber er war äußerst sensibel im Hinblick auf seine Vergangenheit und vermied den Kontakt und die Bekanntschaft mit denen, die daran interessiert sein könnten. Und als Insasse des Heims bekannt zu sein, bedeutete, als ehemaliger Sträfling bekannt zu sein.

Dieses verstümmelte Leben als ehemaliger Sträfling musste er bis zum Ende ertragen; nur darüber hinaus konnte er Männern als ihresgleichen begegnen; und so hütete er sein Inkognito, aber nicht ganz erfolgreich.

Einmal machte er das Experiment, in eine Nachbarstadt zu gehen und zu versuchen, seine Mathematik kommerziell zu nutzen, aber er konnte seinen Ausgangspunkt nicht erreichen. Er verfügte über keinerlei Qualifikationen als Lehrer, und auch wenn er als erfahrener Buchhalter wertvoll gewesen wäre, waren seine Nachteile doch zu groß, um sie zu überwinden.

Im Laufe der Jahre tauchten immer häufiger Anspielungen auf krankheitsbedingten Zeitverlust auf. Sein treuer Freund, der Hausverwalter, war zu ihrer Belohnung gegangen, und das Heim, wie Belden es gekannt hatte, gehörte der Vergangenheit an.

Das Leben wurde zu einem verlorenen Spiel, zu einem Problem, das zu schwer zu lösen war, als sich seit langem bestehende Tuberkulose-Tendenzen entwickelten und Belden zum Verantwortlichen einer Zweigstelle der Anti-Tuberkulose-Bewegung wurde, wo er einen Sommer im Freien verbrachte. Hier stellte er sich offen der Tatsache der sich entwickelnden Krankheit und las, wie es charakteristisch ist, alle medizinischen Arbeiten zu diesem Thema, die das Lager bereitstellte, entschlossen, einen guten Kampf gegen den Feind zu führen. Er schien eine Art Trost darin zu finden, sich mit einigen genialen Männern zu verbünden, die gegen denselben Feind gekämpft hatten; er erwähnt Robert Louis Stevenson, Chopin und Keats und, was noch hoffnungsvoller ist, andere, die schließlich die Krankheit besiegt haben.

Angesichts des bevorstehenden kalten Wetters hielt man es für das Beste, Belden in ein wärmeres Klima zu schicken; Es wurden entsprechende Vorkehrungen getroffen und ihm wurde ein Ticket zu einem weit entfernten Ort gegeben, von dem man annahm, dass er bessere Chancen auf Genesung hätte. Dort erholte er sich eine Zeit lang und wurde stärker, musste sich jedoch neuen Schwierigkeiten stellen. Er war körperlich nicht in der Lage, seinen Lebensunterhalt zu verdienen, und es dauerte nicht lange, bis er zum öffentlichen Dienst ernannt und in einer Krankenstation für alte Männer untergebracht wurde. Mehr als fünfzig Jahre Armut und Schicksalskampf hatten die Spuren eines Lebens auf dem ausgelaugten Körper hinterlassen. Aber das „Etwas“, das ihm gesagt hatte, er solle trotz vieler Widrigkeiten weitermachen, lässt ihn jetzt nicht im Stich, und der alte Geist der Entschlossenheit, das Beste aus den Dingen zu machen, hält noch an. Seine Briefe zeigen weitgehend die gleiche Beobachtungsgewohnheit wie früher; Teile der Landschaft schimmern wie Bilder durch einige seiner Seiten, und historische Assoziationen, die mich interessieren könnten, werden gesammelt und berichtet. Sein größtes Interesse scheint derzeit der Produktion dieses Buches zu gelten, da er fest davon überzeugt ist, dass niemand anders als der Autor „für die Gefangenen sprechen“ kann.

Es scheint, dass selbst der Tod selbst, „der alle Ketten sprengt und alle Gefangenen freilässt", nicht freundlich zu Peter Belden sein kann, und dass es durch ermüdende Tage und noch ermüdendere Nächte zu Verzögerungen kommen wird. Aber schließlich, wenn der dunkle Vorhang des Lebens gelüftet wird, können wir nur darauf vertrauen, dass ihn ein glücklicheres Schicksal in einem glücklicheren Land erwartet.

# Kapitel VII

Bei meinem ersten Besuch im Gefängnis meines Staates überraschte mich der Aufseher mit den Worten: „Zu den allerbesten Männern im Gefängnis gehören die Männer auf Lebenszeit, die Männer, die wegen Mordes hier sind."

Wie wahr das war, konnte ich damals nicht erkennen, aber da ich mit der Zeit so viele dieser Männer gut kennenlernte, wurden die Worte des Aufsehers voll und ganz bestätigt.

Das Gesetz unterteilt die Tötung einer Person durch eine andere in drei Kategorien: Mord ersten Grades; Mord zweiten Grades; und Totschlag. Der vorsätzlich geplante und ausgeführte Mord stellt einen Mord ersten Grades dar; und dafür ist in vielen unserer Staaten die Todesstrafe immer noch die Todesstrafe; andernfalls handelt es sich um einen vorsätzlich geplanten und offiziell ausgeführten legalen Mord, wobei die Strafe die Straftat in groben Zügen nachahmt. Dies ist die weitverbreitete Vorstellung, die Strafe dem Verbrechen anzupassen; und sein Fortbestehen ignoriert die offensichtliche Wahrheit, dass, solange das Gesetz die Tötung unter bestimmten Umständen rechtfertigt und ein Beispiel dafür ist, sich der Einzelne auch dann rechtfertigen wird, unter Umständen zu töten, die ihm dies zu rechtfertigen scheinen; Der Einzelne nimmt das Gesetz einfach selbst in die Hand. Krieg und Todesstrafe sind die beiden stärksten Quellen geistiger Suggestion in Richtung Mord.

Bei jeder Hinrichtung innerhalb der Mauern einer Strafanstalt wird der Verdacht eines Mordes unter den anderen Sträflingen verbreitet und stellt eine besondere Gefahr für psychisch Kranke dar. Solange die Todesstrafe als für den Schutz der Gesellschaft notwendig gilt, sollte jeder Staat seinen staatlichen Vollstrecker haben; und Hinrichtungen sollten in der Landeshauptstadt in Anwesenheit des Gouverneurs und so vieler Gesetzgeber wie möglich in der Stadt stattfinden. Indem wir das hässliche Büro von Jack Ketch ins Gefängnis verbannen, entgehen wir der Erkenntnis, was das alles ist – wie abstoßend, wie barbarisch – und wir werfen einen weiteren Schrecken in die psychische Atmosphäre des Gefängnislebens.

Mehrere Faktoren haben dazu geführt, dass die Todesstrafe so lange auf dem Thron der Gerechtigkeit blieb. Die Evolution hat den elementaren, wilden Instinkt der Blutrünstigkeit noch nicht aus dem Menschen ausgerottet, der sich in der abscheulichen Hektik der Bevölkerung, die den öffentlichen Hinrichtungen in Frankreich in diesem Jahrhundert beiwohnen wollte, auf schreckliche Weise offenbarte; öffentliche Hinrichtungen unter Missachtung der erwiesenen Tatsache, dass bisher harmlose Menschen aus dem Blickfeld einer Hinrichtung gegangen sind, die dazu getrieben wurde, eine ebenso harmlose Person zu töten.

Viele gute Männer und Frauen, die die praktische Wirkung einer so obskuren Sache wie „Suggestion" ignorieren, sind ehrlich davon überzeugt, dass die Angst vor der Todesstrafe einen zügelnden Einfluss auf die kriminelle Klasse hat. In den Staaten und Ländern, die den Mut hatten, die Todesstrafe abzuschaffen, wird die Richtigkeit der Theorie der „Abschreckungswirkung" auf die Probe gestellt; Die Statistiken variieren je nach Ort, aber die Gesamtheit der allgemeinen Statistiken zeigt einen Rückgang der Morde nach der Abschaffung der Todesstrafe.

Ein stiller Partner bei der Unterstützung der Todesstrafe ist die allgemeine Annahme, dass der Mörder ein normaler und moralisch verantwortlicher Mensch ist. Die Wissenschaft führt uns jetzt zu einem klareren Verständnis der Beziehung zwischen dem Moralischen und dem Physischen in der menschlichen Natur, und wir beginnen zu erkennen, dass die Ursachen, die Unterströmungen und die abnormalen Impulse, die in uns an die Oberfläche kommen, komplex und weitreichend sind die Tat des Mordes. Vor einigen Jahren wurde in England bei der Untersuchung der Gehirne einer Reihe von Männern, die wegen Mordes hingerichtet wurden, festgestellt, dass 85 Prozent dieser Gehirne organisch erkrankt waren. Wenn wir davon ausgehen, dass es sich bei diesen Männern um kriminelle Mörder handelte, müssen wir auch zugeben, dass sie psychisch krank waren und selbst Opfer von Krankheiten waren, bevor andere zu ihren Opfern wurden. Wo die moralische Verantwortung liegt, kann allein der Schöpfer wissen; Vielleicht schlug in einem überfüllten Raum eines schmutzigen Mietshauses eine überarbeitete Mutter oder ein brutaler Vater einem kleinen Jungen auf den Kopf, und das kleine Gehirn ging kaputt, *einige* dieser winzigen Gehirnzellen, die mit moralischem Verhalten zu tun hatten, wurden zerstört, und Jahre später trat die Wirkung auf Der grausame Schlag auf den Kopf des wehrlosen Kindes gipfelte in dem mörderischen Schlag aus der Hand dieses zum Mann herangewachsenen Kindes. Und hinter dem Schlag, der dem Kind zugefügt wurde, stehen der Saloon und die Ausbeutungsfabrik und die bittere Armut und Not, die einen Menschen in ein Tier verwandeln können. Kneipen und Ausbeutungsbetriebe gedeihen in unserer Mitte, und der Druck der Armut ist grausam, und die Folgen, die hilflosen Kindern zugefügt werden, sind schrecklich. Wenn der Staat energisch daran arbeitet, die sozialen Bedingungen, die Kriminalität verursachen, zu beseitigen oder zu verbessern, wird es weniger gesetzlose Mörder geben, die legal ermordet werden.

Immer wieder wurden unschuldige Männer wegen Mordes hingerichtet. Alles ist gegen einen Mann, der wegen Mordes angeklagt ist. Die einfache Anschuldigung bringt die Öffentlichkeit gegen den Angeklagten auf. Die Presse, die gerne Aufsehen erregt, beteiligt sich an der Anklage, manchmal auch die Kanzel. Man greift auf die Folterungen in der Schwitzkammer zurück, um den Angeklagten dazu zu bringen, sich selbst zu verurteilen, bevor ihm der Prozess gemacht wird; und jemand, der kein Geld hat, kann einfach deshalb verurteilt werden, weil er seine Unschuld nicht beweisen kann – obwohl das Gesetz vorgibt, einen Mann so lange für unschuldig zu halten, bis seine Schuld bewiesen ist.

Ich war jahrelang ein Verfechter der Todesstrafe als barmherzige Alternative zur lebenslangen Haft. Im Wissen, dass die Gewissheit, dass der Tod naht, spirituelles Erwachen bewirken und das Beste in einem Menschen an die Oberfläche bringen kann; im Glauben, dass der Tod der große Befreier und das Tor zu höheren Dingen ist; in dem Wissen, dass ein Mann, der lebenslang inhaftiert ist, durch die Hoffnungslosigkeit seines Schicksals geistig und seelisch abgestumpft werden kann oder so sehr darauf bedacht sein kann, sein Verbrechen zu besänftigen, zu entschuldigen oder zu rechtfertigen, dass er jegliches Schuldgefühl verliert und sich vielleicht irgendwann eher für ein Opfer hält als ein Verbrecher; Da ich das unaussprechliche Leid des Mannes kannte, der sich der Reue hingibt, und weil ich wusste, wie oft der „lebenslange Mensch" dem Wahnsinn zum Opfer fällt, kam ich aus purem Mitleid mit dem Gefangenen dazu, die Todesstrafe als ein barmherziges Mittel zu betrachten, um einer unvergleichlichen Situation zu entkommen schlimmeres Schicksal.

Bisher wurde mein Standpunkt nur in Bezug auf den lebenslangen Gefangenen vertreten . Später, als ich das Thema umfassender untersuchte und die Auswirkungen der Todesstrafe auf die Gemeinschaft als Ganzes und als Maßnahme zum Schutz der Gesellschaft betrachtete, konnte ich mich der Überzeugung nicht entziehen, dass dies in der zivilisierten Welt des heutigen Kapitals der Fall ist Strafe ist unhaltbar. Christentum, Menschlichkeit, Soziologie, Medizin, Psychologie und Statistik stehen der Ungerechtigkeit und Unklugheit der Todesstrafe entschieden entgegen. Die öffentliche Meinung, das letzte Bollwerk der Todesstrafe, hellt sich langsam aber sicher auf, und der endgültige Sieg der Humanität ist bereits gesichert.

In den gesamten Vereinigten Staaten ist die gesetzliche Strafe für Mord zweiten Grades eine lebenslange Freiheitsstrafe; dann folgt das Verbrechen namens Totschlag, wenn die Tat zur Selbstverteidigung oder unter anderen mildernden Umständen begangen wird; Die Strafe dafür ist eine Freiheitsstrafe von unterschiedlicher, aber begrenzter Dauer. Es gibt praktisch keine eindeutige Grenze zwischen Mord zweiten Grades und Totschlag. Ein kluger Fachanwalt, ob auf der Seite der Anklage oder der Verteidigung , hat kaum Schwierigkeiten, seinen Fall über die Grenze in die eine oder andere Richtung zu tragen. Geld und die soziale Stellung des Angeklagten sind wichtige Faktoren, um das empfindliche Gleichgewicht zwischen Mord zweiten Grades und Totschlag herzustellen.

Es gibt verschiedene Wege, die zur illegalen Tötung führen; Der Druck, der auf den Mann ausgeübt wird, bevor die Tat vollbracht ist, ist oft schrecklich. Tödliche Angst, die Angst, die der Menschheit gemeinsam ist, war die Kraft, die viele Menschen dazu trieb, mit tödlicher Wirkung zuzuschlagen, zu erstechen oder zu schießen; Während der Zorn, ob gerecht oder ungerecht, der momentane Impuls intensiver emotionaler Erregung, dem wir alle mehr oder weniger ausgesetzt sind, eine Schar von Opfern gesammelt und den tragischen Ruin unzähliger Männer verursacht hat, die jetzt in unseren Gefängnissen ihr Leben verschlingen.

Und es ist erschreckend wahr, dass einige der „lebenslangen" Männer zu den Besten in unseren Gefängnissen gehören, die „lebenslangen" Männer, die alle wahllos als Mörder bezeichnet werden. Wir können nicht daran zweifeln, dass einige von ihnen im Herzen Mörder und eine Bedrohung für die Gemeinschaft waren; Zweifellos sind einige auch an keinem Verbrechen schuldig; und es gibt andere, für die es für alle Beteiligten besser wäre, wenn ihnen heute die Freiheit gegeben würde.

Man geht davon aus, dass ein zu Unrecht Inhaftierter mehr leidet als derjenige, der weiß, dass er nur sich selbst schuld ist. Viel hängt von der Natur des Mannes ab. Angesichts zweier Männer mit gleichermaßen gesunder moralischer Natur kann derjenige mit einem reinen Gewissen schwer unter dem Gefühl der Empörung und Ungerechtigkeit, unter dem Zerreißen der Herzen und der Beeinträchtigung von Geschäftsbeziehungen leiden, aber seine seelische Qual kann dem kaum gleichkommen des Mannes, dessen Herz vor Reue zerfressen ist. Die beste Gesellschaft, die ein Gefangener haben kann, ist seine eigene Selbstachtung, das beste Kapital eines bankrotten Lebens. Ich war erstaunt zu sehen, wie wichtig der Frieden und die Hoffnung sind, und die große Kraft der Geduld, die für Gesundheit sorgt und Kraft zum Durchhalten gibt.

Diese Tatsache hat mich im Fall eines Mannes tief beeindruckt. Sein Name war Gay Bowers, ein Name, der seltsamerweise nicht mit seinem Schicksal vereinbar war, und obwohl er ein „Mensch auf Lebenszeit" war, brachte ihn niemand in diesem großen Gefängnis jemals mit Mord in Verbindung; Niemand, der ihm wirklich ins Gesicht sah, hätte ihn für einen Verbrecher halten können. Es war das einzige Gesicht, das ich je außerhalb eines Buches sah, das von Trauer gezüchtigt zu sein schien; sein sanftes Lächeln war wie der schwache Sonnenschein eines Apriltages, der durch den Nebel brach; und um den Mann herrschte eine Atmosphäre von Jugend und Frühling, obwohl er fast vierzig war, als wir uns das erste Mal trafen; aber es war der verhaftete Jugendliche eines Mannes, für den das Leben bereits mit zweiundzwanzig Jahren zu Ende zu sein schien.

Gay war auf dem Land geboren und aufgewachsen, liebte und heiratete ein Mädchen vom Land und war in der ganzen Nachbarschaft als fleißiger, beständiger junger Kerl bekannt. Er lebte in einem Dorf in der Nähe des Mississippi, und eines Sommers fuhr er geschäftlich nach St. Louis und kehrte mit dem Boot zurück. Auf dem Dampfschiff näherte sich ein Fremder, ein junger Mann in etwa seinem Alter, einem Bekannten, und als er seinen Namen hörte, rief er:

„Gay Bowers! Warum heiße ich Ray Bowers und suche Arbeit? Ich schätze, ich gehe in deine Stadt und wir nennen uns gegenseitig Cousins; vielleicht sind wir verwandt."

Der Fremde wirkte sehr freundlich und freundlich zu Bowers, als sie die Heimatstadt erreichten; Dort fand Ray Arbeit und es schien ihm eine Zeit lang gut zu gehen.

Und hier muss ich Gay Bowers den Rest der Geschichte so erzählen lassen, wie er sie mir erzählt hat, und zwar in seinen eigenen Worten, soweit ich mich an sie erinnern kann. Ich lauschte aufmerksam seiner tiefen, ruhigen Stimme, schien aber gleichzeitig die Geschichte in seinen Augen zu lesen, denn das absolut überzeugende Element war die Art und Weise, wie Bowers alles noch einmal durchlebte, während er die Szene mit einer gewissen Spannung entfaltete in seinen Tönen. Es kam mir so vor, als wäre ich tatsächlich Zeuge des Vorfalls, so lebhaft wurde das Bild, das er vor Augen hatte, auf meine übertragen.

„Meine Frau und ich waren gerade an diesem Tag in ein neues Zuhause gezogen, wir und unser kleines einjähriges Mädchen, und Ray hatte uns beim Umzug geholfen und war zum Abendessen bei uns geblieben. Nach dem Abendessen sagte Ray, er müsse gehen, und fragte Ich solle ein Stück mit ihm gehen, da er mir etwas zu sagen hatte.

„ Also ging ich mit ihm. Hinter dem Haus verlief die Straße ein ganzes Stück durch tiefe Wälder. Wir waren mitten im Wald, als Ray anhielt und mir erzählte, was er von mir wollte. Er erzählte mir, dass er ein gewesen war Pferdedieb drüben in Missouri, dass sein Bild in der „Schurkengalerie" in St. Louis über seinem eigenen Namen, Jones, hing; dass es für ihn nicht sicher war, in Missouri zu sein, wo er „gesucht" wurde und so weiter Er war ohne irgendwelche Pläne auf das Boot gestiegen, aber sobald er mich, einen arbeitenden Landmann, sah, dachte er, er könnte sich genauso gut an mich klammern und zu mir fahren. Aber er sagte, er sei der Arbeit überdrüssig; und Bauer Smith hatte ein schönes Paar Pferde, über die er verfügen konnte, wenn ich sie aus dem Stall in die nächste Grafschaft bringen würde. Ray wollte, dass ich dies aufgrund meines guten Rufs tat. Jeder kannte mich und ich war vor Verdacht sicher; und Er sagte, wir könnten für uns beide viel Geld verdienen, wenn ich mit ihm in das Geschäft einsteigen würde.

„Plötzlich wusste ich, dass ich schon seit einiger Zeit *das Gefühl* hatte, Ray sei nicht ganz ehrlich. Es gab ein paar Kleinigkeiten – natürlich habe ich gesagt, dass ich nicht mit ihm reingehen würde, und das tue ich auch nicht." Weißt du, was ich noch gesagt habe, denn ich war ziemlich wütend, als ich herausfand, was für ein Mann er war und wie er mich getäuscht hatte. Vielleicht habe ich gedroht, es der Polizei zu sagen; jedenfalls sagte Ray, er würde mich töten, bevor ich die Chance hätte, es ihm zu geben weg, wenn ich nicht auf den Deal mit ihm eingehen würde, denn dann würde ich es nicht wagen, mich zu „pfirsichen". Trotzdem weigerte ich mich.

„Und dann" – hier trat ein Ausdruck absoluten Entsetzens in Bowers' Augen – „dann versetzte er mir plötzlich einen schrecklichen Schlag und ich wusste, dass ich um mein Leben kämpfte. Er kämpfte wie der verzweifelte Mann, der er war. Ich habe es geschafft." Ich griff nach unten, nahm einen Stock und schlug zu: Ich habe nie daran gedacht, den Mann zu töten; es war nur ein blinder Kampf, um mich zu verteidigen.

„Aber er ließ los und fiel. Als er sich nicht bewegte , beugte ich mich über ihn und tastete nach seinem Herzen. Ich konnte nicht feststellen, dass es schlug, aber ich konnte nicht glauben, dass er tot war. Ich wartete auf ein Lebenszeichen, aber es gab keines." . Ich war entsetzt und benommen; aber ich wusste, dass ich ihn nicht auf der Straße zurücklassen konnte, wo er gefallen war, also schleifte ich ihn ein Stück weit in den Wald. Dort ließ ich ihn zurück.

„Ich eilte nach Hause, um meiner Frau zu erzählen, was passiert war; aber als ich die Tür öffnete, saß meine Frau neben der Wiege, in der das Baby lag. Cynthy war müde und schläfrig von der Arbeit des Tages, und alles schien so natürlich und friedlich zu sein, dass ich einfach war." Ich konnte es ihr nicht sagen und ich konnte nicht denken oder so etwas. Also sagte ich ihr, sie solle besser ins Bett gehen, während ich über die Straße ging, um mit ihrem Vater zu sprechen.

„Da war es noch nicht einmal neun Uhr, und ich fand ihren Vater allein da sitzend und seine Pfeife rauchend Mir kam alles unwirklich vor. Ich versuchte ein- oder zweimal, mich in sein Gespräch einzumischen und es ihm zu sagen, aber ich konnte den Schrecken nicht in Worte fassen – *ich konnte es nicht* .

„Vielleicht hätte es keinen Unterschied gemacht, wenn ich es ihm erzählt hätte; jedenfalls habe ich es nicht getan. Als die Leiche am nächsten Morgen gefunden wurde, kamen sie natürlich direkt zu uns nach Hause mit der Geschichte, denn Ray hatte den Leuten erzählt, dass er ein… war Verwandter von mir. Ich erzählte nur, was passiert war, aber es zählte nichts – ich wurde wegen Mordes angeklagt und hatte keine Chance, eine Aussage zu machen. Weil meine Nachbarn gut an mich dachten, gaben sie mir keine Chance Seil, sondern schickte mich für immer hierher.

Als ich ihn zum ersten Mal traf, saß Bowers bereits sechzehn Jahre im Gefängnis. Er hatte sein Schicksal als ein überwältigendes Unglück hingenommen, wie Blindheit oder Lähmung, aber nie hatte er auch nur für einen Moment seine Selbstachtung verloren, und er klammerte sich an seine Religion als Zufluchtsort in seiner zerstörten Existenz.

„Gepanzert in der Rüstung einer reinen Absicht", die die Erniedrigungen des Sträflingslebens nicht durchdringen konnten, erlangte er im Laufe der Jahre wahre Gelassenheit im Geiste, was zweifellos zu seiner scheinbar ungebrochenen Gesundheit beitrug. Er arbeitete nicht auf Vertragsbasis, sondern in einem Geschäft, in dem Gefängnisbedarf, Stöcke für die Beamten usw. hergestellt wurden. Eines Tages schickte mir Bowers einen wunderschön gefertigten Stock, den ich gerne verwenden würde, wenn ich jemals Rheuma erleiden würde.

Bowers legte, wie alle Menschen im Leben, schon früh Pläne für eine Begnadigung vor und ließ einen Anwalt einen Antrag verfassen; Die Schwierigkeit in diesem Fall bestand jedoch darin, dass es außer Bowers' eigenen Worten keinerlei Beweise gegen den Toten gab. Aber Bowers war fest entschlossen, die Wahrheit seiner Aussage über den Charakter des anderen Mannes festzustellen, und er sah nur einen Weg, dies zu erreichen. Ray hatte gesagt, sein richtiger Name sei Jones, und sein Foto befinde sich unter dem Namen Jones in der Schurkengalerie in St. Louis. Wenn es nun ein solches Foto in St. Louis gab, war Bowers entschlossen, es zu bekommen, und endlich, nach zehn Jahren, gelangte er mit Hilfe eines Anwalts in den Besitz des Fotos, und er blickte erneut auf das Gesicht von Ray, namens Jones, mit dem Rekord „Pferdedieb". Der bewährte Charakter von Jones änderte nichts an der Tatsache, dass er von Bowers getötet worden war; auch diente es in diesem Teil des Landes nicht als Grund für die Freilassung von Bowers; und die Jahre vergingen wie zuvor.


Bowers' Frau hatte nicht schreiben gelernt, aber das Baby Carrie wuchs zu einem kleinen Mädchen heran, ging zur Schule und schrieb regelmäßig an ihren Vater, der sehr stolz auf ihre Briefe war. Als kleines Mädchen wurde sie in die Familie eines Nachbarn aufgenommen. Nach einiger Zeit starb die Frau des Nachbarn und da Carrie der Arbeit im Haus nicht gewachsen war, kam ihre Mutter, um auszuhelfen – so heißt es in Carries Briefen. Und Bowers, der die familiären Bindungen immer noch schätzte, war dankbar, dass für seine Frau und sein Kind gesorgt wurde. Jede Nacht betete er für sie und hoffte immer auf den Tag, an dem er sie in seine Arme schließen konnte.

Seine Briefe an mich waren selten, da er regelmäßig an seine Tochter schrieb; aber nachdem er achtzehn Jahre im Gefängnis gesessen hatte, schrieb er mir die freudige Nachricht, dass er in ein paar Wochen freigelassen werden würde, denn sein Anwalt hatte sich als treuer Freund erwiesen. Der Brief war sehr erfreulich und wurde im Dezember geschrieben, und der Direktor hatte Bowers erlaubt, ein paar kleine Geschenke zu basteln, die er der Frau und der Tochter schicken sollte. „Sie stehen in einer Reihe vor mir, während ich schreibe, *und ich finde sie so schön wie Schmetterlinge* ", heißt es in seinem Brief.

Nach seiner Freilassung musste Bowers, inzwischen ein Mann über vierzig, ein neues Leben beginnen. Er hatte seinen Platz in seiner Gemeinde verloren, er hatte kein Geld, aber er hatte Hoffnung und Ehrgeiz, und als sich ihm in der Gefängnisstadt eine gute Chance bot, beschloss er, diese zu nutzen und sofort zu arbeiten. Er schrieb seiner Tochter, dass er dafür sorgen würde, dass sie und ihre Mutter zu ihm kommen und sie dort gemeinsam ein neues Zuhause gründen würden.

Er konnte sich kaum vorstellen, dass ihn der Schock erwartete, als die Antwort auf diesen Brief kam, in der ihm mitgeteilt wurde, dass seine Frau seit mehreren Jahren mit dem Mann verheiratet war, der Carrie ein Zuhause gegeben hatte. Sowohl der Mann als auch die Frau hatten angenommen, dass die Frau geschieden war und frei heiraten konnte, als Bowers zu lebenslanger Haft verurteilt wurde. Sie hatte keine Hoffnung auf die Freilassung ihres Mannes und war müde und entmutigt von ihrem Kampf gegen die Armut. Ihr kurzes Eheleben schien nur noch eine Erinnerung an ihre Jugend zu sein, und sie war froh über die Chance, wie andere Frauen umsorgt zu werden, aber ein Gefühl der Zärtlichkeit und des Mitleids für den Gefangenen hatte sie dazu veranlasst, ihn vor dieser Erkenntnis zu schützen ihrer Unbeständigkeit.

Der zweite Ehemann war der Ansicht, dass Bowers die Entscheidung über die Regelung der verworrenen Beziehungen überlassen werden müsse, und Bowers schrieb mir, dass er entschieden habe, dass der zweite Ehemann den stärkeren Anspruch habe, da er die Frau in gutem Glauben geheiratet und sie gemacht habe Glücklich; Er bestand jedoch darauf, dass seine frühere Frau sich von ihm scheiden lassen und legal mit dem anderen Mann verheiratet sein müsse, wenn die gegenwärtige Vereinbarung bestehen bleiben solle. Und das wurde getan.

Für Bowers war es ein harter Schlag, einen anderen Enoch Arden zu finden, aber die Jahre der Arbeit und der Armut müssen bei der Frau von damals solche Veränderungen bewirkt haben, dass sie für immer für ihn verloren war; während der Mann, der nach achtzehn Jahren geduldiger Ausdauer und der spirituellen Entwicklung, die eine lange Erfahrung mit Trauer manchmal mit sich bringt, aus diesem Gefängnis kam, ein anderes Wesen war als der unbeschwerte junge Bauernjunge, den das Mädchen geheiratet hatte. Sie müssen einander unweigerlich fremd geworden sein.

Bei der Tochter war die Situation anders. Von Kindheit an hatte sie treu an einen imaginären Vater geschrieben, an den sie sich nicht erinnern konnte, zu dem aber durch ihre Briefe eine echte Bindung entstanden sein musste; und Carrie war inzwischen fast so alt wie die Frau, die er verlassen hatte. Die Tochter sollte zu ihm kommen, und sie muss in dem echten Vater etwas noch Schöneres gefunden haben, als sie es sich hätte vorstellen können.


Gay Bowers war in diesen achtzehn Jahren ein Gefangener gewesen, ohne einen kriminellen Gedanken oder eine kriminelle Absicht gehabt zu haben. Nach menschlicher Meinung war er weder Opfer von Ungerechtigkeit, noch konnte die „Gesellschaft" in irgendeiner Weise zur Verantwortung gezogen werden. Es gab keinen offensichtlichen Zusammenhang zwischen seiner Umgebung oder seinem Charakter und seinem tragischen Erlebnis. Es war wie ein griechisches Drama, in dem das Schicksal unaufhaltsam herrscht, aber dieses Schicksal wurde mit dem Geist eines christlichen Heiligen getragen. Was die nächsten Jahre für ihn bereithielten, weiß ich nicht, da unsere Korrespondenz aufgrund von Nachlässigkeit meinerseits nicht aufrechterhalten werden konnte.

# KAPITEL VIII

In einem anderen Fall schien die Hand des Schicksals das Schicksal des Mannes mit ganz anderen Fäden verwoben zu haben, aber ich begriff erst langsam, dass es nicht nur die Tragödie des Gefängnisses war, die sich vor mir abspielte, sondern das größere Drama des Lebens selbst.

Im Allgemeinen gab es bei meinen Gefängnisfreunden eine gewisse Übereinstimmung zwischen der Persönlichkeit des Mannes und seiner Geschichte. Der Gefangene, der offen zu mir sagte: „Ich betrüge einen Mann immer, wenn ich kann, weil ich weiß, dass er mich betrügen würde, wenn er die Chance dazu hätte: Es ist ein Diamant im Diamantschliff", dieser Mann ähnelte seltsamerweise, aber logischerweise einem Fuchs. Und jeder konnte auf den ersten Blick erkennen, dass Gay Bowers ein Mann war, bei dem es keine Arglist gab.

Aber sein Aussehen ließ keinen Hinweis auf die komplexe Natur von Harry Hastings erkennen. Bevor wir uns trafen, hatten wir mehrere Briefe ausgetauscht. Er schrieb intelligent, hatte aber gelegentlich einen Fehler in der Rechtschreibung und schien ein Mann von angemessener Bildung zu sein. Er saß lebenslang im Gefängnis, weil er auf offener Straße eine Frau erschossen hatte; Der Mann beteuerte seine Unschuld, aber ich habe nie versucht, den Fall aufzuklären, da der Hauptzeuge der Verteidigung die Stadt, in der die Schießerei stattgefunden hatte, verlassen hatte und es keinen Ansatzpunkt für einen Antrag auf Begnadigung zu geben schien. Was der Junge von mir wollte – er war erst knapp über zwanzig –, war ein Kanal, durch den er die höheren Dinge des Lebens erreichen konnte. Ein leidenschaftliches Streben durchzog alle seine Briefe, das Streben nach dem Wahren, dem Schönen und dem Guten. Er zitierte Emerson und studierte George Eliot – Romola, die Frau, die er dafür kritisierte , dass sie durch seinen oberflächlichen Charme für Titos moralische Qualitäten blind sei. Er hatte die Gabe, zum Kern der Dinge vorzudringen und Schönheit dort zu finden, wo viele andere sie übersehen hätten. Musik liebte er über alles; und in der Musik wurde sein Gedächtnis von „The Coulin " heimgesucht – einem wilden, verzweifelten Schrei des unterdrückten Irlands, einer Stimmung, in der, wie jemand gesagt hat, „Irland seine Jahrhunderte der Unterdrückung aufsammelte und sie in diesen Herzen der Welt entgegenschleuderte-" Belastungen brechen." Zufällig hatte ich „The Coulin " nie außer unter meinen eigenen Fingern gehört, und es kam mir wie ein merkwürdiger Teil der Beschaffenheit des Jungen vor, dass diese tragische Musik Teil seiner geistigen Begabung geworden war. Er hatte es nur einmal gehört, gespielt von einem deutschen Musiker. Abgesehen von Einblicken in die Welt der

Musik war das Leben des Jungen so verlaufen, dass er von allen schöneren Assoziationen des Lebens ausgeschlossen war.

In seinem zweiten Brief hatte er mir geschrieben, dass er „ farbig " sei; und er hatte diese Auskunft gegeben, als würde er ein Verbrechen gestehen, das noch schlimmer als Mord sei. Er hatte wirklich das Gefühl, dass er eine unüberwindbare Kluft zwischen uns entdecken könnte. Rassenvorurteile widersprechen meinen Prinzipien, aber ich war verblüfft, als der Verfasser dieser interessanten Briefe in der Person des schwärzesten kleinen Negers Gestalt annahm, den ich je gesehen habe. „Schwarz wie das Pik-Ass", war mein erster Gedanke. Zu dieser Zeit hatte er keinen Vater, war aber seiner Mutter ergeben, einer farbigen Analphabetin . Als heranwachsender Junge hatte er an einem Pferderennen teilgenommen und war mit dem Ehrgeiz, Pferdejockey zu werden, in den Rennställen herumgehangen, bis seine Begabung für das Geschäft die Reiter anzog. Harry war flink und furchtlos und von geringem Gewicht, und als sein Ehrgeiz endlich erreicht war , erzählte er mir, dass es der stolzeste Tag seines Lebens sei; und er hatte das Gefühl, dass er genug Ruhm erlangt hatte, um jeden zufrieden zu stellen, als das Pferd, auf dem er als Jockey ritt, das Rennen gewann.


Die Rennbahnvereine bildeten die Schule dieser plastischen Jahre; und der Dorn im Fleisch war der Spitzname des „kleinen Zwergs", unter dem er unter den Männern bekannt war. Das Bewusstsein seines verkümmerten Körpers und seiner schwarzen Haut schien sich tief in sein Herz eingebrannt zu haben, ein lebendiger Schrecken, vor dem es kein Entrinnen gab. Dies war weit mehr als sein Schicksal als lebenslanger Gefangener die Tragödie seines Daseins. Freiheit, auf die er hoffen konnte; aber nur der Tod konnte ihn aus seinem schwarzen Körper befreien. Er verachtete die farbige Rasse nicht; vielmehr war er ihm treu; Es war sein individuelles Schicksal, die Tatsache, dass sein Leben von dieser verkümmerten schwarzen Gestalt umgeben war, die das Gefühl der Empörung am Leben hielt. Er hasste es, als „der kleine Zwerg" bekannt zu sein. Er hasste seine kohlschwarze Haut.

Zweifellos kamen seine anderen Fähigkeiten ins Spiel, als er die Freiheit hatte, sich unter die farbigen Menschen von außen zu mischen, denn er hatte die düstere Vorliebe für Spaß und Sinn für Humor; Aber das Leben im Gefängnis schnitt ihn von all dem ab, und welche schlummernden Stämme weißer Abstammung wären angesichts der Unterdrückung der Oberfläche seiner Natur nicht zur Aktivität erweckt worden? Seine Haut war tatsächlich schwarz; aber seine Gesichtszüge erzählten die Geschichte der Vermischung mit einer anderen Rasse. Ich konnte nur spüren, dass es der Geist des Weißen war, der im Körper des Schwarzen so litt – dass in diesem Gefangenen der Aristokrat an den Sklaven gekettet war. Die Liebe zur Literatur, der Durst nach den höheren Dingen des Lebens hatten nichts mit „Little Runt", dem unwissenden Pferdejockey, zu tun. Starb der Mann an Heimweh nach der verlorenen Ebene des Lebens?

Der Theosoph würde uns sagen, dass Harry Hastings die Reinkarnation eines grausamen Sklavenhändlers gewesen sein könnte, der gnadenlos gegenüber dem Leid war, das er seinen unschuldigen Opfern zufügte; und Möglichkeiten der Aktivierung latenter vererbter Erinnerungen werden ebenfalls angedeutet. Wie dem auch sei, wir können das Problem jenes Lebens nicht lösen, in dem zwei Seinsströme so klar definiert waren, in dem das blaue Blut nie mit dem schwarzen verschmolz.

Harrys Handschrift war fest, klar und einheitlich. Ich habe einem Freund die auffälligsten und charakteristischsten seiner Briefe geliehen, und ich kann keine direkten Zitate daraus anführen, da sie nicht zurückgegeben wurden; Aber das Schreiben war seine wertvollste Ressource, und er erzählt mir, dass er bei der Beantwortung meiner Briefe fast vergessen hätte, dass er ein Gefangener war.

Die schreckliche Tortur des Lebens war für Harry Hastings gnädigerweise kurz. Als ich ihn das letzte Mal im Gefängniskrankenhaus sah, beteuerte er noch mit seinem sterbenden Atem seine Unschuld; aber er fühlte sich durch die Entscheidung eines widrigen Schicksals völlig besiegt. Dem Mysterium des Todes blieb die Klärung des Mysteriums des Lebens überlassen.

Es war Hiram Johnson, der mir beibrachte, was für ein erdrückendes, schreckliches Gefängnisleben in Amerika sein kann. Einer der Wärter hatte zu mir gesagt: „Hiram Johnson ist ein Mann des Lebens, der schon seit Jahren hier ist. Niemand kommt jemals, um ihn zu besuchen, und ich denke, ein Besuch würde ihm sehr gut tun." Der Mann, der auf die Aufforderung hin erschien, war ein kleiner, untersetzter Bursche von mindestens fünfunddreißig Jahren, dessen Augen vom Marmorstaub aus der Werkstatt, in der er jahrelang gearbeitet hatte, gerötet und behindert waren. Er lächelte, als ich ihn begrüßte, hatte aber absolut nichts zu sagen. Ich empfand diesen Besuch als harte Arbeit; der Mann reagierte überhaupt nicht; Ich beantwortete in wenigen Worten meine alltäglichen Fragen nach seinem Gesundheitszustand, dem Geschäft, in dem er arbeitete, und wie lange er schon dort war. Sechs Monate später sah ich ihn mit genau der gleichen Erfahrung wieder. Er hatte nichts zu sagen und schlug mir auch nichts vor. Ich wusste nur, dass er erwartete, mich zu sehen, wenn ich ins Gefängnis kam, und nachdem ich ihn kennengelernt hatte, konnte ich eines dieser trostlosen Geschöpfe, deren einziger Kontaktpunkt mit der Welt darin bestand, zweimal im Jahr eine halbe Stunde mit mir zu verbringen, nie mehr enttäuschen.

Als ich den Mann etwa ein halbes Dutzend Mal gesehen hatte, sagte ich am Ende eines Interviews halb entschuldigend für meine vergeblichen Versuche, das Gespräch aufrechtzuerhalten: „Es tut mir leid, dass ich heute nicht interessanter war." ; Ich wollte dir etwas Angenehmes zum Nachdenken geben.

„Es hat mir sehr viel bedeutet", antwortete er. „Man kann nicht wissen, was es für einen Mann bedeutet, nur zu wissen, dass sich jemand daran erinnert, dass er lebt. Das gibt mir einen angenehmen Gedanken, wenn ich in meine Zelle zurückkomme."

Wir hatten zu Beginn unserer Bekanntschaft mit der Korrespondenz begonnen, aber selten gab es in seinen früheren Briefen eine Zeile, auf die ich antworten oder einen Kommentar abgeben konnte. Die hauptsächlich aus Zitaten aus dem Alten Testament bestehenden biblischen Verwünschungen gegen Feinde schienen seine wichtigste geistige Quelle zu sein. Der Mann betrachtete sich selbst als „religiös" und hatte außerhalb seiner Bibel, die für ihn kaum verständlicher war als das griechische Original, nur sehr wenig gelesen; es sei denn, es ging um Denunziationen.

In meinen Antworten auf diese Briefe ging es mir lediglich darum, dem Gefangenen Einblicke in etwas Außenstehendes zu geben, manchmal auch in Ereignisse aus unserem eigenen Familienleben, und immer die Gewissheit, dass ich ihn zu meinen Gefängnisfreunden zählte, dass „es jemanden gab, der sich daran erinnerte, dass er einer war . " lebendig." Es dauerte fünf oder sechs Jahre, bis es mir gelang, die kurze Geschichte seines Lebens herauszubekommen, obwohl ich nur wusste, dass er jemanden getötet hatte . Die Moral eines Mannes und die Abfolge der Ereignisse, die zur Begehung eines Verbrechens führten, haben mich schon immer mehr interessiert als die eine Straftat. Eines Tages erzählte mir Johnson in einer ungewöhnlich kommunikativen Stimmung, dass er als Kind beide Eltern verloren hatte, dass er im Westen von Missouri aufgewachsen sei, ohne überhaupt lesen zu lernen, und bis zu seinem sechzehnten Lebensjahr als Hilfsarbeiter und Landarbeiter gearbeitet habe 1863 schloss er sich den Streitkräften des Südens an und beteiligte sich am Guerillakrieg. Es geschah nicht aus Überzeugung, sondern lediglich aus Zufall, dass er für den Süden und nicht gegen ihn kämpfte; Es war lediglich der beste Job, der sich bot, und das Töten von Männern war nur eine Frage des Geschäfts. Danach dachte er viel über diesen Guerillakrieg nach, der sich auf sein eigenes Schicksal bezog, und sagte zu mir:

„Ich wurde dafür bezahlt, Männer zu töten, Männer zu erschießen, die mir nie Schaden zugefügt hatten. Je mehr Männer ich tötete, desto besserer Soldat nannten sie mich. Als der Krieg zu Ende war, tötete ich noch einen Mann. Diesmal hatte ich Grund , Aus gutem Grund. Der Mann war mein

Feind und hatte gedroht, mich zu töten, und deshalb habe ich ihn erschossen. Aber dann nannten sie mich einen Mörder und sperrten mich für den Rest meines Lebens ein. Ich war gerade achtzehn Jahre alt.

Das war die kurze Geschichte von Johnsons Leben; so die Lehre vom Krieg. Im Gefängnis wurde dem Mann das Lesen beigebracht; in der Kapelle wurde ihm beigebracht, dass das Gefängnis nicht das schlimmste Schicksal für den Mörder sei; dass ein rächender Gott für Sünder wie ihn eine endlose Höllenhaft vorbereitet hatte, es sei denn, sie bereuten und besänftigten den Zorn des Herrschers des Universums. Und so versuchte er, entgegen der Logik seines eigenen Geistes, während die Religion offenbar den Krieg rechtfertigte, zwischen Krieg und Mord zu unterscheiden und zu bereuen, dass er sich das eine Leben genommen hatte, zu dem er sich wirklich berechtigt fühlte; Er fand ein gewisses Ventil für seinen kriegerischen Geist oder seinen elementaren menschlichen Kampfwillen, indem er sich auf die Seite Gottes stellte und gegen die Feinde des Allmächtigen kämpfte. Und zweifellos fand er einen gewissen Trost darin, die Feinde des Herrn in der Sprache der Heiligen Schrift anzuprangern.

Aber die ganze Zeit über wirkte in den Tiefen von Johnsons Natur etwas anderes; ein lebendiges Herz schlug und der träge Geist suchte nach einem Ventil. In seinen Briefen vollzog sich eine allmähliche Veränderung; Die Handschrift wurde leserlicher, hin und wieder brachen Schimmer des vergrabenen Lebens durch die Oberfläche und offenbarten unerwartete Zärtlichkeit gegenüber der Natur, den Vögeln und den Blumen. Echtes poetisches Gefühl kam in seinen Bemühungen zum Ausdruck, auf meine Freundschaft zu reagieren, wie er schreibt:

„Wie glücklich wäre ich, wenn ich meiner Freundin etwas Thotte in die Brust pflanzen könnte, das ihr viele lange Tage lang Freude bereiten würde." Und als er sich auf einige Zeugnisse meiner Erinnerung an meine Gefangenen bezog, sagte er: „Wir lieben immer diese kleinen Vergissmeinnicht , die das ganze Jahr über in der Küche unserer Freunde blühen. Denken Sie daran, dass wir das lieben können, was ist." schön."

Er geht auf die Einsamkeit des Gefängnislebens und den Wert selbst eines gelegentlichen Briefs ein und schreibt: „Das freundliche Wort erhellt meine einsamen Stunden mit den Gefühlen , die jemand an mich denkt. *Die menschliche Natur scheint so geschaffen zu sein. Davon* gibt es viele ." Wer würde ohne diese Sympathie bald zusammenbrechen und sterben ?

Es bestand immer die gleiche Diskrepanz zwischen der Schreibweise und einer gewissen Würde der Diktion, die ich auf seine Vertrautheit mit den Psalmen zurückführte. Seine Affinität zu den anprangernderen Psalmen ist immer noch gelegentlich offensichtlich, etwa wenn er einen Brief mit den folgenden Sätzen abschließt: „Noch einer meiner Feinde ist tot. Die Hand

Gottes ist über ihnen allen. Möge er sie alle in das Land versammeln, in dem die ... " Das Klima ist warm und der Wurm stirbt nicht!"

Für mich war dies nur das Echo von Fragmenten alttestamentlicher Lehren. Endlich kam ein Brief, in dem der Gefangene sein Schicksal in Sätzen zum Ausdruck brachte, die so fest und klar waren wie ein Stück Skulptur. Dies ist der Brief genau so, wie er geschrieben wurde:

" MEIN LIEBER FREUND :

„Ich hoffe, dass es Ihnen gut geht. Es ist schon eine Weile her , seit ich von Ihnen gehört habe, und ich habe das Gefühl, dass ich Sie nicht allzu oft belästigen sollte . Sie wissen, ob ich schreibe oder nicht, ich werde in meinen Gedanken zu Ihnen wandern und werde es tun Ich glaube, ich höre Sie ein paar süße, aufmunternde Worte sagen, um mich zu ermutigen , und das ist auch so eine angenehme Sache. Aber Sie wissen, dass Theas- Streifen wie Stahlbänder sind, die den Mund halten, und das Auge mag nicht sagen, was das Herz sagen würde Wären die Fesseln gebrochen, die die Lippen geschlossen halten? Wenn man hoffen und glauben könnte, dass das, was die Harten wollten, wahr ist, dann wäre das Denken ein Vergnügen, das über alles hinausgeht, was die Welt sonst noch geben könnte. Aber um hier zufrieden zu sein, muss die Seele in uns sterben . Wir müssen zu Steinbildern werden.

„ Mit freundlichen Grüßen ,
„ HIRAM JOHNSON ."

Dieser Mann sprach nicht nur für sich selbst. „Um hier zufrieden zu sein, muss die Seele in uns sterben." „Wir müssen zu Steinbildern werden." Aus den tiefsten Tiefen seiner eigenen Erfahrung wurde es diesem ungebildeten Sträfling überlassen, für alle Zeiten das letzte Wort über das Schicksal des „Lebensmenschen" bis zum heutigen Tag zu sagen.

Nach diesem einzigen Ausbruch — wenn überhaupt etwas so Zurückhaltendes als Ausbruch bezeichnet werden kann — verfiel Hiram Johnson weitgehend in seine frühere Unbeweglichkeit. Wie alle Menschen auf Lebenszeit hatte er seine Haftzeit mit dem Gefühl begonnen, dass sie irgendwann enden müsse . Das wenige Geld, das er hatte, wurde einem Anwalt übergeben, der einen Antrag auf Strafverkürzung stellte. Der Antrag war an den Gouverneur geschickt worden, und die ordnungsgemäß eingereichten Papiere lagen lange Zeit ungestört im Büro des Gouverneurs. Als ich Johnson zum ersten Mal traf, hegte er noch die Erwartung, dass in seinem Fall „etwas getan" werden würde, aber als die Jahre vergingen und nichts unternommen wurde, schwand die Hoffnung. Andere Männer, die in den sechziger Jahren verurteilt wurden, erhielten Begnadigungen oder Strafmilderungen oder starben, bis schließlich der „alte Hiram Johnson" zu dem Schluss gelangte, der einzige Mann in diesem Gefängnis zu sein, der eine fünfzigjährige Haftstrafe verbüßt hatte.

Nun bedeutet eine fünfzigjährige Haftstrafe nicht fünfzig Jahre tatsächliche Haftstrafe. In den verschiedenen Bundesstaaten ist die „gute Zeit", die einem Verurteilten gewährt wird, unterschiedlich. Diese gute Zeit bedeutet, dass bei gutem Benehmen die Dauer der Haft verkürzt wird. In dem Gefängnis, über das ich schreibe, konnten lange Haftstrafen um fast die Hälfte verkürzt werden: Somit hatte Johnson nach neunundzwanzig Jahren guter Führung eine gesetzliche Haftstrafe von fünfzig Jahren abgesessen. Kein anderer Sträfling in diesem Gefängnis hatte neunundzwanzig Jahre lang gelebt und seinen Verstand bewahrt. Johnson war für jeden in und um den Ort zu einer vertrauten Figur geworden . Andere Sträflinge kamen und gingen, aber er blieb; Er stapfte voran, beklagte sich nie, machte nie Ärger und erfüllte seine volle Pflicht innerhalb der vorgegebenen Grenzen. Insgesamt hatte er eine gute Bilanz und die Behörden waren freundlich zu ihm.

Bisher hatte ich die Exekutive nie um Gnade gebeten, außer in Fällen, in denen klar war, dass das Urteil ungerecht gewesen war; und ich hatte sorgfältig darauf geachtet, meine eigene Bilanz in dieser Hinsicht hoch zu halten, da ich wusste, dass ich mein Ansehen bei den Gouverneuren herabsetzen würde, wenn ich den Ruf hätte, bereit zu sein, für jeden einzutreten , der mein Mitgefühl berührte. Aber es kam mir so vor, als hätte Johnson durch mehr als die Hälfte seines Lebens im Gefängnis einen Anspruch auf Gnade begründet und sich das Recht verdient, eine weitere Chance auf Freiheit zu erhalten.

Ich fand den Gouverneur in einem positiven Gemütszustand, da Johnson bei einem seiner letzten Besuche im Gefängnis als der einzige Mann bezeichnet worden war, der jemals eine fünfzigjährige Haftstrafe verbüßt hatte. Nachdem der Gouverneur den damals vorliegenden Begnadigungsantrag durchgesehen und festgestellt hatte, dass Johnson Verwandte hatte, zu denen er gehen konnte, beschloss er, seine Freilassung zu gewähren. Da aber eine unerwartete Begnadigung den Gefangenen wahrscheinlich zu sehr schockieren würde, wurde die Strafe in eine Frist umgewandelt, die ihn in sechs Wochen freilassen würde, und mir wurde die Weitergabe der Nachricht an Johnson und die Übergabe der Papiere anvertraut ihm Freiheit. Wir wussten, dass man Johnson Zeit geben musste, damit er die Tatsache der bevorstehenden Freilassung begreifen und ganz konkrete Pläne schmieden konnte, damit er am Gefängnistor von jemandem empfangen werden konnte, auf den er sich verlassen konnte, nämlich auf den Mann, der ihn erwartete Mit siebenundvierzig würde er eine andere Welt vorfinden als die, die er als achtzehnjähriger Junge verlassen hatte. Es bereitet einem einen Nervenkitzel, die Papiere in den Händen zu halten, die einem lebenslang inhaftierten Mann die Türen zur Freiheit öffnen sollen, und frohen Herzens nahm ich den nächsten Zug in Richtung Gefängnis.

Mein Interview mit Johnson wurde durch keine andere Anwesenheit gestört, und er begrüßte mich, ohne eine Ahnung von der Bedeutung der weißen Papierrolle zu haben, die ich in der Hand hielt. Ganz ruhig begann unser Besuch; aber als Johnson sich ganz beruhigt hatte, fragte ich: „Ist irgendetwas in Bezug auf Ihren Fall unternommen worden, seit ich Sie das letzte Mal gesehen habe?“ „Oh nein, es wird nie etwas für mich getan! Ich habe alle Hoffnung aufgegeben.“

„Ich habe gestern mit dem Gouverneur über Sie gesprochen, und er war bereit, Ihnen zu helfen. Er hat mir dieses Papier gegeben, das Sie und ich gemeinsam durchsehen werden.“ Als ich das sagte, achtete ich vergeblich auf einen interessierten Gesichtsausdruck in seinem Gesicht.

Langsam und laut las ich die offiziellen Worte vor, Johnsons Blick folgte mir beim Lesen; aber es fiel ihm schwer, die Bedeutung der Worte zu erkennen. Als ich das Datum seiner Freilassung gelesen hatte , hielten wir beide inne; Als das Licht in seinen Geist eindrang, sagte er:

„Dann werde ich im Januar frei sein“; eine weitere Pause, während er versuchte zu begreifen, was das für ihn bedeuten würde; und dann: „Ich werde frei sein. Jetzt kann ich arbeiten und Geld verdienen, um dich zu schicken, um anderen armen Kerlen zu helfen.“ Das war sein Hauptgedanke während des restlichen Interviews.

Am Abend kam der katholische Kaplan, Pater Cyriac, liebgewonnenen Andenkens, zu mir mit der Bitte, ein weiteres Interview mit Johnson zu führen, und sagte: „Der Mann ist so verzweifelt, weil er in seiner überwältigenden Überraschung heute vergessen hat, Ihnen zu danken.“ "

„Er hat sich besser bei mir bedankt, als er wusste“, antwortete ich.

Aber natürlich sah ich Johnson am nächsten Tag wieder; und in diesem, unserem letzten Interview, unternahm er einen letzten verzweifelten Versuch, mir zu erzählen, wie sein Leben im Gefängnis gewesen war. „Hinter mir waren Steinmauern, auf jeder Seite von mir waren Steinmauern, nichts vor mir als Steinmauern. Und dann bist du gekommen und hast Hoffnung in mein Leben gebracht, und jetzt hast du Freiheit gebracht, und ich finde keine Worte, um dir zu danken . “ " Und als er den Kopf auf die verschränkten Arme fallen ließ, brach der Mann in Tränen aus, sein ganzer Körper zitterte vor Schluchzen. Ich hoffe, dass ich ihm klar gemacht habe, dass es keiner Worte bedarf, dass das Herz in der Stille versteht, wenn die Tiefe zur Tiefe ruft.

Erst gestern, als ich mich auf der Suche nach etwas anderem an meinen Schreibtisch wandte, stieß ich zufällig auf eine Kopie des Briefes, den ich nach meinem Interview mit Johnson an den Gouverneur geschrieben hatte, und da es immer noch warm ist von den Gefühlen dieses Nie-zu-seins - vergessenes Erlebnis, ich füge es hier ein:

„Ich kann meinen Thanksgiving-Tag nicht beenden, bis ich Ihnen die Dankesbotschaft übermittelt habe, die Hiram Johnson mir anvertraut hat. Zuerst konnte er nicht erkennen, dass die langen Jahre des Gefängnislebens tatsächlich enden würden. Es war zu verwirrend, wie eine Flut." Licht brach auf jemanden, der schon lange blind war. Und als er begann, die Bedeutung deiner Gabe zu begreifen, sagte er als Erstes zu mir: „Jetzt kann ich arbeiten und Geld verdienen, um dich für einen anderen armen Kerl zu schicken."

„Keiner dachte an sich selbst, nur an den Wert der Freiheit als Mittel, endlich etwas für andere zu tun. Wie sehr *er* sich bemühte, Worte zu finden, um seine Dankbarkeit auszudrücken. Es schmerzte mein Herz über die langen, langen Jahre hinweg Unterdrückung, die es fast unmöglich gemacht hatte, sich direkt auszudrücken; und in dieser Dankbarkeit, die so tief war, dass man sie nicht in Worte fassen konnte, konnte ich auch erkennen, wie schrecklich das Leben in der Gefangenschaft gewesen war. Gott sei Dank und einem guten Gouverneur, es wird bald vorbei sein! Hiram Johnson hat ein großzügiges Herz und ist ehrlich, und er wird ein guter Mann sein. Und es ist schön zu wissen, dass spirituelles Leben auch unter den härtesten Bedingungen wachsen und sich entfalten kann."

Was das Leben für Johnson danach bedeutete, weiß ich nicht; Aber ich weiß, dass er bei Verwandten auf einer Farm ein Zuhause und Schutz gefunden hat, und aus den Briefen, die er mir schrieb, geht hervor, dass er seinen Platz unter ihnen nicht als ehemaliger Sträfling einnahm, sondern vielmehr als ein Mann, der bereit war, für seinen Lebensunterhalt zu arbeiten und Anspruch darauf hatte respektieren. Da er freundlich war, fand er zweifellos Freunde; und obwohl er schon fast fünfzig war, erwachte vielleicht der lange vergrabene Geist der Jugend im Licht der Freiheit wieder zum Leben. Jedenfalls war wieder der blaue Himmel über ihm und er atmete erneut den gesegneten Atem der Freiheit ein. Obwohl er seinen Traum, mir zu helfen, anderen zu helfen, nie verwirklichte, zweifelte ich nie an der Aufrichtigkeit seines Wunsches, dies zu tun.

---

# KAPITEL IX

Herr William Ordway Partridge sagt in „Art for America" zu uns: „Lasst uns lernen, jedes Kindergesicht, das vor uns liegt, als einen möglichen Shakespeare, Michael Angelo oder Beethoven zu betrachten. Die Künstlerwelt freut sich über die Entdeckung." Griechenland voller wunderschöner Skulpturenfragmente, die weit unter den *Trümmern* von Jahrhunderten verborgen sind; werden wir uns nicht noch mehr freuen, wenn wir in der Lage sind, unter die Oberfläche des einfachsten Kindes zu graben, das aus unseren großen Städten zu uns kommt, und diese Fähigkeit zu entdecken und zu entwickeln? Was soll es in ihm fit machen, um nützlich mit seinen Mitmenschen zu leben? Wenn wir diese Eigenschaften im Kind suchen, werden wir am besten, wie es in der physischen Natur geschieht, den höchsten Typ bewahren, bis wir das gesamte menschliche Leben auf eine höhere Ebene gehoben haben Ebene."

Ich hoffe, dass Herr Partridge eines Tages einen Plädoyer für Grundunterricht in Kunst in unseren Gefängnissen schreiben wird. Denn in jedem Gefängnis gibt es begabte Männer und Jungen, deren besondere Talente so geschult und entwickelt werden könnten, dass sie den Weg ihres Lebens ändern könnten. Welche Chancen haben unsere Gefängnisse mit diesen Mündeln des Staates, die individuellen Kräfte zu entdecken und zu entwickeln, die ihre Besitzer zu Männern mit Selbstachtung und Selbsterhaltung machen könnten!

Wir tun dies in unseren Institutionen für Schwachsinnige und mit interessanten Ergebnissen, aber in unseren Gefängnissen könnte das Genie eines Michael Angelo unterdrückt werden – die musikalische Gabe eines Chopin, der zur ewigen Stille verdammt ist.

Mr. Partridges Glaube an die verborgenen Möglichkeiten unserer gemeinsamen Kinder ging mir zu Herzen, weil ich Anton Zabrinski gekannt hatte ; und doch kann ich mir Anton Zabrinski nie als ein gewöhnliches Kind vorstellen .

Die Geschichte seines Lebens ist kurz; aber seine wenigen Jahre umschlossen den Kreis von Kindheit, Jugend, Sehnsucht, Hoffnung, Schrecken, Tragödie, Schmerz und Tod; und alle schönen Möglichkeiten seines äußeren Lebens wurden zunichte gemacht.

Antons Zuhause befand sich im Westen von Chicago, in dieser Gegend, wo aufeinanderfolgende unaussprechliche Namen über Türen und Fenstern verdeutlichen, dass Polen nicht verloren, sondern zerstreut ist.

In Hinterzimmern im dritten Stock des Hauses wohnte die Familie Zabrinski , der Vater und die Mutter mit Anton und seiner zwei Jahre jüngeren

Schwester. Die Mutter war durch einen Unfall in ihrer Kindheit furchtbar verkrüppelt und praktisch eine Gefangene in ihrem Haus. Anton, ihr einziger Sohn, war das Idol ihres Herzens.

Als Anton kaum älter als ein Kind war, begann er mit der Schneiderei. Er lernte schnell, und als er sechzehn war, war er ein so geschickter Arbeiter, dass er zwölf Dollar pro Woche verdiente. Diese Energie und Geschicklichkeit, die Genauigkeit der Wahrnehmung und die Sicherheit des Tastsinns zeugten von einer guten Organisation. Er hatte ein elastisches, fröhliches Wesen, aber sein Wachstum war verkümmert, sein ganzer Körperbau gebrechlich; Sensibel und schüchtern schreckte er aus nervöser Schüchternheit vor dem Kontakt mit den stärkeren, raueren und grobfaserigeren Jungen der Nachbarschaft zurück. Dies machte Anton natürlich nur zu einem verlockenderen Ziel für ihre Witze.

Insbesondere zwei dieser Jungen spielten mit seinen Ängsten, bis sie zu einem echten Schrecken in seiner Existenz wurden; Allerdings hätten sich die Jungen zweifellos nie vorstellen können, welche Folter sie ihm zufügten, und auch nicht im Traum daran gedacht, dass er wirklich glaubte, dass sie ihn verletzen wollten. Es geschah eines Abends, als Anton allein von einer Unterhaltung nach Hause ging, als diese beiden Jungen plötzlich aus einem Versteck hervorsprangen und ihn packten, wahrscheinlich nur in der Absicht, ihn zu erschrecken. Sie machten ihm Angst, über alle Grenzen und Vernunft hinaus. In seinem verzweifelten Versuch, ihnen zu entkommen, öffnete Anton sein Taschenmesser und schlug blind zu. Doch bei diesem Akt der Selbstverteidigung verletzte er einen der Jungen tödlich.

Anton Zabrinski kehrte in dieser Nacht nicht zu seiner Mutter zurück; Dieser sanfte, fleißige Junge, der die Arbeit verrichtete und den Lohn eines Mannes verdiente, war in den Augen des Gesetzes zum Mörder geworden. Ich habe „im Auge des Gesetzes" geschrieben; eine genauere Aussage läge „im Auge des Gerichts", denn nach einer fairen Auslegung des Gesetzes hätte es sich nur um einen Fall von Totschlag handeln können; Aber--

Ich habe einmal einen der bedeutendsten Richter Chicagos gefragt, warum Männer in eindeutigen Fällen von Totschlag so oft wegen Mordes angeklagt und wegen Mordes angeklagt wurden. Der Richter antwortete: „Weil es bei der Anklageerhebung üblich ist, den Verbrecher so weit wie möglich zu fangen."

Anton Zabrinski hatte mit seinem Messer aus rein tierischem Selbstverteidigungsinstinkt zugeschlagen . Die eigentliche treibende Kraft des Bösen in der Tragödie war die Liebe zum grausamen Sport, die die größeren Jungen antreibt – eine Leidenschaft, die zu unzähligen Verbrechen führte. Wenn der moralische Ursprung vieler unserer Verbrechen offengelegt würde, müssten wir klar erkennen, dass die letzte Gewalttat nur ein Ergebnis war – der Rückstoß einer bösen Macht, die aus einer entgegengesetzten Richtung in Bewegung gesetzt wurde. Es kommt manchmal vor, dass der Jäger das Opfer des Erschlagenen ist. Aber gegenüber den Toten, die unsere Barmherzigkeit nicht mehr benötigen, sind wir immer barmherzig.

Hätte ein fähiger Anwalt Anton verteidigt, wäre er nie wegen Mordes verurteilt worden; Aber die Familie war arm, und da sie keine Erfahrung mit Gerichten hatte, erwartete sie unwissentlich Fairness und Gerechtigkeit. Anton wurde geraten, sich wegen Mordes schuldig zu bekennen, und ihm wurde zu verstehen gegeben, dass die Strafe in diesem Fall mild ausfallen würde. Der Junge überließ sich „der Gnade des Gerichts" und bekannte sich „schuldig". Ihm wurde mitgeteilt, dass „die Gnade des Gerichts" eine lebenslange Haftstrafe verhängen würde. Zufällig war im Gerichtssaal ein anderer Richter anwesend, dessen Gerechtigkeits- und Barmherzigkeitssinn durch diese Strenge empört war. Aus Mitleid mit dem unverteidigten Opfer protestierte er gegen die drohende Strafe und veranlasste den Vorsitzenden Richter, diese auf dreißig Jahre zu verkürzen. 30 Jahre! In der Tat ein Leben lang für die Fantasie eines siebzehnjährigen Jungen. Die verkrüppelte Mutter wurde mit zerrissenem Herzen in dem kleinen Hinterzimmer zurückgelassen, in dem sie lebte, während Anton in das Gefängnis von Joliet gebracht wurde.

Es schien nicht so schrecklich, als es zum ersten Mal in Sicht kam – dieses große Gebäude aus grauem Stein mit seinem breiten, gastfreundlichen Eingang durch das Haus des Aufsehers; Doch als sich die Gittertüren mit unerbittlichem metallischem Klirren hinter ihm schlossen, erkannte Anton in diesem Geräusch den Todesstoß von Freiheit und Glück. Und als sich der Junge später in der ersten Nacht allein in einer stillen, „einsamen" [8] Zelle befand, überkam ihn das qualvolle Heimweh eines liebenden jungen Herzens, das jeder natürlichen Bindung entrissen war. Eigentlich war er nur zwei Stunden entfernt zu Hause, das kleine Hinterzimmer verwandelte sich durch Liebe und den sehnsüchtigen Schrei seines Herzens in einen Himmel; Aber aus den tatsächlichen zwei Stunden waren in der Zukunft dreißig Jahre Gefängnis geworden. Das Leben im Gefängnis selbst war in seiner Fantasie nur ein dummer, ungestalteter Schrecken. Und das unbedeutende Geheimnis und die Grausamkeit und der Schrecken seines Schicksals! Sein ganzes Leben umfasste nur siebzehn Jahre, von denen sich die Erinnerung an nicht mehr als zwölf Jahre erinnern konnte; Er wusste, dass es Jahre der Unschuld waren, und dann Jahre treuer Arbeit und ehrlicher Ziele, bis er in einer schrecklichen Nacht, in der er vor Schrecken den Verstand verlor, wild um sein Leben kämpfte. Und dann war er zu diesem schrecklichen Ding geworden, einem Mörder, und doch hatte er nicht den geringsten Gedanken an Mord in seinem Herzen. Wenn Gott es wusste oder sich darum kümmerte, wie hätte er dann zulassen können, dass alles passierte? Und jetzt muss er Buße tun, sonst könnte ihm nie vergeben werden. Und doch, wie konnte er Buße tun, wenn er nichts Unrechtes tun wollte; als sein eigener zitternder Schmerz Herz, Geist und Seele durchströmte; als er von der schwarzen Unwiderruflichkeit des Ganzen und dem Gefühl der dunklen, unberührten Zukunft überwältigt wurde? Eine Nacht wie diese birgt die Leiden eines gewöhnlichen Lebens in sich.

Wir, die wir unseren Meridian erreicht haben, wissen, dass das Leben Prüfungen und Enttäuschungen bedeutet, aber für die Jugend leuchtet die Blase in prismatischer Farbe; und für Anton war alles durch einen Moment tödlicher Angst in Dunkelheit gehüllt worden.

Wenn junge Sträflinge im Gefängnis Joliet aufgenommen werden, ist es üblich, dass der Aufseher ihnen eine Chance auf Leben und körperliche und geistige Entwicklung gibt. Normalerweise erhalten sie leichte Arbeit, entweder als Läufer für die Geschäfte oder als Helfer in der Küche oder im Esszimmer, wo sie Bewegung, frische Luft und eine gewisse Abwechslung bei der Beschäftigung haben. Anton kam ins Gefängnis, als es einen vorübergehenden Wechsel der Aufseher gab, und das geschah, als er aus der „Einzelzelle" geholt wurde, in der er die erste Nacht verbrachte, in der er in der Marmorwerkstatt arbeiten musste, einem harten Ort für einen ausgewachsener Mann. Nach Feierabend wurde ihm auch ein Begleiter in seine Zelle gegeben.

Gefängnisleben gewöhnte, erfuhr er etwas Merkwürdiges: Nach außen hin war Kriminalität die Ausnahme gewesen, ein Krimineller wurde als jemand angesehen, der außerhalb der Gemeinschaft stand; Aber in dieser seltsamen, unnatürlichen Gefängniswelt war es das Verbrechen, das die gemeinsame Grundlage der Gleichheit, das Band der Brüderlichkeit bildete.

Und wieder verlor die Tragödie seines eigenen Schicksals, die ihm so vorgekommen war, als würde sie das Universum erfüllen, in seiner Vorstellung ihre schreckliche Unermesslichkeit, als ihm klar wurde, dass jeder Mann, der diesen Sträflingsanzug trug, in seinem Herzen die Wunde oder die Narbe der Tragödie trug oder von zugefügtem oder erlebtem Unrecht. Er hatte geglaubt, dass nichts so schrecklich sein könne, wie von seinem Zuhause und seinen Lieben getrennt zu sein; Aber ich habe gelernt, mich zu fragen, ob es nicht schrecklicher wäre, weder seine Lieben noch sein Zuhause gekannt zu haben.


Als sein Zellengenosse die „Gutzeit"-Zulage für eine Haftstrafe von dreißig Jahren schätzte, stellte Anton fest, dass er diese Strafe durch gutes Benehmen auf siebzehn Jahre verkürzen konnte. Das bedeutete wirklich etwas, wofür es sich zu leben lohnte. Er glaubte, dass er fast ein alter Mann sein würde, wenn er dreiunddreißig Jahre alt würde – so etwas wie der arme alte Peter Zowar , der seit fünfundzwanzig Jahren im Gefängnis war; aber noch nie hatte dort ein Gefangener dreißig Jahre lang gelebt; und diese Verkürzung auf siebzehn Jahre bedeutete für Anton den Unterschied zwischen Leben und Tod. Sogar die siebzehnjährige Entfernung von zu Hause begann sich zu überbrücken, als seine Schwester Nina ihn besuchte und ihm die Orangen und Bananen brachte, die unauslöschlich mit den Straßen von Chicago verbunden sind, oder Kuchen, die von den Händen seiner eigenen Mutter gebacken und zu Hause im Ofen gebacken wurden .

Auch das Leben im Gefängnis wurde erträglicher, als er erfuhr, dass die individuellen Fähigkeiten in jedem Arbeitsbereich anerkannt wurden und dass Aufrichtigkeit und Treue selbst in einer Gemeinschaft von Kriminellen etwas zählten. Lob gab es selten, die Kommunikation in Worten beschränkte sich auf das Nötigste für die Arbeit; aber auf eine undefinierbare Weise wurde der Charakter erkannt und eine freundliche Haltung machte sich bemerkbar und erwärmte das Herz; und die Natur, die so empfindlich auf Härte reagierte, nahm Freundlichkeit schnell wahr und reagierte darauf.


Es ist schwer, als Junge im Gefängnis zu sein, aber die älteren Sträflinge betrachten diese Jungen mit Mitgefühl und sind berührt von etwas in ihnen, das ihrer eigenen verlorenen Jugend oder vielleicht ihren eigenen Kindern ähnelt. Der kleine Anton sah nicht älter aus und war nicht größer als ein durchschnittlicher Junge von vierzehn Jahren; und den älteren Männern erschien er wie ein Kind.

Die menschliche Natur ist die menschliche Natur, und die Jugend ist trotz Riegel und Riegel Jugend. Der Frühling des Lebens war in Anton unterdrückt, aber er wirkte still in ihm und entfaltete stillschweigend eine Kraft, die nicht jedem von uns gegeben ist. Seine Arbeit in der Marmorwerkstatt war leicht zu erlernen, denn die Schneiderlehre hatte sein Auge und seine Hand geschult, und die beständige Anwendung war zur Gewohnheit geworden. Als seine Fähigkeiten anerkannt wurden, wurden ihm dekorative Arbeiten auf Marmor übertragen. Zunächst folgte er den Mustern wie die einfachen Arbeiter; diese Entwürfe ließen ihn andere vermuten; Dann erhielt er die Erlaubnis, die schönen Linien auszuarbeiten, die immer darauf zu warten schienen, sich unter seiner Hand zu formen, und die Muster wurden schließlich ganz beiseite gelegt. Der künstlerische Drang in ihm war wach und fand Ausdruck, und mit der Zeit wurde er offen als der beste Handwerker in der Werkstatt anerkannt.

Er hatte immer noch Heimweh, immer Heimweh, aber neues Interesse war in sein Leben gekommen, denn unversehens war der Geist der Schönheit zum Begleiter seiner Arbeitsstunden geworden. Er erkannte sie nicht. Von Kunstimpulsen hatte er noch nie gehört. Aber er fand echtes menschliches Vergnügen und empfand einfachen jungenhaften Stolz auf die Individualität und Exzellenz seiner Arbeit.

Das erste Jahr und das zweite Jahr seiner Gefangenschaft vergingen: Die Tage dämmerten, verdunkelten sich und schmolzen dahin, einander so ähnlich wie Perlen auf einer Schnur, jeder einzelne zählte nachts in die Vergangenheit, als würde er einen Tag weniger Gefangenschaft bedeuten. Doch gegen Ende des zweiten Jahres begannen sich die Stunden in die Länge zu ziehen und Antons Interesse an seiner Arbeit ließ nach. Er wurde unruhig, der Marmorstaub reizte seine Lunge und ein zunächst unbemerkter Husten steigerte sich, bis er ihn ständig nervte. Dann wurde seine nächtliche Ruhe durch Schmerzen in der Seite unterbrochen, und schließlich befahl der Arzt, ihn aus der Marmorwerkstatt zu entfernen. Es war bestenfalls ein gebrechlicher Körper, und die Gefangenschaft, die unablässige Arbeit, der völlige Mangel an Luft und Bewegung hatten ihr Schlimmstes getan; und alle widerstehende physische Kraft wurde untergraben.

Da Anton nicht mehr arbeitsfähig war, wurde er ins „Leerzimmer" verbannt. Unter der klugen Herrschaft neuerer Direktoren gehörte das Ruhezimmer glücklicherweise der Vergangenheit an, doch jahrelang war es ein fester Bestandteil der Anstalt, was zum Teil auf die begrenzte Unterbringung im Krankenhaus zurückzuführen war. Im Allgemeinen betrachteten die Gefangenen diesen leeren Raum, den sie „trostloses Zimmer" nannten, als die Mittelstation zwischen den Geschäften und dem Grab. Am trostlosesten und melancholischsten war dieser Ort, an dem Männer, deren Krankheit zu weit fortgeschritten war, um zu arbeiten, Männer, die körperlich erschöpft und geistig gebrochen waren, Tag für Tag zusammen warteten, bis sich ihre Krankheiten so weit entwickelten, dass sie als geeignete Patienten für eine Krankenhausbehandlung angesehen werden konnten. In der Regel war keine Lektüre erlaubt, und freier sozialer Verkehr war natürlich verboten, obwohl sich die Insassen gelegentlich den Luxus gönnten, Krankheiten zu vergleichen. Unter der Belastung dieser erdrückenden Monotonie versagte der Mut, und für viele Menschen, denen sein eigenes Schicksal gleichgültig war, war der Anblick der Hoffnungslosigkeit anderer herzzerreißend. Der Einfluss des Ruheraums war nicht ganz so deprimierend, als Anton in seinen Kreis kam, denn dort war gerade eine Leichtindustrie eingeführt worden und einige der Insassen waren beschäftigt.

Und zu dieser Zeit begann Anton in einem Tagtraum zu leben. Sein Zellengenosse, ein junger Mann, der eine zwanzigjährige Haftstrafe verbüßte, erwartete zuversichtlich eine Begnadigung; Begnadigungen wurden zum ständigen Gesprächsthema zwischen den beiden, als der Tag vorbei war, und Antons Glaube an seine eigene mögliche Freilassung entfachte und glühte durch die erhellenden Aussichten seines Freundes. Die Hoffnung, dieses seltsame Merkmal der Tuberkulose, flammte mit fortschreitender Krankheit immer stärker auf; Mit der hektischen Röte kam ein strahlenderes Licht in seine Augen und eine stärkere Kraft, über das Gefängnis hinaus auf die liebe Freiheit und Heimat zu blicken. Selbst der Schatten des müßigen Zimmers konnte das Licht seiner Fantasie nicht trüben. Er war nicht mehr in der Lage, seine Fantasien in Stein zu meißeln, sondern webte sie zu wunderschönen Mustern für ein Leben in Freiheit. Die Hoffnung auf eine Begnadigung liegt in jedem Gefängnis in der Luft. Anton schrieb an seine Familie und sprach mit seiner Schwester darüber, und obwohl er keinen festen Anfang machte, wurde sein Glaube jeden Tag stärker.

Zu dieser Zeit lernte ich Anton kennen. Ich war zu Besuch im Gefängnis, und während eines Gesprächs mit einem jungen englischen Sträfling, einem Halbschüler der Schauspielerin Mary Anderson, sagte dieser junge Mann zu mir: „Ich wünschte, du würdest meinen Zellengenossen kennen." Ich antwortete, dass ich in diesem Gefängnis bereits zu viele Männer kenne. „Aber wenn du nur den kleinen Anton sehen würdest, *wärst du, das* weiß ich , in einer Minute fertig ", versicherte der Engländer selbstbewusst. Bezüglich dieser Wahrscheinlichkeit war ich skeptisch , aber ich war beeindruckt von der Ernsthaftigkeit des jungen Mannes, als er die Grundzüge von Antons Geschichte skizzierte und mich drängte, ihn zu sehen. Ich erinnere mich, dass er Folgendes deutlich gemacht hat: „Der Junge ist so glücklich, wenn er denkt, dass er irgendwann begnadigt wird, aber er wird hier sterben, wenn ihm nicht bald jemand hilft." Um den Engländer zu erfreuen , erklärte ich mich bereit, den glücklichen Jungen zu sehen, der im Sterben lag.

Ein attraktives oder interessantes Gesicht ist unter den Insassen unserer Gefängnisse selten. Der gestreifte Sträflingsanzug, den unsere sogenannte christliche Zivilisation den Mitmenschen so lange auferlegte, strahlte an sich schon einen Hauch von Erniedrigung aus, [9] und die Unterdrückung jeglicher Lebhaftigkeit führt tendenziell zu einem Ausdruck fast gleichförmiger Stumpfheit . Ungeachtet der Begeisterung seines Zellengenossen war ich von Überraschung erfüllt, und zwar von noch tieferer Überraschung, als ich Anton Zabrinski sah . Die Schönheit dieses jungen polnischen Gefangenen leuchtete wie ein Stern über dem erniedrigenden Sträflingsanzug. Es war das Gesicht eines Raphael, mit der breiten Stirn und den großen, leuchtenden, weit auseinander liegenden Augen von tiefstem Blau, die in ihren Tiefen all die schönen verdrängten Möglichkeiten andeuteten – Augen, die vor Hoffnung und kindlicher Unschuld und Vertrauen strahlten. Mein Herz vibrierte sofort vor Mitgefühl und schon beim ersten Händedruck waren wir Freunde. Das künstlerische

Temperament war in den schlanken, hochentwickelten Händen ebenso deutlich zu erkennen wie in seinem Gesicht.

Auf den ersten Blick sah ich, dass sein Schicksal besiegelt war; aber sein Geist der Hoffnung war unwiderstehlich und trug mich eine Stunde lang in seinem eigenen Strom weiter. Anton war wie ein glückliches Kind, das offen und freudig sein Herz einem Freund öffnete, den er immer gekannt zu haben schien. Diese helle Stunde war nicht von irgendwelchen dunklen Vorahnungen hinsichtlich einer Krankheit oder eines hartnäckigen Gouverneurs getrübt. Wir sprachen über Vergebung und Freiheit und Heimat und Glück. Ich habe mit ihm nicht über Reue oder Vorbereitung auf den Tod gesprochen. Ich hatte das Gefühl, als dieser Ruf an diesen arglosen Geist kam, konnte es nur ein Ruf zu einem erfüllteren Leben sein.

Während unseres Gesprächs kam der Sohn des neuen Direktors herein und ich machte ihn auf Anton aufmerksam. Es war bezaubernd zu sehen, wie herzlich und freundlich dieser junge Mann [10] mit dem Gefangenen sprach, fragte, wo er zu finden sei und versprach, alles für ihn zu tun, was er konnte, während Anton spürte, dass er endlich die Hand berührte der Vorsehung. Die neuen Behörden waren noch nicht lange genug dort, um viele der Sträflinge einzeln zu kennen, aber beim Abendessen an diesem Tag interessierte der Sohn des Aufsehers seinen Vater für Anton, indem er von ihrem Gespräch am Morgen erzählte. Das stets bereitwillige Mitgefühl des Direktors war berührt. „Nehmen Sie den Jungen aus diesem leeren Zimmer mit", sagte er, „nehmen Sie ihn mit durch den Hof, damit er sich die Hunde und Pferde anschaut." Das war vielleicht keine Disziplin, aber es war herrlich menschlich – und humanisierend.

Als ich das Gefängnis verließ , wurde mir versichert, dass ich mich auf den Einfluss des Aufsehers verlassen könne, der mir dabei helfen würde, Antons Traum, seinen Glauben und seine Hoffnung auf Begnadigung zu verwirklichen. Am darauffolgenden Sonntag traf ich in Chicago die Familie Zabrinski , Vater, Mutter und die junge Schwester, in ihren Hinterzimmern im dritten Stock. An der Wand hing ein gerahmtes Foto von Anton als kleines Kind. Die Mutter sprach kein sehr klares Englisch, aber sie schaffte es immer wieder zu wiederholen: „Anton war so gut; er war immer so ein guter Junge." Die junge Schwester, eine Schneiderin, sehr adrett in ihrem dunkelblauen Sonntagskleid, diskutierte klug über Mittel und Wege, um die Freilassung ihres Bruders zu erreichen.

Unsere Pläne gingen reibungslos auf, und ein paar Wochen später, als ganz Chicago der Weltausstellung gewidmet war, ging Antons Herzenswunsch in Erfüllung und er wurde in seine Heimat und Freiheit zurückgebracht. Oder, wie die Zeitungen es ausgedrückt hätten: „Unser anarchistischer Gouverneur hat einen weiteren Mörder losgelassen, um die Gesellschaft auszunutzen."

Armer kleiner Mörder! In der ganzen großen Stadt gab es kein Kind, das hilfloser oder harmloser war als er.

Das Bild des kleinen Anton Zabrinski sowie des Gefängnisses selbst verblasste für eine Zeit in meinem Herzen im Bann der langen bezaubernden Sommertage und magischen Abende in der Weißen Stadt.

Das Interesse und die Schönheit dieser Verschmelzung aller Zeiten und aller Länder waren so fesselnd und unwiderstehlich, dass ich immer weitergeblieben war, bis ich mich eines Tages im Juli auf die Strapazen des Aufbruchs am nächsten Morgen vorbereitete. Aber die Abendpost brachte mir Briefe von zu Hause, darunter einen nachgeschickten Brief von Anton, in dem er mich bat, zu ihm zu kommen. Ich hatte nicht damit gerechnet, dass Anton mich in Erinnerung behalten würde, es sei denn als Meilenstein auf seinem Weg in die Freiheit – ich hätte jedoch nach meinen vielen Erfahrungen mit der Dankbarkeit von Gefangenen damit rechnen können – , aber seine Sehnsucht, mich zu sehen, war unverkennbar; und da ich mein Wort bezüglich der Heimkehr so oft gebrochen hatte, dass mein Ruf der Unzuverlässigkeit in dieser Richtung nicht gemindert werden konnte, sandte ich ein letztes Verzögerungstelegramm. – Oh, Luxus, keinen Charakter zu verlieren!

Am nächsten Morgen machte ich mich früh auf den Weg zum Zuhause der Zabrinskis . In einem kleinen Hinterhof – einem bloßen Stück kahlen Bodens ohne die Möglichkeit eines Grashalms, ohne die Möglichkeit, auch nur in den Himmel zu schauen, wenn man nicht auf dem Rücken liegt, mit einer einheitlichen Umgebung aus Hintertüren und Hintertreppen – was für ein Kontrast zu diesem Traum von Schönheit im Jackson Park! – hier fand ich Anton, der lustlos auf einer Bank saß, mit einem kleinen Hund als Begleiter. Alle Hoffnung und Lebendigkeit schien in ihm erloschen zu sein; Sogar die Lichter in seinen tiefblauen Augen waren Schatten gewichen; Kraft und Mut hatten nachgelassen, und er hatte sich schließlich der Müdigkeit und Depression hingegeben. Er hatte zwar das Gefängnis verlassen, aber nur, um dem Tod ins Auge zu sehen; Er war in seine Heimat zurückgekehrt, nur um für immer von dort weggetragen zu werden. Selbst die liebevolle Fürsorge seiner Mutter konnte den heftigen Husten nicht stoppen und ihn nicht von den Schmerzen befreien. Und wie begrenzt erwies sich die ersehnte Freiheit! Von seinem Zuhause aus hatte es nur bis zur Krankenhausapotheke gereicht. Schwäche und Armut bildeten unüberwindbare Barrieren, über die er nicht hinausgehen konnte.

Als mir das alles klar wurde , beschloss ich, ihm die schönste Vision der Welt zu geben, an die man denken und von der man träumen kann. „Anton“, sagte ich, „wie würde es dir gefallen, mit einem Dampfer mit mir auf den See zu fahren, um die Weltausstellung vom Wasser aus zu sehen?" – an einen Ausflug auf das Gelände war für ihn nicht zu denken.

Für einen Moment schreckte er vor der Anstrengung zurück, zum Dampfer zu gelangen, aber nachdem er eine Weile schweigend darüber nachgedacht hatte, verkündete er: „Wenn ich mich dazu entschließe, etwas zu tun, dann tue ich es; ich werde mit dir gehen." " Dann legten wir der Mutter unseren Abenteuerplan vor. Sie fand es ziemlich wild, aber unsere überzeugende Beredsamkeit setzte sich durch, und sie stimmte zu und bestand nur darauf, dass wir vor Beginn unserer Expedition Erfrischungen zu uns nehmen sollten. Mit der Duldung einer Nachbarin im nächsten Stockwerk besorgte sich Frau Zabrinski in einer Bäckerei in der Nähe einen köstlichen grünen Apfelkuchen und servierte ihn zu unserem Hochgenuss.

Ich finde, dass bereits die edlen Linien mit ihren wunderschönen Lichtern und Schatten im Ehrenhof der Weißen Stadt zu einer undeutlichen Erinnerung verschmelzen; Aber das Bild von Anton Zabrinski , wie er sich in seinem Stuhl auf dem Dampfer zurücklehnte, die köstliche reine, frische Luft einatmete und seinen Blick über die grenzenlose Ebene aus welligem Blau ließ, wird für immer bei mir bleiben. Hier war endlich die Freiheit! Und wie gierig saugte das sterbende Wesen des Jungen es auf!

Um uns herum war alles los, um uns zu unterhalten und zu unterhalten: Menschenmassen natürlich und eine laute Musikkapelle; aber das alles machte auf Anton keinen Eindruck. Wir zwei waren praktisch allein mit dem unendlichen Himmel und dem weiten Wasser. Dann fiel es Anton leicht, mir von seinen tieferen Gedanken zu erzählen und von der Veränderung zu sprechen, von der er wusste, dass sie bald kommen würde. Das Leben war so hart gewesen, nur vergebliche Anstrengung und ein verlorener Kampf, und jetzt sehnte er sich nur noch nach Ruhe. Er hatte den Wunsch gespürt, einer schönen Form Ausdruck zu verleihen, er hatte die Regung unentwickelter schöpferischer Kraft gespürt. Wir sprachen von der Zukunft nicht als Tod, sondern als dem Kommen neuen Lebens und als Gelegenheit zur gerechten Entfaltung aller höheren Möglichkeiten seiner Natur – als Freiheit von allen Fesseln. Sein einfacher, aber ernster Glaube beruhte auf dem Bewusstsein, in seinem tiefsten Inneren das Gute geliebt und gesucht zu haben. Sein äußeres Leben war hoffnungslos zerstört; aber er entfernte sich davon, und es war seine Seele, sein wahres inneres Leben, das vor Gott erscheinen würde. Es war alles ein Rätsel und er war hilflos, aber er hatte keine Angst. *Er hatte dem Leben vergeben.*

Während wir uns unterhielten, näherte sich der Dampfer dem Pier in Jackson Park. „Und jetzt, Anton, musst du auf die andere Seite des Bootes gehen und dir die wunderschöne Weiße Stadt ansehen", sagte ich. Es war wie Alabaster in seiner klaren Schönheit an diesem strahlenden Morgen, und alles war belebt von den wehenden Farben unzähliger Flaggen. Es war Schwedentag, und als sich unser Dampfer näherte, drängte sich eine prächtige Prozession in Nationaltracht über den Dock, denn wir hatten eine wichtige Delegation an Bord. Ein Dutzend Bands spielten und der gewaltige Klangkrach und die brillante Farbenpracht erregten mich bis in die Fingerspitzen. Aber Anton betrachtete es nur einen Moment lang mit blicklosen Augen: Es war zu begrenzt; es war die Aufregung, der Lärm und die Menge der Stadt. Er wandte sich erneut eifrig dem weiten Himmel und Wasser zu; „Sie wissen nicht, was dieser See und diese frische Luft für mich bedeuten", sagte er leise und blickte nicht mehr auf das Land, bis wir zur Van Buren Street zurückgekehrt waren.


Nachdem wir den Dampfer verlassen hatten, löste Anton den Zauber des Wassers. Er bestand darauf, dass ich ein Glas Limonade aus einem der Brunnen am Dock mitnahm; Jetzt war er an der Reihe, Entertainer zu sein. Ich habe die Limonade getrunken und werde die Geschichte noch erzählen. Zu diesem Zeitpunkt hatten wir den Boheme-Geist der Weltausstellung eingefangen, Anton war von Stunde zu Stunde auf dem Wasser belebt und aufgeregt, und als wir zur Michigan Avenue hinübergingen, zog ihn das strahlende Leben auf der Straße an und bezauberte ihn, und ich schlug vor, langsam zu gehen hinunter zum Auditorium Hotel. Jeder Schritt auf dem Weg war für Anton eine Freude, und als wir das große Hotel erreichten, wartete ich im Empfangsraum der Damen, während Anton durch die Eingänge und das Büro schlenderte und die reich gemischten Farbtöne des Marmors und die Dekoration in Weiß betrachtete und Gold. Ich wusste, dass es eine weitere frische und schöne Erinnerung für ihn sein würde, die er in die kleinen Räume zurückbringen würde, in denen er den kurzen Rest seines Lebens verbringen sollte.

An einem angrenzenden Blumenstand fanden wir Wicken für seine Mutter. Ich sah ihn sicher an Bord des Autos, das ihn zu seinem Haus bringen würde; Dann verschwand der kleine Anton Zabrinski mit einer abschiedenden Handbewegung und einem strahlenden, glücklichen Abschiedslächeln aus meinem Blickfeld.


Durch die Freundlichkeit eines Freundes hatte ich das große Glück, Anton einen Pass „Für Träger und eine Person" zu schicken, der ihm mit Eskorte die Freiheit der Weltausstellungsdampfer für den Sommer gewährte – der größte Segen, der möglich war Junge, denn selbst wenn er zu schwach war, um zum Dampfer zu gehen, konnte er die Erwartung dieses Vergnügens noch hegen.

Antons Kräfte ließen schnell nach. Er schrieb mir einen Brief mit den Worten: „Jetzt, wo ich bei meiner Mutter bin, kann ich glücklich sterben. Ich danke Ihnen tausendmal für Ihr freundliches Gefühl mir gegenüber und die freundlichen Worte in Ihren Briefen und die bezaubernde Rose, die Sie geschickt haben." Wegen meiner Schmerzen in der ganzen Brust kann ich keinen langen Brief schreiben. Ich kann mich nachts nicht von einer Seite zur anderen drehen. Lieber Freund, ich erzähle niemandem gern mein Elend und meine Sorgen, aber ich kann es Ich kann es dir nicht sagen.

Bald folgte ein weiterer Brief, jedoch nicht von Anton. Es war die Schwester, die schrieb:

> " LIEBER FREUND :
>
> „Mit tiefer Trauer teile ich Ihnen den Tod meines lieben Bruders mit. Er starb um vier Uhr morgens. Er hatte den großen Wunsch, Sie vor seinem Tod zu sehen. Wir würden uns freuen, Sie bei der Beerdigung zu sehen, wenn es am Mittwochmorgen passt." .
>
> „Verzeihen Sie diesen armen Brief
> „Von deinem lieben Freund
> „ FRÄULEIN NINA ZABRINSKI ."

## FUSSNOTEN:

[8] Diese „Einzelzellen", in denen ein Gefangener seine erste Nacht verbrachte, befanden sich in einem abgetrennten Gebäude, in dem sich die Strafzellen befanden. Die Einsamkeit war absolut und schrecklich.

[9] Der gestreifte Sträflingsanzug wurde im folgenden Jahr in Joliet praktisch abgeschafft.

[10] Dieser junge Mann, Edmund M. Allen, ist jetzt Direktor desselben Gefängnisses und hat die humanisierenden Methoden seines Vaters so weiterentwickelt, dass er das Joliet-Gefängnis in die vorderste Reihe der fortschrittlichen Gefängnisreform bringt.

# KAPITEL X

An einem schönen Abend vor etwa dreißig Jahren fand im Haus eines jungen irischen Mädchens in einer westlichen Stadt eine fröhliche Hochzeit statt. Tom Evans, der Bräutigam, ein großherziger, fröhlicher Kerl, war tief in das Mädchen seiner Wahl verliebt. Er verdiente gut und wollte sich gut um seine Frau kümmern.

Es war Mitternacht und die Straßen waren von strahlendem Mondlicht überflutet, als Evans begann, seine Braut von ihrem Zuhause zu seinem zu bringen, unterwegs begleitet von Jim Maguire, Larry Flannigan und Ned Foster, drei der Hochzeitsgäste. Sie waren keine Kutscherleute und gingen gerade zur Straßenbahn, als Jim Maguire, der den berauschenden Flüssigkeiten, die bei der Hochzeitsfeier im Umlauf waren, nicht abgeneigt war, übermäßig ausgelassen wurde und sich mit Gesang und Tanz auf dem Bürgersteig vergnügte – eine Ablenkung an dem die anderen nicht teilnahmen. Diese Heiterkeit wurde kurzerhand von einem Polizisten unterbrochen, der versuchte, den jungen Mann wegen ordnungswidrigen Verhaltens zu verhaften, ein Vorgehen, dem sich Maguire energisch widersetzte.

Dies war der Beginn einer Schlägerei, bei der der Polizist getötet und die gesamte Gruppe festgenommen und in Gewahrsam genommen wurde. Da der Polizist bekanntlich einer der beliebtesten Männer der Truppe war, war die öffentliche Empörung natürlich groß und die Gefühle gegen seine Mörder waren bitter und gewalttätig.

Tom Evans und Jim Maguire wurden wegen Mordes festgehalten, während Larry Flannigan, ein siebzehnjähriger Junge, und Ned Foster, die an der Affäre beteiligt waren, wegen Totschlags angeklagt wurden. Den Männern wurden faire Verfahren – meiner Meinung nach getrennte Verfahren – vor verschiedenen Gerichten zuteil, aber es war unmöglich, den Sachverhalt des Falles zu ermitteln, da es keine tatsächlichen Zeugen gab, die nicht direkt vom Ergebnis betroffen waren; während jeder Anwalt der Verteidigung sein Bestes tat, um seinen eigenen Mandanten von der direkten Verantwortung für den Tod des Polizisten freizusprechen, ungeachtet der Verdienste der anderen Angeklagten.

Und so kam es, dass Jim Maguire und Tom Evans auf Lebenszeit „hochgeschickt" wurden, während die Braut einer Stunde in das Haus ihres Vaters zurückkehrte und im Laufe der Zeit die Braut einer anderen wurde. Larry Flannigan wurde zu vierzehn Jahren Haft verurteilt. Ned Foster, der eine kürzere Haftstrafe verbüßt hatte, wurde freigelassen, bevor ich die anderen kennenlernte.

Etwa fünf Jahre später bat mich einer der an Jim Maguire interessierten Gefängnisbeamten, den Mann zu interviewen. Maguire war ein großer, muskulöser Kerl, der in der Gefangenschaft unruhig war wie ein Hund an der Leine; auch nervös und voller Lebenskraft, jederzeit bereit, in Gesang und Tanz auszubrechen, wenn sich nur die Gelegenheit dazu bot. Gerade diese überschäumende Tierstimmung, angeregt durch die Hochzeitsfeierlichkeiten, war der Ausgangspunkt der ganzen Tragödie. Zweifellos gab es auch in seiner Zusammensetzung entsprechende Elemente von Rücksichtslosigkeit und Trotz.

Unser erstes Interview war der Beginn einer Bekanntschaft, die zu einem Briefwechsel führte; Aber erst ein Jahr später erzählte mir Maguire in einem langen Gespräch von seiner Rolle bei der mitternächtlichen Begegnung auf der Straße. Er räumte ordnungswidriges Verhalten und Widerstand gegen den Beamten ein und behauptete, es handele sich nur um Widerstand und nicht um einen Gegenangriff; Darin heißt es, dass der Kampf zwischen den beiden so lange andauerte, bis der Offizier die Oberhand hatte und ihn dann so heftig unter Druck setzte, dass Maguire um Hilfe rief und von „einem der anderen Jungen" aus den Händen des Offiziers gerettet wurde. Er hat weder gesagt, um welche es sich handelte, noch hat er irgendjemanden näher damit in Verbindung gebracht .

„Fragen Sie die anderen Jungs", sagte er. „Larry hatte nichts mit dem Mord zu tun, aber er hat die ganze Sache gesehen. Bringen Sie Larry dazu, die Geschichte zu erzählen " , drängte er.

Und so wurde ich Larry vorgestellt. Er war ein ganz anderer Typ als Maguire. Ich wusste kaum, ob er die Sträflingsstreifen oder den Wollstoff trug, als ich in dieses Gesicht blickte, so sonnig, so freundlich, so offenherzig. Nach all den Jahren kann ich nie ohne ein Leuchten im Herzen an Larry denken. Er allein von allen meinen Gefangenen schien kein Bewusstsein dafür zu haben, dass er erniedrigt wurde, dass er ein Sträfling war; aber sie trafen mich einfach und natürlich, als wären wir uns bei einem Picknick vorgestellt worden.

Ich erzählte ihm von meinem Interview mit Jim Maguire und sein unmittelbarer Kommentar war: „Jim sollte nicht hier sein; er hat sich der Verhaftung widersetzt, aber er hat den Beamten nicht getötet; er ist ein Leben lang hier und es ist falsch, es ist schrecklich. Ich hoffe, Sie werden es tun." etwas für Jim.

„Aber was ist mit dir selbst?" Ich fragte; „Du scheinst von der Angelegenheit überhaupt nichts mitbekommen zu haben. Ich denke, ich sollte besser etwas für dich tun."

"Ach nein!" Er protestierte: „Man kann einen Mann leichter rausholen als zwei. Ich will Jim rausbringen und ich will ihm nicht im Weg stehen. Du weißt, ich bin unschuldig, und alle meine Freunde glauben, dass ich unschuldig bin, und ich" „Ich bin jung und gesund und kann meine Strafe aushalten; bei guter Freizeit werden es weniger als zehn Jahre sein. Meine Bilanz ist perfekt und ich werde gut zurechtkommen. Aber Jim ist ein Leben lang hier."

Es kam mir vor, als würde ich träumen. Ich wusste, dass es eine einfache Sache sein würde, die Freilassung von Larry zu erreichen, der bereits seit sechs Jahren dort war, aber nein, der Junge würde darüber nicht nachdenken, nicht einmal darüber sprechen. Er dachte nur an Jim und war sich der Selbstaufopferung nicht bewusst. Er legte einfach das beiseite, was ihm als geringeres Gut erschien, um sich das Größere zu sichern.

„Haben Sie vor Gericht jemals eine vollständige Aussage gemacht?" Ich fragte.

„Nein. Wir durften in den Prüfungen nur direkte Fragen beantworten. Keiner von uns hatte die Möglichkeit, die klare Geschichte zu erzählen."

„ Also kam bei keinem der Prozesse die klare Geschichte heraus?"

"NEIN."

Da ich es für höchste Zeit hielt, die Fakten eines Falles, in dem zwei Männer eine lebenslange Haftstrafe erlitten hatten, zu ermitteln und irgendwo zu dokumentieren, blieb es mir dann überlassen, Evans zu befragen und zu sehen, wie weit die Aussagen der drei Männer übereinstimmten. jeweils sechs Jahre nach Eintritt des Ereignisses mir privat übergeben.

Tom Evans – ich sehe ihn jetzt deutlich, als wäre es erst gestern gewesen – eine stämmige, stämmige Gestalt mit einem intelligenten Gesicht mit guten Linien und starkem Charakter; ein kraftvoller Mann, der sich von seinen Anfängen als Bremser bis zum Leiter einer Eisenbahn hochgearbeitet hätte, wenn sein Schicksal anders verlaufen wäre.

Ich sagte ihm offen, dass ich im Interesse der beiden anderen darum gebeten hatte, ihn zu sehen, und dass ich zunächst einmal die Fakten des Falles erfahren wollte, denn die Tragödie sei für mich immer noch ein „Fall".

„Und du willst, dass ich die Geschichte erzähle?" Ich spürte von Anfang an die Schwingung verhaltener Emotionen in dem Mann, als er sich das Drama vorstellte, das sich in diesem mitternächtlichen Mondlicht abspielte.

„Ich hatte gerade geheiratet und wir waren auf dem Weg zu mir nach Hause. Die Straßen waren hell wie der Tag. Jim sang und tanzte, als der Polizist ihn festnahm. Ich sah, dass es zu einer Schlägerei kommen würde, und beschloss, weiterzumachen." raus, denn wenn ich mein Temperament loslasse, geht es mir durch. Also trat ich mit meinem Mädchen zurück. Jim rief um Hilfe, aber ich blieb zurück, bis ich wirklich glaubte, Jim könnte getötet werden. Ich konnte nicht daneben stehen und zusehen Ein Freund wurde zu Tode geprügelt, oder das Risiko einzugehen. Und so brach ich in den Kampf ein. Ich schnappte mir die Knüppel des Polizisten und fing an, den Polizisten zu schlagen. Ich bin ein starker Mann und kann einen kräftigen Schlag ausführen."

Hier hielt Evans inne und es herrschte Stille zwischen uns, bis er mit verändertem Ton und Gesichtsausdruck sagte:

„Es war Larry, der dem Polizisten zu Hilfe kam und mir den Schläger wegnahm. Es ist Larry, der draußen sein sollte. Jim hat den Ärger gemacht und ich habe den Polizisten getötet, aber Larry ist völlig unschuldig. Er ist der, den ich will." rausschauen."

Endlich waren wir auf dem Grundgestein angelangt; Es gab jetzt keinen Zweifel mehr an den Tatsachen, zu denen die schwerfällige Maschinerie der Gerichte nicht gelangt war.

Ich versicherte Evans, dass ich gerne für Larry tun würde, was ich konnte, und dann und da schlossen Evans und ich uns zusammen, um „den anderen Jungs" zu helfen. Mir wurde etwas über das damit verbundene Opfer bewusst, als ich Evans fragte, ob er bereit sei, im Beisein des Sachbearbeiters eine eidesstattliche Aussage über die Tatsachen abzugeben , die er mir mitgeteilt hatte. Was für ein Prüfstein der menschlichen Natur! Aber er folgte der Führung der Wahrheit und Gerechtigkeit und es gab kein Zurück.

Wir hatten alle das Gefühl, dass es sich um eine ernste Transaktion im Büro des Direktors handelte, als Evans am nächsten Tag hereinkam und nach einem kurzen, ruhigen Gespräch mit dem Direktor eine Erklärung abgab und unterzeichnete, in der es hieß, dass er, und nur er, die tödlichen Schläge ausführte der Polizist und leistete mit der Hand auf der Bibel einen Eid auf die Wahrheit der Aussage, die dann als Zeugen vom Aufseher und einem Notar unterzeichnet wurde.

Als Evans das Büro verließ, sagte der Direktor zu mir: „Für diesen Mann sollte etwas getan werden, auch wenn die anderen Jungen nicht da sind."

Ich wusste, dass ich mich bei der Sicherstellung dieses Geständnisses verpflichtet hatte, alle notwendigen Schritte zu unternehmen, bevor die Gefängnistüren für Maguire und Larry geöffnet werden konnten. Und in meinem Herzen hatte ich mir bereits vorgenommen, mich mit dem Mann anzufreunden, der mit unerschütterlichem Mut seine eigenen Chancen auf Befreiung zugunsten der anderen aufs Spiel gesetzt hatte; denn ich fing nun an, Evans als die zentrale Figur der Tragödie zu betrachten.

Es ist keine kurze oder einfache Angelegenheit, die Freilassung eines Mannes zu erreichen, der vom Gericht wegen Mordes verurteilt und zu lebenslanger Haft verurteilt wurde, es sei denn, man verfügt über politischen Einfluss, der stark genug ist, um alle Hindernisse zu überwinden. Die zu erwartenden Verzögerungen und die Ausarbeitung der Details sind nahezu endlos, bevor man alle Fäden in der Hand hat, die nötig sind, um in den Stoff eines Gnadengesuchs der Exekutive eingewoben zu werden.

Um direkt mit den Familien von Larry und Maguire und dem kompetenten Anwalt in Kontakt zu treten, der bereits in ihre Dienste aufgenommen wurde und nun im Besitz der Aussage von Evans ist, fuhr ich in die Stadt, in der das Verbrechen begangen wurde. Das traurigste Gesicht, das ich im Zusammenhang mit dieser Affäre gesehen hatte, war das von Maguires verwitweter Mutter. Sie war so eine kleine Frau, deren Geist durch die Armut und das Schicksal ihres Sohnes zu erdrückt und gebrochen war, um selbst bei der Hoffnung auf seine Freilassung wieder aufzuleben. Es war nur der Hauch eines Lächelns, mit dem sie mich begrüßte; Aber als wir uns trennten, rief ihre Dankbarkeit den Segen aller Heiligen im Kalender herbei, die mir alle meine Tage folgen sollten.

Ich fand, dass Larrys Leute im Großen und Ganzen von der gleichen Art waren wie er, fröhlich, großzügig, mutig, ihren Teil des Unglücks, das ihm zugestoßen war, auf sich zu nehmen, offenbar den Schatz seiner Unschuld mehr schätzten, als sich über die Ungerechtigkeit ärgerten, aber überaus dankbar für jede Hilfe auf dem Weg zu seiner Befreiung . Der Anwalt, der Larry und Maguire im Gefängnis interviewt hatte, zeigte sich erstaunt über die „unglaubliche Selbstlosigkeit" von Larry, wie er es nannte. „Ich hätte nicht gedacht, dass es möglich wäre, diesen Geist irgendwo zu finden, zuletzt in einem Gefängnis", sagte er. Larry hatte der Aufnahme in die für Maguire verfasste Petition nur zugestimmt, als er davon überzeugt war, dass dies Maguires Chancen nicht beeinträchtigen würde.

Ort verließ, schienen die Leitungen für den reibungslosen Ablauf unserer Pläne gut gelegt zu sein. Ich kann mich jetzt nicht erinnern, was die Einreichung des Antrags auf Umwandlung beider Strafen in zwölf [11] Jahre verhindert hat; Doch es verging mehr als ein Jahr, bis der richtige Zeitpunkt gekommen zu sein schien.

Während dieser Zeit verfolgte Evans keineswegs immer uneigennützige Pläne zum Wohle der anderen. Die Last seines eigenen Schicksals lastete schwer auf ihm und niemand im Gefängnis dürstete mehr nach Freiheit als er. In Büchern aus der Gefängnisbibliothek fand er etwas Abwechslung, und als er der Belletristik überdrüssig wurde, wandte er sich der Philosophie zu und versuchte, deren Argumentation auf sein eigenes Schicksal anzuwenden; Auch hier suchte er in den Dichtern einen Ausdruck und eine Interpretation seiner eigenen Gefühle. Am meisten Freude bereiteten ihm die immer willkommenen Briefe, aber es fiel ihm schwer, Antworten zu verfassen, die für ihn zufriedenstellend waren. In einem Brief, der mir jetzt vorliegt, sagt er:

„Ich wünschte nur, dass ich so schreiben könnte, wie ich mich fühle, dann würdest du tatsächlich ein Juwel erhalten; aber ich kann nicht, mehr ist schade. Aber ich kann deine Briefe lesen und wertschätzen, und wenn ich es wage, würde ich dich bitten, öfter zu schreiben . " . Stellen Sie sich vor, mir kommt der Gedanke, dass ich an einen *Autor* schreibe , an mich, der nie ein bisschen buchstabieren konnte. Aber der Autor ist meine Freundin, nicht wahr, und wird über diesen Fehler hinwegsehen. Ich habe mein Bestes gegeben Ich möchte einen schönen Brief schreiben und hoffe, dass er Ihnen gefallen wird, aber um es mit den Worten von Byron zu sagen:

„„Was Schrift ist, ist Schrift:

Wäre es würdiger ? Aber das bin ich jetzt nicht

Das, was ich war, und meine Visionen huschen

Weniger spürbar vor mir und das Leuchten

Was in meinem Geist wohnte, flatterte schwach und leise.

„Mit der letzten Zeile Ihres Briefes schließe ich: ‚Schreiben Sie bald, nicht wahr?‘"

Evans' Briefe an mich waren selten, da er mit seinen Anwälten korrespondierte, die ihn in der Hoffnung bestärkten, dass er nicht sein ganzes Leben hinter Gittern verbringen würde. Auch andere beanspruchten seine Briefe. Er schreibt mir:

„Ich habe eine arme alte Mutter, die meine Weihnachtsbriefe erwartet und immer bekommt, aber ich habe beschlossen, dass du meinen ersten Neujahrsbrief haben sollst, also hier ist er, ich wünsche dir ein frohes neues Jahr und viele davon. Zweifellos hattest du viele Weihnachtsbriefe von hier erzählen Ihnen von der Zeit, die wir hatten, und wie *schön* es war. Es ist heute furchtbar dunkel hier in den Zellen und ich kann kaum die Zeilen sehen, auf die ich schreiben kann. Ich hoffe, Sie haben nicht so viel Schwierigkeiten, es zu lesen. Die Handschrift in Evans' Briefen ist kraftvoll, klar und offen; eine geradlinige, männliche Hand, ohne Schnörkel und Schnörkel.

Gerade als ich zu einem meiner halbjährlichen Besuche im Gefängnis das Haus verließ, erhielt ich von ihrem Anwalt die Information, dass die Petition für Maguire und Larry im folgenden Monat dem Gouverneur vorgelegt werden würde. Hocherfreut über die gute Nachricht, die ich überbrachte, bat ich zunächst um ein Interview mit Evans. Er kam herein, offensichtlich in sehr guter Stimmung, aber als ich mit Begeisterung erzählte, was wir erreicht hatten, spürte ich, wie Evans zunehmend reagierte und sah, wie das Licht aus seinem Gesicht verblasste.

„O Miss Taylor", sagte er schließlich mit einem solchen Schmerz in der Stimme, „Sie wissen, dass meine Anwälte die ganze Zeit für mich gearbeitet haben. Natürlich habe ich ihnen von der Aussage erzählt, die ich im Büro des Direktors gemacht habe : und dann den Fall in ihren Händen gelassen. Einer von ihnen war gestern hier und hat jetzt eine Petition parat, in der er verlangt, dass meine Haftstrafe auf fünfzehn Jahre verkürzt wird. Wenn nun die andere Petition zuerst eingereicht wird –"

Es war nicht nötig, den Satz zu beenden, da der Interessenkonflikt klar war; und Evans war sichtlich entnervt. Wir haben lange miteinander geredet. Obwohl ich nicht bereit war, seine Entscheidung zu beeinflussen, wurde mir klar, dass der Wert dieses für die anderen so wichtigen Geständnisses beeinträchtigt und die Chancen auf Maguires Freilassung geringer werden würden, wenn seine Petition zuerst geprüft und bewilligt würde; denn die Gouverneure sind vorsichtig, wenn sie das Geständnis eines Mannes als Beweismittel akzeptieren, der nichts zu verlieren hat. Andererseits brachte ich es nicht übers Herz, die Hoffnungen auszulöschen, die Evans‘ Anwälte geweckt hatten. Und als Antwort auf seine Frage: „Was soll ich tun?" Ich konnte nur sagen: „Das müssen Sie entscheiden."


Schließlich riss sich Evans so weit zusammen, dass er sagte: „Nun, ich werde die Jungs jetzt nicht rächen. Mir war nicht klar, wie sich die Bemühungen meiner Anwälte auf sie auswirken würden. Ich werde die Sache dabei belassen." deine Hände, denn ich weiß, dass du tun wirst, was recht ist." Und darauf bestand er.

„Was auch immer mir jetzt am besten erscheint, Tom, danach werde ich nie ruhen, bis ich auch dich aus dem Gefängnis sehe", war meine ernsthafte Versicherung.

Unter diesen Männern herrschte ein solcher Fairplay-Geist, dass ich den Fall als nächstes Maguire und Larry vorlegte und wir drei uns über die beste Vorgehensweise berieten. Auch sie schätzten die Großzügigkeit von Evans und erkannten viel mehr als ich, was ihn das kosten könnte. Zweifellos spürte jeder der drei die starke Anziehungskraft des Eigennutzes; Aber ihre einstimmige Entscheidung für einen rundum fairen Deal ließ nicht nach. Eines war klar: die Notwendigkeit, eine Verständigung und ein gemeinsames Vorgehen zwischen den Anwälten herbeizuführen, deren gegenwärtige Absichten so ernsthaft im Widerspruch standen. Der Rat und die moralische Unterstützung des Direktors waren für mich von unschätzbarem Wert, und er und ich hatten beide das Gefühl, wenn die Anwälte dazu gebracht werden könnten, sich im Gefängnis zu treffen und sich nicht nur untereinander, sondern auch mit ihren drei Mandanten zu beraten, wenn sie nur kommen könnten in direktem Kontakt mit diesen Sträflingen und erkannte, dass es sich um Männer handelte, die das Richtige und Gerechte tun wollten, dass eine Petition eingereicht werden könnte, die Evans und Maguire auf die gleiche Stufe stellt und die gleiche Reduzierung der Strafe für beide fordert; während Larry in der Justiz Anspruch auf eine vollständige Begnadigung hatte. Ich glaube immer noch, dass beiden Petitionen stattgegeben worden wäre, wenn dieser Weg eingeschlagen worden wäre. Aber Anwälte im Allgemeinen scheinen eine verfassungsmäßige Abneigung gegen Abkürzungen und einfache Maßnahmen zu haben, und Evans' Anwälte reagierten nicht auf etwaige Kooperationsangebote.

Ungefähr zu dieser Zeit kam es zu einem Wechsel in der Staatsverwaltung, was zu einer unvermeidlichen Verzögerung bei der Prüfung von Gnadengesuchen der Exekutive führte. da es für den neu gewählten Gouverneur als unhöflich galt, seine Karriere mit einer übereilten Einmischung in die Entscheidung der Gerichte oder einer zu nachsichtigen Haltung gegenüber Verurteilten zu beginnen.

Dann folgte eine Phase der Ungewissheit, die das Herz und die Nerven des langjährigen Sträflings zu zersetzen schien. Der Geist schwankt zwischen dem Fieber der Hoffnung und der Kälte der Verzweiflung. Dann beten Männer, die noch nie zuvor gebetet haben. Die Tage ziehen sich hin wie nie zuvor; und wenn der Abend kommt, kann sich der Geist nicht mit Büchern beschäftigen, während sich auf der gedruckten Seite immer die gleichen Fragen schreiben: „Soll ich morgen hören?" „Wird der Gouverneur meiner Petition stattgeben oder sie ablehnen?" Man klappt das Buch zu, nur um in die unruhige und ermüdende Nacht einzutreten, die tote Luft der Gefängniszelle einzuatmen und den Schritten des Wärters im Korridor zu lauschen. Kein Wunder, wenn Evans in diesen Mitternachtsstunden den Tag verfluchen würde, an dem er erklärte, er allein habe den Polizisten getötet; aber weder in seinen Briefen an mich noch in seinem Gespräch gab es jemals einen Hinweis auf Bedauern über diese Tat. Der katholische Gefängniskaplan war wirklich ein guter Hirte und Tröster für seine Herde, und er gab den Männern echte spirituelle Hilfe und Unterstützung. Sein Rat im Beichtstuhl könnte der Keim gewesen sein, aus dem Evans Entschluss entstand, sein eigenes Gewissen zu reinigen und die anderen zu entlasten, als sich die Gelegenheit dazu bot.

Maguire schwankte nie in seiner Zuversicht, dass die Freiheit auf dem Weg sei, aber er war von Ungeduld erfüllt; Einzig Larry, der nie nach Erlösung suchte, wartete in gelassener Fröhlichkeit seinen Moment ab.

Und die Kräfte, die Larrys Opfer akzeptierten; Die Verzögerung im Amt des Gouverneurs dauerte so lange, dass Maguire an dem Tag freigelassen wurde, an dem Larrys Haftstrafe ablief. Für Jim Maguire und Larry Flannigan sah die Welt sehr strahlend aus, als sie gemeinsam aus den Gefängnistüren in die Freiheit gingen. Maguire nahm das Leben in seiner alten Umgebung wieder auf, allerdings nicht sehr erfolgreich, glaube ich. Aber Larry startete einen Neuanfang in einer fernen Stadt, ungehindert durch die Tatsache, dass er ein ehemaliger Sträfling war.

Zu diesem Zeitpunkt begann Evans von der tödlichen Plage des Gefängnislebens überwältigt zu werden, und die lange Nervenanstrengung schwächte seine Gesundheit. Er hat mir geschrieben:

„Ich arbeite immer noch in meinem alten Job, und ich kann mit der Wahrheit sagen, dass meine Abneigung dagegen von Tag zu Tag zunimmt. Ich habe es satt, in den letzten zwei Jahren Anwälte anzuschreiben, und es hat nichts gebracht. Ich werde mich gerne umdrehen." Überlassen Sie den Fall Ihnen, wenn Sie damit etwas anfangen können.

Die Veranstaltung bewies, dass diese Anwälte an ihrem Fall interessiert waren, politisch jedoch in Opposition zum Gouverneur standen und keinen Einfluss hatten; Es gelang mir auch nicht, die Sache besser zu klären.

Ich fand Evans immer lebhaft und interessiert an allem, worüber wir sprachen, bis zu einem Interview, als er etwa dreizehn Jahre im Gefängnis war, die ganze Zeit über als Vertragsarbeiter im Gefängnis. Die Veränderung seines Aussehens war deutlich zu erkennen, als er den Raum betrat. Er setzte sich lustlos hin, und mein Mut sank, denn ich kannte die dumpfe Apathie, der die langjährigen Männer erliegen, nur zu gut. Da ich nun wusste, mit welcher freudigen Vorfreude er zuvor auf unsere Unterredungen geblickt hatte, war ich entschlossen, dass diese Stunde nicht vergehen sollte, ohne eine angenehme Erinnerung zu hinterlassen; Aber es dauerte zwanzig Minuten oder länger, bis sich die Wolke in seinen Augen lichtete und das Lächeln erschien, mit dem er mich immer begrüßt hatte. Sein ganzes Benehmen änderte sich, als er sagte: „Nun, Miss Taylor, ich wache gerade auf und beginne zu begreifen, dass Sie hier sind. Mein Geist wird so abgestumpft, dass nichts mehr einen Eindruck zu machen scheint . " Für den Rest der Zeit war er ganz lebhaft und saugte eifrig die Freude einer mitfühlenden Kameradschaft auf . – Welche größere Freude gibt das Leben?

Aber ich hatte Alarm geschlagen, denn offensichtlich war der Mann zusammengebrochen, und ich drängte den Aufseher, ihm einen anderen Arbeitsplatz zu geben. Der Direktor sagte, er habe versucht, das zu arrangieren; Aber Evans war Vertragsarbeiter, einer der besten Männer in der Branche, und die Bauunternehmer waren nicht bereit, einen so profitablen Arbeiter aufzugeben – die Übel des Vertragssystems haben viel zu verantworten. Also arbeitete Evans weiter an dem Vertrag, und die Gefängniskrise schritt fort und die Lebenskraft des Mannes wurde immer mehr erschöpft. Als der nächste Winter kam und *la grippe* in das Gefängnis einfiel, war die Widerstandskraft von Evans geschwächt; und als er von der Krankheit befallen wurde, wurde er zur Genesung ins Gefängniskrankenhaus verbannt. Er erholte sich nicht; im Gegenteil zeigten sich verschiedene Symptome einer allgemeinen körperlichen Verschlechterung und es war offensichtlich, dass seine Arbeitstage aufgrund des Gefängnisvertrags vorbei waren.

Nun wurde ein erneuter Versuch unternommen, die Freilassung von Evans zu erwirken, da sein angeschlagener Gesundheitszustand einen Grund für die Dringlichkeit sofortiger Maßnahmen seitens des Gouverneurs darstellte, und dieser letzte Versuch war erfolgreich. Evans erhielt die gute Nachricht, dass er in einem Monat ein freier Mann sein würde, und ich war kurz nach der Bewilligung der Petition im Gefängnis. Ich wusste, dass Evans im Krankenhaus war, wurde aber erst über seinen kritischen Zustand informiert, als mir der Krankenhausarzt mitteilte, dass sich schwere Herzbeschwerden entwickelt hätten, die durch die Aufregung über die sichere Entlassung noch verstärkt wurden.


Bei meinem letzten Besuch bei Evans, der angezogen und aufrecht saß, als ich hineinging, um ihn zu sehen, war kein Schatten des Todes zu sehen oder zu spüren. Noch nie habe ich jemanden so glücklich gesehen wie Evans an diesem Morgen. Sein Herz war voller Freude und Dankbarkeit, sein Gesicht strahlte vor Freude. Die ganze alte Lebhaftigkeit erwachte wieder zum Leben, und die Stimme war nicht mehr leblos, sondern gefärbt und warm vor Gefühl.

„Ich möchte allen danken", sagte er, „dem Gouverneur, meinen Anwälten, dem Aufseher und Ihnen. Alle waren in den letzten Wochen so gut zu mir. Und ich werde am nächsten Sonntag zu Hause sein. Meine Schwester kommt zum Abholen." Ich komme zu ihr nach Hause, und sie und meine Mutter werden sich um mich kümmern, bis ich arbeiten kann. Schwester schreibt mir, dass Mutter nicht still sitzen kann, sondern in ihrer Ungeduld, mich zu sehen, im Zimmer auf und ab geht.

Wir zwei Freunde, die im Dunkeln seines Schicksals die Hände gefaltet hatten, waren jetzt zusammen, als der Morgen seiner Freiheit anbrach, und keiner von uns wusste, dass es sich um die größere Freiheit des unsichtbaren Lebens handeln würde.

Für uns beide war diese Stunde jedoch der schöne Höhepunkt unserer jahrelangen Freundschaft. Ich las das Herz des Mannes, als wäre es ein

offenes Buch, in dem nur Wohlwollen gegenüber der ganzen Welt verborgen
wäre.

Etwas veranlasste mich, mit ihm zu sprechen, wie ich noch nie mit einem
meiner Gefangenen gesprochen hatte, um ihm meine Wertschätzung für
seinen Mut, seine Selbstlosigkeit und seine Treue spüren zu lassen. Ich sagte
ihm, dass mir klar geworden sei, wie er die Qualitäten des heldenhaftesten
Soldaten *ausgelebt habe*. Sein Leben für sein Land zu geben, wenn die Luft
vom Geist des Patriotismus erfüllt ist, ist eine schöne Sache und verdient den
Schauer der Bewunderung, den es immer hervorruft. Aber die Freiheit ist
teurer als das Leben, und die Gefängnisatmosphäre inspiriert wenig zu
ritterlichen Taten. Dieser Mann hatte sich über sich selbst hinaus in die
höhere Region des moralischen Sieges erhoben. Und so sagte ich, was mir
am Herzen lag, während etwas, das tiefer als Glück war, in Evans' Gesicht
erschien.

Und dann verabschiedeten wir uns und lächelten einander in die Augen. Ich
glaube, das geschah am vorletzten Tag in Evans' Leben .

Später wurde im Gefängnis erzählt, dass Evans vor Freude über die Aussicht
auf Freilassung gestorben sei. Dass er in dieser Flut des Glücks in das neue
Leben getragen wurde, schien mir ein Geschenk des Himmels zu sein. Denn
im Gedanken des Gefangenen umfasst die Freiheit alles, was das Leben zu
wünschen übrig lässt. Die Freude über diese Vorfreude hatte Evans blind
gemacht für die Tatsache, dass seine Gesundheit irreparabel ruiniert war. Ihm
blieb die Erkenntnis erspart, dass das Leben in Freiheit, das seiner
Vorstellung so gerecht wurde, niemals wirklich sein sein könnte; denn das
Gefängnis der Krankheit hat Riegel und Riegel, die keine menschliche Hand
entfernen kann.

Aber diese Mutter! Hätte sie nur noch einmal das Licht seiner Liebe zu ihr in
den Augen ihres Sohnes lesen können! Aber die Sorgen des Lebens treffen
die Gerechten und die Ungerechten gleichermaßen.

### FUSSNOTE:

[11] Die angemessene Zeitdauer einer zwölfjährigen Haftstrafe reduziert
diese auf sieben Jahre und drei Monate.

# KAPITEL XI

Die psychologische Seite des Sträflingslebens ist äußerst interessant, aber bei der Untersuchung von Gehirnprozessen, die angeblich mechanisch ablaufen, werden die eigenen Theorien und logischen Schlussfolgerungen wahrscheinlich durch einen Faktor vereitelt, der sich in keiner Reihe von Theorien nutzen lässt; nämlich das, *was wir Gewissen nennen* . Wir vergessen, dass der Verbrecher nur ein Mensch ist, der ein Verbrechen begangen hat, und dass hinter dem Verbrechen die gleiche menschliche Natur steckt, die uns allen gemeinsam ist.

In den ersten Jahren, in denen ich mit dem Leben im Gefängnis in Berührung kam, hatte ich nur gelegentlich einen Hauch von Reue für begangene Verbrechen. Die Gedanken der meisten Sträflinge schienen sich mehr auf die „mildernden Umstände" als auf die Straftat zu konzentrieren, und die Strapazen des Gefängnislebens waren in ihren Gedanken fast immer präsent. Ich war schon fast dazu gekommen, die Reue, die in der Literatur und im Drama dargestellt wird, für etwas Unwirkliches zu halten, als ich Ellis Shannon kennenlernte und sie fand: ein Monster, das das menschliche Herz packte und es wie in einem Schraubstock festhielt. Nemesis hat nie ein Werk der Vergeltung vollständiger vollendet als im Leben von Ellis Shannon.

Shannon wurde in einer Stadt im Osten geboren, war ein Junge mit überdurchschnittlichen Fähigkeiten, und es schien keinen Grund zu geben, warum er einen Fehler hätte machen sollen; Doch schon früh verlor er seinen Vater, seine Mutter schaffte es nicht, ihn zu kontrollieren, und als er etwa sechzehn Jahre alt war, geriet er in schlechte Gesellschaft und begann bald seine kriminelle Karriere. Er brach jegliche Verbindung zu seiner Familie ab, ging in den Westen und war zehn Jahre lang erfolgreich in seinem Geschäft – dem regelmäßigen Einbruch. Er war unter Männern seiner Berufung weithin als „der Grieche" bekannt und sein „beruflicher Ruf" war von höchstem Niveau. Das erste Mal, dass ich von ihm hörte, war von einem meiner anderen Gefängnisfreunde, der mir schrieb: „Wenn Sie mehr über das Leben im Gefängnis wissen wollen, schreiben Sie an Ellis Shannon, der jetzt dort ist. Sie können sich absolut auf das verlassen, was er tut." sagt – und wenn ein Fachmann das von einem anderen sagt, weiß man, dass es etwas bedeutet." Ich habe diese Einleitung jedoch nicht genutzt.

Shannons Ruf als kühler Nerv war unbestritten, und es hieß, er wisse nicht, was Angst sei. Um einen klaren Kopf und eine ruhige Hand zu bewahren, verzichtete er auf Ausschweifungen; Er war stolz darauf, niemals das Leben derer zu gefährden, deren Häuser er betrat, und verachtete die Stümper, die ihr Geschäft nicht gut genug kannten, um persönliche Begegnungen bei ihren mitternächtlichen Überfällen zu vermeiden. Im Gegensatz zu den meisten Männern seiner Branche benutzte er beim Betreten eines Gebäudes immer eine Kerze, und seine Mitarbeiter sagten ihm oft, dass diese Kerze ihn irgendwann in Schwierigkeiten bringen würde.

Eines Nachts wurde das Haus eines prominenten und beliebten Bürgers betreten. Während der Einbrecher seiner schändlichen Arbeit nachging, packte ihn der Bürger plötzlich an den Schultern und zog ihn zurück. Dem Einbrecher gelang es, rückwärts über seinen eigenen Kopf hinweg zu schießen , der Griff des Bürgers wurde gelockert und der Einbrecher floh. Der Schuss erwies sich als tödlich; Die einzige Spur, die der Angreifer hinterließ, war eine auf den Boden geworfene Kerze.

Für die Gefangennahme und Verurteilung des Mörders wurde eine Belohnung ausgesetzt. Indizienbeweise im Zusammenhang mit der Kerze führten zur Verhaftung von George Brett, einem jungen Mann aus derselben Stadt, der nicht zur kriminellen Klasse gehörte. Das Urteil in dem Fall drehte sich um die Identifizierung des im Haus gefundenen Kerzenstücks mit einem, das der Angeklagte am Vortag beschafft hatte; und nach Ansicht des Gerichts wurde diese Identifizierung nachgewiesen. Brett gab zu, an diesem Nachmittag ein Stück Kerze von diesem Lebensmittelhändler erhalten zu haben, behauptete jedoch, er habe es in einer Kürbislaterne verwendet, die für ein Kind in der Familie angefertigt wurde. [12] Die Beweise reichten nicht aus, um den Mann des tatsächlichen Verbrechens zu verurteilen, aber dieser Beweis wurde zusammen mit einigen anderen, weniger direkten Beweisen als hinreichend belastend erachtet, um eine Gefängnisstrafe für Brett für mehrere Jahre zu rechtfertigen – siebzehn, glaube ich; und obwohl der Verurteilte immer seine Unschuld beteuerte, wurde seine Schuld als selbstverständlich angesehen, während sechs Jahre vergingen.

Ellis Shannon war inzwischen in einem anderen Bundesstaat wegen Einbruchs verhaftet worden und hatte eine Strafe in einem anderen Gefängnis verbüßt. Er schien die Nerven verloren zu haben und das Glück hatte sich gegen ihn gewendet. Nach seiner Freilassung führte ein weiterer Einbruch zu einer zehnjährigen Haftstrafe, diesmal in demselben Gefängnis, in dem Brett die Strafe für das Verbrechen bezahlte, bei dem die Kerze eine so wichtige Rolle gespielt hatte.

Die beiden Sträflinge hatten zufällig Zellen im selben Teil des Gefängnisses, und zum ersten Mal stand Ellis Shannon George Brett gegenüber. Ein paar Tage später bat Shannon um ein Interview mit dem Direktor. Im Büro des Direktors verkündete er, dass er der Mann sei, der sich des Verbrechens schuldig gemacht habe, für das Brett gelitten habe, und dass Brett daran nicht beteiligt gewesen sei. Er zeichnete eine Skizze des eingebrochenen Hauses – nicht ganz korrekt –, gab einen kurzen Bericht über die ganze Angelegenheit und erklärte seine Bereitschaft, vor Gericht zu gehen, sich des Mordes schuldig zu bekennen und das Urteil zu akzeptieren, sogar bis zur Todesstrafe. Aufgrund dieses Geständnisses wurden umgehend Maßnahmen ergriffen. Shannon wurde vor Gericht gestellt und allein aufgrund seines Geständnisses zu lebenslanger Haft verurteilt.

Brett war überglücklich über diese Rechtfertigung und die Erwartung einer sofortigen Freilassung. Aber nein; Die anklagenden Parteien waren von Shannons Geständnis nicht überzeugt, wodurch ihrer Meinung nach die Beweise gegen Brett nicht entkräftet waren.

Es war ein merkwürdiger und vielleicht nie dagewesener Sachverhalt, dass die unbestätigte Aussage eines Mannes zwar als ausreichend angesehen wurde, um die Verhängung einer lebenslangen Haftstrafe zu rechtfertigen, diese Aussage jedoch keinerlei Auswirkungen auf das Schicksal des anderen beteiligten Mannes hatte. Und es gab nie eine Spur einer Absprache zwischen den beiden Männern, weder zum Tatzeitpunkt noch danach.


Shannons Geschichte des Verbrechens werde ich in seiner eigenen knappen Sprache wiedergeben, zitiert aus seinem in den Zeitungen veröffentlichten Geständnis:

„Bis zu dem Zeitpunkt, als ich Herrn … tötete, hatte ich noch nie jemanden verletzt. Ich hatte kaum Rücksicht auf Eigentumsrechte, aber einen Mann nachts in seinem eigenen Haus zu erschießen, war ein Höhepunkt der Schurkerei, mit dem ich nicht gerechnet hatte." Ein professioneller Dieb ist kein so blutrünstiger Kerl, wie man von ihm glaubt … Ich stelle keine Verteidigung für das Verbrechen des Mordes oder Einbruchs – es ist alles schrecklich genug. Es war eine erbärmliche Kombination von Umständen Das verursachte die Schießerei in dieser Nacht. Mir ging es nicht gut und ich ging ins Haus mit meinem Mantel – etwas, was ich noch nie zuvor getan hatte. Er war bis zum Hals zugeknöpft. Ich hatte kurz zuvor Herrn – und ihn angeschaut schlief. Ich hatte mich dann umgedreht und ihm die Kleider ausgezogen. Ich hatte eine Kerze in der einen Hand und die Kleider in der anderen. Ich wäre in einer Sekunde gegangen, als plötzlich, bevor ich mich umdrehen konnte, Herr … sprach. So schnell wie das Wort, warf er seine Arme um mich, die Kerze ging aus und wir standen im Dunkeln.

„Jetzt konnte ich mich hinterher kaum noch daran erinnern, wie das alles passierte. Ich hatte keine Zeit zum Nachdenken. Ich war hilflos wie ein Baby in der Position, in der ich gehalten wurde. In einem Kampf wie diesem gibt es keine Zeit zum Nachdenken. Er hielt mich." und ich kämpfte darum, wegzukommen. Ich sagte ihm mehrmals, er solle loslassen, sonst würde ich schießen. Ich war fast verrückt vor Aufregung und es war einfach der tierische Selbsterhaltungstrieb, der mich dazu brachte, die Schüsse abzufeuern.

„Ich war so schwach, als ich nach draußen kam, dass ich beim Laufen zwei- oder dreimal hingefallen bin. In dieser Nacht in Chicago hoffte ich, dass der Mann nur verwundet war, und in diesem Fall hatte ich beschlossen, das Geschäft aufzugeben. Als ich das las Als ich am nächsten Morgen einen Bericht in der Zeitung veröffentlichte, kann ich nur sagen, dass ich, obwohl ich in der Stadt und absolut sicher war und die Chance, entdeckt zu werden, genauso gering war wie auf einem anderen Planeten, mein Risiko eingegangen wäre – wäre es so gewesen fünf oder zwanzig Jahre für den Einbruch – wenn es nur in meiner Macht stünde, die Sache noch einmal zu machen. Es war mir egal, was ich danach tat. Ich dachte, ich könnte nicht schlimmer sein, als ich war.

„Nach ein paar Monaten wurde ich verhaftet und bekam fünf Jahre Haft wegen eines Einbruchs in …. Ich las, was ich über den Prozess konnte, anhand aller Papiere, die ich bekommen konnte, und zum ersten Mal sah ich, was für ein tödliches Netz die Umstände und die Einbildung waren Menschliche Klugheit kann einen unschuldigen Mann umgeben.

„Der Prozess ging weiter. Ich öffnete meinen Mund nicht. Ich wusste, dass ich mit Sicherheit gehängt werden würde, wenn ich auch nur ein Wort sagen und frisch aus der Haft vor Gericht gehen würde, und ich war noch nicht an einem Punkt angelangt, an dem ich bereit wäre, mein Leben zu opfern." für einen Fremden.

„In dem fieberhaften Leben, das ich in der kurzen Zeit nach meiner Entlassung aus dem Gefängnis führte, vergaß ich das alles, bis ich zehn Jahre lang hier war und dann dachte: Da ist ein Mann in diesem Gefängnis, der harte Arbeit verrichtet, grobe Nahrung zu sich nimmt und denen alles entzogen ist alles, was das Leben lebenswert macht, und das Leiden für ein Verbrechen, von dem er so wenig weiß wie der Staub, der noch entsteht, um diese elenden Zellen zu füllen. Ich dachte, was für eine Hölle dieser Ort für ihn sein muss.

„Niemand hat mir dieses Geständnis entlockt. Ich möchte niemanden außer mir selbst belasten. Wenn Sie nicht glauben, was ich jetzt sage, und – im Gefängnis bleiben, wird die Wahrheit wahrscheinlich nie ans Licht kommen. Aber wenn In Zukunft wird der Mann, der in dieser Nacht bei mir war, an die Front kommen, egal ob ich lebe oder tot bin, Sie werden feststellen, dass das, was ich Ihnen gesagt habe, so wahr ist wie das Gesetz der Schwerkraft. Ich war nie in der Stadt – – vor dieser Zeit oder danach. Ich wusste nicht, wen ich getötet hatte, bis ich davon las. Ich kenne weder – (Brett) noch einen seiner Freunde. Aber ich weiß, dass er an dem Verbrechen, das er begeht, vollkommen unschuldig ist im Gefängnis. Ich weiß es besser als jeder andere auf der Welt, weil ich das Verbrechen selbst begangen habe.

Die Position von Brett wurde durch dieses Geständnis nicht im Geringsten beeinträchtigt, obwohl seine Familie alles in ihrer Macht Stehende tat, um seine Freilassung zu erreichen. Der Fall galt als die schwierigste Lösung. Die Theorie der Täuschung von Shannons Seite wurde vorgebracht und von denjenigen akzeptiert, die Brett für schuldig hielten, fand jedoch bei den Sträflingen, die Shannon und den mit ihm verbundenen Einbrecher zum Zeitpunkt der Begehung des Verbrechens kannten, keinen Glauben.

Ich hatte noch nie zuvor die Bekanntschaft eines „bekannten Verbrechers" gesucht, aber dieser Fall interessierte mich und ich bat um einen Besuch bei Shannon. Zum ersten Mal fühlte ich mich in einem Interview mit einem Sträfling benachteiligt. Eine Art Zurückhaltung schien die Atmosphäre seiner Persönlichkeit zu prägen, und obwohl er neben mir saß, hatte er das Gesicht abgewandt und den Blick gesenkt; Das Gesicht schien in Marmor gemeißelt zu sein, es war so blass und kalt, mit klaren, regelmäßigen Gesichtszügen, was darauf hindeutete, dass seine Bezeichnung „Der Grieche" auf einzigartige Weise passend war.


Ich eröffnete das Gespräch mit einem Hinweis auf die Zeitungsberichte; Shannon hörte höflich zu, aber mit abgewandtem Gesicht und gesenktem Blick, und ging dann mit leiser, ruhiger Stimme, aber mit einer gewissen Schärfe auf das Motiv ein, das zu seinem Geständnis führte, und offenbarte mir auch seinen eigenen Standpunkt zur Situation. Sechs Jahre seien seit der Begehung des Verbrechens vergangen, und die ganze Zeit habe er geglaubt, dass Brett freigesprochen würde, wenn er sich zu einem Geständnis durchringen könne – dass der Mord in diesen sechs Jahren der Vergangenheit angehören sei , in seinem Geist teilweise abgeschwächt, aus Gründen der Selbstverteidigung ; Aber als er sich mit Brett im selben Gefängnis befand, war dies das Ergebnis seines Verbrechens, seines Lebens und seines Leidens. und in den Tiefen von Shannons eigenem Gewissen flehte er um Rechtfertigung und Freiheit. Als Bürde für seine eigene Seele hätte der Mord zwischen ihm und seinem Schöpfer im Stillen ertragen werden können, aber als lebendiger Fluch für einen anderen verlangte er ein Geständnis. Und der Wunsch, dieses Unrecht wiedergutzumachen, durchströmte sein Wesen mit überwältigender Kraft.

„Ich hatte immer geglaubt", sagte er, „dass die ‚zu Boden getretene Wahrheit' wieder auferstehen würde, und ich war bereit, mein Leben für die Wahrheit zu geben; aber ich lernte, dass das Wort eines Sträflings nichts bedeutet – die Wahrheit eines Sträflings zählt." für nichts."

Der Mann hatte sich kaum bewegt, als er mir das alles erzählte, und er saß wie eine Statue der Verzweiflung da, als er wieder ins Schweigen verfiel – immer noch mit gesenktem Blick; Ich war absolut überzeugt von der Wahrheit dessen, was er mir erzählt hatte, von der zentralen Wahrheit der ganzen Angelegenheit, seiner Schuld und seinem Bewusstsein von der Unschuld des anderen Mannes. Dass seine Eindrücke zu einigen Einzelheiten des Falles möglicherweise nicht mit den bekannten Tatsachen übereinstimmten, war zweitrangig; Für mich waren die *internen Beweise* überzeugend. Gibt es in der Bibel nicht etwas, das besagt, dass „der Geist für den Geist Zeugnis ablegt "? Auf jeden Fall *weiß es manchmal eine Frau* .

Ich sagte Shannon, dass ich an seine Wahrheit glaube, und bot ihm an, ihm Zeitschriften und Briefe zu schicken, wenn er dies wünschte. Dann warf er mir einen prüfenden Blick zu, mit Augen, die es gewohnt waren, Menschen zu lesen, dankte mir und fügte beim Abschied hinzu: „Wenn es mehr Menschen wie Sie auf dieser Welt gäbe, gäbe es nicht so viele wie mich."

Mein Glaube an die Wahrheit von Shannons Aussage war rein intuitiv, aber um es auch meinem Verständnis klar zu machen, studierte ich jeden Einwand gegen die Annahme seitens derjenigen, die glaubten, Shannon sei das Opfer einer Wahnvorstellung. An seiner Aufrichtigkeit zweifelte niemand. Es wurde behauptet, dass Shannon vor seiner Ankunft im Gefängnis, in dem Brett sich befand, kein Interesse an dem Fall gezeigt hatte. Auf dem Weg zu diesem Gefängnis hatte Shannon bei dem Versuch, dem Sheriff zu entkommen, einen Schlag auf den Hinterkopf abbekommen, von dem man annahm, dass er seinen Geist beeinträchtigt haben könnte. Zu meinen Sträflingsbekannten gehörte ein Mann, der zum Zeitpunkt von Bretts Prozess wegen des Verbrechens neben Shannon in der Werkstatt in einem anderen Gefängnis gearbeitet hatte, und dieser Mann konnte kein Motiv gehabt haben, Shannon zu belasten. Er erzählte mir, dass Shannon während der gesamten Verhandlung, fünf Jahre vor dem Schlag auf seinen Kopf, sehr verstört war, ungeduldig darauf wartete, an die Zeitungen zu kommen, die er sich ausleihen musste, und offenbar damit beschäftigt war, die Beweise gegen Brett zu studieren, aber immer sagend: „Sie können ihn nicht verurteilen." Dieser Sträfling erzählte mir weiter, dass Brett Shannon, nachdem der Fall gegen Brett entschieden worden war, die Nerven und jegliches Interesse am Leben zu verlieren schien. Dieser Bericht deckt sich genau mit Shannons gedrucktem Geständnis, in dem er sagt: „Ich habe in den Papieren, die ich bekommen konnte, so viel über den Prozess gelesen, wie ich konnte. Ich war noch nicht an dem Punkt angelangt, an dem ich bereit war, mein Leben für einen Fremden zu opfern."

In seinem Geständnis hatte Shannon von seinem Komplizen bei der Arbeit dieser schrecklichen Nacht gesprochen, als von jemandem, der hervortreten und seine Aussagen untermauern könne. Vier verschiedene Sträflinge aus meinem Bekanntenkreis wussten, wer dieser Mann war, aber keiner von ihnen konnte mich mit ihm in Verbindung bringen. Der Mann war völlig verschwunden. Aber dieses kleine Beweisstück für sein Wissen über das Verbrechen, das ich gesammelt habe: Sein Aufenthaltsort war mindestens einem anderen meiner Sträflingsbekanntschaften bis zum Tag nach der Veröffentlichung von Shannons Geständnis bekannt. An diesem Tag erhielt mein Bekannter von Shannons Komplize *ein Papier mit dem Vermerk des Geständnisses* und von diesem Tag an hatte er jede Spur von ihm verloren. Zur Verteidigung des Schweigens des Komplizen machte der Verurteilte folgende Bemerkung :

„Er wäre nicht so dumm, nach Shannons Erfahrung an die Öffentlichkeit zu treten und sich selbst zu belasten."

Sträflinge in mehreren Bundesstaaten waren sich Shannons erfolgloser Versuch, ein Unrecht wiedergutzumachen, bewusst und wussten um die Strafe, die ihm sein Versuch auferlegte. Der Ausgang des Vorfalls muss als Warnung für andere Verurteilte gewertet worden sein, die möglicherweise zu einem ehrlichen Geständnis im Namen eines anderen veranlasst werden könnten.

Zu diesem Zeitpunkt hatte ich George Brett noch nie gesehen und erst später kam ich mit seinen Anwälten in Kontakt. Aber ich war davon überzeugt, dass nur von Sträflingen Beweise für Shannons Geständnis gesammelt werden konnten.

Soweit ich weiß, ist nie etwas Näheres zu diesem Verbrechen ans Licht gekommen. Und auch heute noch gibt es unter den Bestinformierten zweifellos Meinungsverschiedenheiten. Als ich feststellte, dass ich in dieser Angelegenheit nichts tun konnte , konzentrierte sich mein Interesse auf das Studium des Mannes Shannon. Aus rein psychologischer Sicht war er eine interessante Studie, vor allem aber durch die allmähliche Enthüllung seines wirklichen Innenlebens.

Es ist schwierig, Shannons Leben des Handelns mit seinem Leben des Denkens in Einklang zu bringen, denn er war ein intellektueller Mann, ein Student und ein Denker. Sein Englischgebrauch war immer korrekt. Das Spektrum seiner Lektüre war breit gefächert und umfasste die besten Belletristik-, Philosophie- und Wissenschaftsliteratur und, was noch ungewöhnlicher ist, die englischen Essayisten Addison, Steele und andere Mitarbeiter von The *Spectator* . Der wahre Philosoph wird im folgenden Auszug aus einem seiner Briefe an mich dargestellt:

„Ich bitte Sie, nicht zu denken, dass ich mich als Märtyrer der Sache der Wahrheit betrachte. Dass meine Aussage abgelehnt wurde, bedeutet nichts von der bloßen Tatsache, sondern beweist lediglich das Scheitern der Bedingungen, unter denen sie als solche etabliert werden sollte. Das war der Fall." in diesen Dingen nicht den Regeln der Akzeptanz entsprach, folglich wurde es nicht akzeptiert. Dies ist eine Welt voller Methoden. Die Dinge sollten an ihrem Platz sein. Menschen gehen nicht zu einem Fischhändler, um Diamanten zu kaufen, noch in ein Gefängnis, um die Wahrheit zu erfahren. Ich erkenne die Widersprüchlichkeit meiner Position und unterwerfe mich dem Unvermeidlichen."

Als Erklärung dafür, wie er meinen ersten Anruf aufgenommen hat, schreibt er:

„Ich glaube nicht, dass ich zunächst die Natur Ihres Anrufs ganz verstanden habe – er war so unerwartet. Wenn meine Bedeutung in dem, was ich sagte, unklar war, lag das daran, dass man durch zu viel Nachdenken und Grübeln unfähig wird zu sprechen und allmählich in die Situation verfällt ein Zustand, in dem Worte unnatürlich erscheinen. *Und diese Gefängnisgedanken sind schrecklich.* In ihrer Nutzlosigkeit sind sie wie Spinnen, die Spinnweben im Gehirn bauen, es trüben und irreparabel verstopfen. Ich versuche, Vorstellungskraft als Droge zu nutzen, um meinen Geist mit Fantasien zu füllen Zufriedenheit, die ich auf keine andere Weise erfahren kann. Als ich ein Kind war, träumte und spekulierte ich in Erwartung der kommenden Welt. Jetzt tue ich dasselbe, aber aus einem anderen Grund – um mich die abscheuliche Zeit von zu vergessen Tatsache, die eingegriffen hat.


„ Wenn ich also nicht gerade lese oder schlafe und meine Arbeit mechanisch und mit der geringsten geistigen Anstrengung verrichtet werden kann, lebe ich so weit wie möglich von mir selbst und meiner Umgebung entfernt. Ich befand mich zum Zeitpunkt Ihres Anrufs in etwa einem solchen Zustand . Ein Träumer mag es bestenfalls nicht, geweckt zu werden, und in einer Situation wie meiner ist es besonders anstrengend. Wenn ich so spreche, muss ich um Verzeihung bitten, denn ich habe Ihren Besuch wirklich geschätzt und fühlte mich danach menschlicher. Ich möchte nicht, dass Sie daraus schließen Daraus ergab sich, dass die geringste Einbildung in meine Geschichte dieser unglücklichen Angelegenheit eingeflossen ist. Ich wünschte, es wäre so; aber wenn es eine Tatsache ist, dass ich existiere, ist alles, was ich erzählt habe, genauso wahr."

Seine Wahl von Schopenhauer als Freund veranschaulicht das homöopathische Prinzip, dass Gleiches Gleiches heilt.

„Schopenhauer ist ein alter Freund und Liebling von mir. Sehr oft, wenn ich jämmerlich blau werde und alles, was ich mit meinen Augen sehe, einen äußerst schurkischen Anstrich hat, empfinde ich großen Trost und Trost, wenn ich daran denke, wie viel schlimmer es ihnen ergangen ist." erschien Schopenhauer. Mit anderen Worten: Der große Pessimist hat dazu beigetragen, eine gesunde Reaktion hervorzurufen.

Aber diese Reaktion dauerte nur eine Stunde. Durch Shannons Briefe zieht sich eine Ader des bittersten Pessimismus. Er misstraute allen Formen der Religion und verurteilte die Gefängnisseelsorger mit folgenden Worten:

„Ich habe noch nie eine Klasse von Männern getroffen, die anscheinend weniger über die spirituelle Natur oder die Bedürfnisse ihrer Herden Bescheid wussten. Es kommt mir merkwürdig vor, dass Männer, die so leicht Material für die besten praktischen Lektionen sammeln könnten, so umgeben sind, wie sie sind Erfahrungen aus dem wirklichen Leben und Illustrationen, anhand derer sie durchaus lehren könnten, dass sich *Verbrechen weder* in Geld noch in Glück auszahlen, dass sie all dies ignorieren und sich den Kopf zerbrechen werden, um ausgefeilte theologische Diskurse zu verfassen, die auf einem Satz eines Fischers basieren, der vor zweitausend Jahren lebte , um viele arme einfache Pferdediebe und Einbrecher zu lähmen und zu mystifizieren. Was Gefangene brauchen, ist ein Mann, der in der Lage ist, natürlichen, alltäglichen gesunden Menschenverstand zu predigen, mit gelegentlich ein wenig Humor oder einer angenehmen Geschichte oder einem Vorfall, um eine Moral zu veranschaulichen . Es scheint mir, dass ich, wenn ich Prediger werden würde, versuchen würde, den einfachen Charakter des großen Meisters zu studieren, wie er uns überliefert wird."

Es scheint mir, dass Gefängnisseelsorger gut daran täten, diesen Sträflingsstandpunkt in ihren Predigten zu berücksichtigen.


Ich kann mich nicht erinnern, dass Shannon jemals Kritik an der Verwaltung des Gefängnisses geäußert hätte, in dem er damals inhaftiert war, aber er lässt seiner Meinung zu unserem allgemeinen Gefängnissystem freien Lauf. Er hatte die Berichte eines kürzlich tagenden Gefängniskongresses studiert, auf dem verschiedene „Umerziehungsmaßnahmen" besprochen oder, um seinen Ausdruck zu verwenden, „ausführlich dargelegt" wurden, und schreibt:

„Ich möchte einige Bemerkungen aus persönlicher Beobachtung zu diesem Thema der Gefängnisreform machen. Ich gebe zunächst zu, dass aus Gründen des Schutzes der Gesellschaft die nächstbeste Möglichkeit gegenüber dem Aufhängen eines Verbrechers darin besteht, ihn ins Gefängnis zu bringen. Vorausgesetzt, Sie behalten ihn dort; aber wenn Sie seine Reformation anstreben, ist das das Schlimmste, was Sie mit ihm machen können. Sträflinge sind im Allgemeinen keine Philosophen, noch sind sie Männer mit reinem Denken oder tiefen religiösen Gefühlen. Sie sind sich selbst nicht alle ausreichend, und Aus diesem Grund hatte, konnte und wird sich die Gefangenschaft nie positiv auf sie auswirken.

„Ich habe Hunderte von Männern gekannt, junge und alte, die im Gefängnis gesessen haben. Ich habe viele von ihnen gekannt, die im Gefängnis schlau geworden sind und nach ihrer Entlassung ihre besonderen Talente in einem anderen, sichereren, aber nicht weniger erniedrigenden Geschäftszweig eingesetzt haben." zu sich selbst; aber ich habe nie *erlebt , dass jemand durch Gefängnisdisziplin* zu einem besseren Mann gemacht wurde ; diejenigen, die sich reformierten, taten dies durch andere Einflüsse.

„Es mag ein gutes oder ein schlechtes Gefängnis sein, mit lascher oder rigoroser Disziplin, aber die Wirkung, auch wenn sie unterschiedlich ist, ist nie gut: Das kann sie nie sein. Das Verbrechen ist älter als Gefängnisse. Den besten Berichten zufolge begann es im Garten von." Eden, aber Gott – der die menschliche Natur kannte – trieb Adam und Eva nicht getrennt voneinander ein, sondern trieb sie in die Welt hinaus, wo sie ihren Geist ausüben konnten, um für sich selbst zu kämpfen. Seitdem gab es nur ein System, das einen Menschen reformierte, ohne ihn zu töten , nämlich Transport.

„Anstatt einen bösen Menschen im Gefängnis zu lassen, *um sich mit seinem eigenen Gift zu sättigen* , schickte dieses System ihn in ein fernes Land, wo er unter neuen Bedingungen und mit etwas, auf das er arbeiten und hoffen konnte, dieses Gift harmlos unter den Menschen verteilen konnte Wildnis der Natur. Es kann sein, dass kein anderes System möglich ist; dass die Welt zu dicht bevölkert wird, um Transportmöglichkeiten zuzulassen; oder dass die Gesellschaft jemandem nichts schuldet, der ihre Gesetze gebrochen hat. Ich schreibe dies, nicht als „ein Echo von einem Lebendes Grab', sondern einfach nur gesunder Menschenverstand." [13]

Persönlicher Stolz, ein wesentlicher Bestandteil der Natur des Mannes, hielt ihn davon ab, sich jemals über individuelle Nöte zu beschweren; Aber die bloße Tatsache der Gefangenschaft, der Mangel an Luft, Raum, Bewegungs- und Handlungsfreiheit bedrückte ihn, als ob die Eisenstangen tatsächlich gegen seinen Geist drückten. Sein einziges Ziel war es, etwas Lethe zu finden, in dem er seine Erinnerung und sein Selbstbewusstsein ertränken konnte. In all den Jahren seines Mannesalters schien es keinen sonnigen Ort gegeben zu haben, an dem die Erinnerung einen Ruheplatz finden konnte.

Von Anfang bis Ende war seine Fehlleitung im Leben ein schrecklicher Fehler gewesen; selbst in seiner eigenen Branche ein solch kläglicher Misserfolg. Seine gepriesene „hohe Kunst" des Einbruchs hatte ihn in die Reihen der Mörder gebracht. Er hatte Feigheit verabscheut und doch hatte er sich in der entscheidenden Stunde im Schicksal eines anderen als Feigling erwiesen. Und als er mit völliger Selbstaufopferung versucht hatte, das Unrecht wiedergutzumachen, war das Opfer vergebens gewesen.


Da ich etwas von der Welt, in der er lebte, verstand, schlug ich vor, das Erlernen einer neuen Sprache als geistige Beschäftigung zu verstehen, die eine Konzentration auf eine Linie erfordert, die völlig unabhängig von seiner Vergangenheit ist. Er nahm meinen Vorschlag gerne an und begann mit dem Studium der deutschen Sprache; aber es war alles umsonst – er konnte sich selbst nicht entkommen.

Es war ihm gelungen, in seinen Briefen eine so mutige Fassade zu bewahren, dass ich erst am Frühlingsmorgen, als wir unser letztes Interview hatten, bemerkte, dass der Mann völlig zusammenbrach.

In seinem Gesicht lag der unverkennbare Ausdruck des Mannes, der dem Untergang geweiht ist – so viele meiner Gefangenen sind gestorben. Seine Reue war wie ein Lebewesen, das sich in sein Leben gefressen hatte – ein wahrer Wolf in seiner Brust. Er war nicht mehr teilnahmslos, sondern krümmte sich vor seelischem Schmerz. Er schien nicht zu wissen, dass er im Sterben lag; es war ihm sicherlich egal. Sein einziger Gedanke galt Brett und dem weitreichenden, irreparablen Unrecht, das Brett durch ihn erlitten hatte. Als ich sagte, dass ich das Schicksal des unschuldigen Mannes im Gefängnis für nicht so schrecklich halte wie das des Schuldigen, rief Shannon aus: „Sie irren sich. Ich sehe nicht ein, wie es für einen Mann, der zu Unrecht inhaftiert ist, möglich ist, an irgendetwas zu glauben." Gerechtigkeit, ob menschlich oder göttlich, oder an irgendeinen Gott oben", und er fuhr mit einem leidenschaftlichen Appell im Namen unschuldiger Gefangener fort, der bei mir einen tiefen Eindruck hinterließ. In seinem eigenen Wesen schien er gleichzeitig das Schicksal des unschuldigen Opfers von Unrecht und das Schicksal des Schuldigen zu erleben, der gerechte Strafe erleidet. Er sprach von seiner tiefen spirituellen Einsamkeit, die menschliches Mitgefühl nicht erreichen konnte, und davon, wie dankbar er sein sollte, wenn er in irgendeiner Religion Licht oder Hoffnung finden könnte; aber er konnte an keinen Gott der Wahrheit oder Gerechtigkeit glauben, während Brett im Gefängnis blieb. Eine völligere Trostlosigkeit der Seele kann man sich nicht vorstellen.

Mein nächster Brief von Shannon wurde aus dem Krankenhaus geschrieben und drückt die Erwartung aus, dass es mir „in ein paar Tagen wieder gut geht"; Weiter unten im Brief kommen diese Worte:

„Ich glaube an ein zukünftiges Leben. Ohne diese Hoffnung und ihren tröstenden Einfluss wäre das Leben kaum lebenswert. Ich glaube, dass alle

Menschen, die jemals gestorben sind, ob Atheisten oder was auch immer sie sich nannten, mehr oder weniger mit der Hoffnung gestorben sind." sie zu erhalten, zu einem zukünftigen Leben zu erwachen. Diese Hoffnung ist von der Natur universell in die menschliche Brust eingepflanzt und es ist nicht unwahrscheinlich, dass sie eine Bedeutung hat."

Ein paar Wochen später erhielt ich eine Nachricht vom Aufseher, in der er mich über den Tod von Ellis Shannon informierte, und aus dem Gefängniskrankenhaus wurde mir ein kleiner Band mit Übersetzungen von Sokrates geschickt, der Shannons Begleiter in seinen letzten Tagen gewesen war. Ein Zettel zwischen den Blättern markierte Sokrates' Überlegungen zu Tod und Unsterblichkeit. Der Bericht einer der Krankenhausschwestern an mich lautete:

„Shannon hatte Schwindsucht, ist aber vor Kummer gestorben." Es kommt nicht oft vor, dass jemand außerhalb der Romane und Romanzen an einem gebrochenen Herzen stirbt, aber die medizinische Autorität versichert uns, dass es manchmal vorkommt.

Bis zu diesem Zeitpunkt hatte ich George Brett noch nie gesehen, aber nach dem Tod von Shannon hatten wir ein langes Interview. Was mir zunächst auffiel, war die bemerkenswerte Ähnlichkeit zwischen den Stimmen von Brett und Shannon, da die angebliche Identifizierung der Stimme von Brett mit der des Einbrechers im Prozess als Beweismittel akzeptiert worden war. Mein allgemeiner Eindruck von dem Mann war völlig positiv. Er war deprimiert und entmutigt, aber aufgeschlossen, offenherzig und unwissend in allem, was er sagte. Als er den Mann erwähnte, der bei dem Einbruch erschossen wurde , beobachtete ich ihn genau; sein ganzes Benehmen hellte sich auf, als er sagte:

„Er war einer der besten Männer der Welt, ein Mann, den kleine Kinder liebten. Er war gut zu jedem ."

„Und Sie könnten niemals so über diesen Mann sprechen, wie Sie jetzt sprechen, wenn Sie ihm das Leben genommen hätten", war mein innerer Kommentar.

Bretts Haltung gegenüber Shannon war frei von jeder Spur von Groll, aber was mich am meisten beeindruckte, war, dass Shannons Überzeugung, dass die ungerechtfertigte Überzeugung von Brett und sein eigener erfolgloser Versuch, das Unrecht wiedergutzumachen, es Brett unmöglich machen müssten, jemals an einen gerechten Gott zu glauben – mit anderen Worten, dass die schlimmste Verletzung für Brett die geistige Verletzung war. Dieser

Glaube erwies sich als unbegründet. George Brett war kein religiöser Mann gewesen, aber in Shannon erkannte er, dass Wahrheit und Ehre mehr waren als das Leben, stärker als der Instinkt der Selbsterhaltung; und er konnte sich kaum der Überzeugung entziehen, dass die göttliche Gerechtigkeit selbst die treibende Kraft hinter dem Impuls war, der Shannon zum Geständnis veranlasste. In der seltsamen Wirkung und Wechselwirkung eines Lebens mit dem anderen, in der abschließenden Zusammenfassung der Beziehung dieser beiden Männer schien es Shannon gegeben zu sein, die tieferen Quellen des spirituellen Lebens in Brett zu berühren und ihm etwas davon zu offenbaren die ewigen Wahrheiten der Existenz.


Und die auf die Erde niedergeschmetterte Wahrheit erhob sich wieder; Denn nicht lange nach dem Tod von Shannon, im achten Jahr seiner Haft, wurde George Brett begnadigt, mit der öffentlichen Erklärung, dass er aufgrund zweifelhafter Beweise verurteilt worden sei und dass das Geständnis von Shannon als Beweis seiner Unschuld akzeptiert worden sei.

Einem Menschen, der ungerechtfertigt inhaftiert wurde, kann niemals eine angemessene Entschädigung gewährt werden, aber es gibt bereits Anzeichen dafür, dass der Staat sich in aller Ehrlichkeit dazu verpflichtet fühlen wird, denjenigen, die ihn erlitten haben, zumindest eine finanzielle Entschädigung zukommen zu lassen die Opfer solcher Ungerechtigkeit.

### FUSSNOTEN:

[12] Das Verbrechen wurde nach Mitternacht von Halloween begangen.

[13] Dieser Brief wurde vor fünfundzwanzig Jahren geschrieben. Die Logik von Shannons Argumentation ist zweifellos fundiert. Die Sinnlosigkeit einer Inhaftierung als Besserungsbeamter ist mittlerweile allgemein anerkannt. Aber besser als der Transport ist das System der bedingten Freilassung von Männern nach einer Verurteilung, das in vielen Staaten nun wohlwollend geprüft wird – sogar vorläufig angenommen wird.

# KAPITEL XII

Es gibt ein weiteres Kapitel zu meiner Erfahrung mit Gefangenen; Es ist die Geschichte dessen, was sie für mich getan haben, denn sie haben dafür gesorgt, dass das Gleichgewicht zwischen Geben und Nehmen zwischen uns sehr ausgeglichen ist. Ich habe eine seltsame Sammlung von Souvenirs und Andenken, aber so unpassend die verschiedenen Artikel auch sein mögen, ein roter Faden verbindet sie alle; von dem groben , stämmigen Paar kleiner Fäustlinge, die an die Hand eines sechsjährigen Landjungen erinnern, bis zur Flasche aus seltenem venezianischem Glas in den matten orientalischen Tönen, die der ästhetischen Seele am Herzen liegen ; Von der Hängematte, die unter den Ahornbäumen schwingt, bis zum winzigen Herzen aus zart geädertem Onyx, das als Anhänger getragen werden kann.

Die Fäustlinge kamen von Jackson Currant, einem freundlichen Menschen, der das einzige Paar Fäustlinge entwirrte, das er für den Winter hatte, sich ein Stück Draht zu eigen machte, aus dem er einen Haken formte, und der abends in seiner Zelle ein Paar davon für mich häkelte Fäustlinge. Das waren komische Kleinigkeiten, aber ein echtes Geschenk, denn dieser Gefangene nahm das Einzige, was er zu geben hatte, von sich selbst und gab es mir.

Ein weiteres Geschenk, das mich berührte, kam von einem alten Trapper aus den Rocky Mountains – damals ein lebenslanger Gefangener. Sein wertvollster Besitz war ein Exemplar von „Ein Tag in Athen mit Sokrates", das ihm der Übersetzer geschickt hatte. Nachdem er das kostbare Buch drei Jahre lang aufbewahrt und seinen Inhalt auswendig gelernt hatte, schickte er es mir als Geburtstagsgeschenk und ich fand es an einem Februarmorgen unter anderen Geburtstagsgeschenken. Dann ist da noch die Kirschschachtel, in der sich mein Briefpapier befindet, in deren Deckel die Initialen von EA eingraviert sind; EA, der seine Zukunft aus allen Schatten seiner Vergangenheit zurückerobert. Es war EA, der mich meinem walisischen Jungen Alfred Allen vorstellte, und es war Alfred, der mein Herz für alle Straßenkinder im Universum öffnete.

In vielerlei Hinsicht wurde mein Leben durch meine Gefangenen bereichert. Durch merkwürdige Verkettungen von Umständen haben sich aus meinen Interessen im Gefängnis die erfreulichsten sozialen Verbindungen, die anregendsten intellektuellen Einflüsse und einige der wärmsten Freundschaften meines Lebens entwickelt.

Fast jeder Freund kann uns materielle Geschenke machen – das Geschenk von Dingen – der Freund, der unsere sozialen Beziehungen erweitert oder unsere Interessen erweitert, erweist uns weitaus bessere Dienste; Aber es ist der seltene Freund, der unsere spirituelle Wahrnehmung öffnet und dem wir am meisten zu Dank verpflichtet sind. Denn im Laufe der Jahrhunderte wurde die Suche nach einem Beweis dafür verfolgt, dass der Mensch ein spirituelles Wesen ist, nach einem Beweis dafür, dass das, was wir Seele nennen, seinen Ursprung jenseits des materiellen Bereichs hat; Die Gelehrsamkeit aller Zeiten hat es nicht geschafft, dieser Aufgabe gerecht zu werden. und der Reichtum der Welt kann nicht ein einziges Fragment eines solchen Beweises erkaufen.

Und doch verdanke ich einem meiner Gefangenen das Geschenk einer Stunde, in der der Geist des Menschen als die einzige lebenswichtige Tatsache seiner Existenz erschien, als das Einzige, was außerhalb der Reichweite des Todes liegt; und die Zeit hat dieser Stunde einen unschätzbaren Wert verliehen.

Gewohnheitsverbrecher eingestuft worden wäre . Ich habe mich oft über die Kraft seiner Persönlichkeit gewundert; es muss lediglich das Ergebnis angeborener Qualitäten gewesen sein. Er war mutig, er war großzügig, er war die Treue selbst; und seine Sympathien reagierten wie die einer Frau. Er wäre ein unerschrockener Soldat, ein mutiger Entdecker, ein ritterlicher Ritter gewesen; Aber in den Wirren des menschlichen Lebens wurde der Junge auf die falsche Fährte gedrängt, und mit dem Schwung seiner Jugend und seiner starken Lebenskraft stürzte er sich rücksichtslos auf den Weg eines Robin Hood; Da er in einer Zeit lebte, in der diejenigen, die mit den gesellschaftlichen Kräften von Recht und Ordnung in Konflikt geraten, als Kriminelle bezeichnet werden, war seine Karriere in dieser Richtung glücklicherweise von kurzer Dauer.

Wäre Wilson in seinem Abwärtskurs nicht aufgehalten worden, wäre er vielleicht nie in den Besitz des Selbst gelangt, das ich so gut kannte, dieses wahren Selbst, das endlich so klar über widrige Umstände siegte. In dieser Skizze habe ich Wilsons Briefe nicht verwendet; Sie waren so rein persönlicher Natur, so sehr Teil seines Innenlebens, dass es einer Schändung gleichkam, sie der Öffentlichkeit zugänglich zu machen.

Ich kann nur einen Einblick in seine Kindheit geben. Als ganz kleiner Junge saß er auf dem Knie seines Vaters und blickte in freundliche und liebevolle graue Augen. Der Vater starb und der Sohn erinnerte sich immer als gütig und liebevoll an ihn.

Der Verlust seines Vaters veränderte den Verlauf von Wilsons Leben. Die Mutter knüpfte andere Bindungen; Der Junge war einer zu viel und verließ sein Zuhause, sobald er alt genug war, um selbstständig zu werden. Er ging ehrlich zur Arbeit, wo so viele Jungen im Mississippi-Tal moralisch ruiniert sind – auf einem Flussboot.

Nach einiger Zeit begannen die Dinge mit ihm schief zu laufen. Ich weiß nicht, ob die Verletzung real oder eingebildet war, aber der Junge glaubte, er sei böswillig verletzt worden; und in blinder Leidenschaft verließ er den Fluss und nahm Geld mit sich, das dem Mann gehörte, der ihn verärgert hatte. Wilson hatte vorgehabt, die Rechnung auszugleichen, Unrecht mit Unrecht abzuwägen; Doch seine Rache richtete sich gegen ihn selbst und mit sechzehn war er ein Dieb und ein Flüchtling. Bevor der Schwung dieser moralischen Bewegung erschöpft war, war er im Gefängnis – „einer der kräftigsten und schönsten Männer im Gefängnis, groß und prächtig gebaut", so sagte ein anderer Gefangener, der ihn damals kannte.

Nach Ablauf seiner dreijährigen Haftstrafe begann Wilson in einer Druckerei in Saint Louis zu arbeiten und eröffnete damit, wie er glaubte, ein neues Kapitel im Leben. Er war damals zwanzig Jahre alt.

In diesem Jahr kam es im gesamten Westen – wenn man die Region Mississippi überhaupt noch als Westen bezeichnen kann – zu ernsthaften Arbeitsunruhen. Männer wurden aus allen Beschäftigungszweigen entlassen, in denen sie entbehrlich waren; und es kam der Tag, an dem alle „neuen Hände" in der Druckerei, in der Wilson arbeitete, entlassen wurden.

Wilson hatte etwas von seinem Verdienst gespart, und solange das Geld reichte, lebte er ehrlich und suchte Arbeit, aber das Geld war weg, bevor er eine Anstellung fand. Außerhalb der Städte wurde das Land von Landstreichern überrannt; die Versuchungen zur Gesetzlosigkeit vervielfachten sich; Hungern, Stehlen oder Betteln schienen für viele der einzige Weg zu sein, der ihnen offenstand. Keiner verhungerte; Es gab kaum eine Auswahl zwischen den anderen Alternativen. Gefängnisse und Gefängnisse waren überfüllt mit Insassen, von denen einige das Glück hatten, trotz der Kosten der Freiheit mit Nahrung und Unterkunft versorgt zu werden. „Ich habe so viele Tage gehungert und so viele Nächte auf der Erde geschlafen, dass mir der Gedanke an ein Gefängnis wie ein Zuhause vorkommt", war eine Bemerkung zu mir. „Die Welt schuldet mir ihren Lebensunterhalt" war ein Gedanke, der für viele Menschen, die keine ehrliche Arbeit finden konnten, in Form einer Versuchung kam.

Nachdem Wilson zwei oder drei Monate lang arbeitslos war, kam es in der Nähe einer kleinen Stadt im Umkreis von fünfzig Meilen von Saint Louis zu großem Aufruhr. In Geschäfte wurde eingebrochen und Eigentum entwendet, und es wurde ein verzweifelter Versuch unternommen, die Einbrecher zu fassen, die sich in der Nähe aufhalten sollten. Ein Mann, der zu einem Bach gegangen war, wurde festgenommen und als Mitglied der Bande identifiziert. Ihm wurde befohlen, seine Komplizen zu verraten; er weigerte sich absolut. Der rücksichtslose Mut, der in seiner Natur einst geweckt wurde, und die unter Dieben beobachtete „Ehre" waren sein unvermeidlicher Kurs. Ein Seil wurde gebracht und Wilson zu einem Baum gebracht, wo die Geschichte seines Lebens zweifellos zu Ende gegangen wäre, wenn nicht ein Schrei von anderen, die immer noch auf der Suche waren, die Entdeckung des Rückzugs seiner Gefährten verkündet hätte. Wilson und Davis, die beiden Anführer, wurden zu jeweils vier Jahren Gefängnis verurteilt.

Besiegt, entehrt, mittellos und ohne Freunde fand sich Wilson erneut im Gefängnis wieder; Diesmal unter der mehr als doppelten Schande, ein Mann in „zweiter Amtszeit" zu sein, mit dem Bewusstsein, sich bewusst für ein Verbrechen entschieden zu haben. Er war ein bekennender Ungläubiger, und seine ungestüme, unbändige Natur befand sich im Krieg mit dem Leben und der Welt. Zwei Jahre lang lebte er so weiter; Dann begann sich sein Gesundheitszustand unter der Belastung durch Arbeit und Haft zu verschlechtern.

Mit dem Kraftverlust wurde sein Herz immer härter und verzweifelter. Eines Tages brach seine alte Rücksichtslosigkeit in einer offenen Revolte gegen die Gefängnisbehörde aus. Zur Strafe wurde er in die „Einzelhaft" geschickt, wo die Temperatur im Sommer viel niedriger ist als in den Geschäften, in denen die Männer arbeiten; Er erkältete sich, es kam zu einer Lungenblutung und er wurde ins Gefängniskrankenhaus gebracht.

Dort traf ich Wilson an einem Sonntagmorgen zwei Monate später zum ersten Mal. Ich glaube, es war der Blick der dunkelgrauen Augen unter den langen, geschwungenen schwarzen Wimpern, der mich zuerst anzog. Aber es waren der Gesichtsausdruck, die ruhige, würdevolle Höflichkeit und die offene Darstellung seiner Geschichte, die den tieferen Eindruck hinterließen. Einfach und kurz erzählte er mir die Umrisse seiner Vergangenheit; und er sprach mit tiefer, konzentrierter Bitterkeit von dem niederschmetternden, schrecklichen Leben im Gefängnis. Seine unausgesprochene Einsamkeit – er hatte jede Spur von seiner Mutter verloren – und seine Krankheit, die fast ignoriert, aber offensichtlich war, appellierten an mein Mitgefühl und veranlassten mich, ihm anzubieten, ihm zu schreiben. Er dachte, es wäre eine Freude, Briefe zu erhalten, versicherte mir aber, dass er im Gegenzug nichts Lesenswertes schreiben könne.

Lange danach fragte ich ihn, was ihn dazu bewogen habe, so offen und aufrichtig auf meine Fragen zu antworten. Seine Antwort war: „Weil ich wusste, wenn ich dich anlüge, würde es für dich schwieriger werden, dem nächsten Mann zu glauben, mit dem du sprichst, der dir vielleicht die Wahrheit sagen würde." Während des ganzen Sonntagnachmittags und -abends blieb Wilson in meinen Gedanken, und am nächsten Nachmittag – übrigens Halloween – fand ich mich wieder im Krankenhaus. Ich blieb für einige Augenblicke am Bett eines jungen Gefangenen stehen, der von hektischem Fieber gerötet war und bei dem Gedanken, im Gefängnis zu sterben, wild rebellierte – er lebte, um als ehrlicher Mann in Freiheit zu sterben, in der Kleidung eines zivilisierten Wesens und nicht in der barbarische, zebraartige Anzug, der damals im Gefängnis getragen wurde. Ich blieb längere Zeit neben dem Bett eines Mannes, der wegen eines Verbrechens, an dem er unschuldig war, eine lebenslange Haftstrafe verbüßte. Nach zwölf Jahren wurde seine Unschuld bewiesen; Er wurde als verkrüppelter Invalide entlassen und hatte keine andere Möglichkeit, sich zu ernähren als Hände, denen die Arbeitskraft entzogen war. Der Staat leistet keine Wiedergutmachung für ein unaussprechliches Unrecht wie dieses, das weitaus grausamer ist als der Tod.

Als ich mich umdrehte, um nach Wilson zu suchen, saß er abseits der anderen Männer und hatte einen freien Stuhl neben sich. Ich gesellte mich zu ihm neben das Westfenster, das vom goldenen Licht eines Herbstsonnenuntergangs durchflutet war, und nahm den für mich vorgesehenen freien Platz ein; und die darauffolgende Stunde beeinflusste Wilsons Zukunft so sehr, dass er diesen Tag – Halloween – als seinen Geburtstag annahm. Er kannte das Jahr, aber nicht den Monat, in dem er geboren wurde.

Ich habe nicht die geringste Erinnerung an das, was ich gesagt habe, als wir am Fenster saßen. Aber selbst jetzt kann ich Wilsons Gesicht sehen, als er mit stiller Aufmerksamkeit zuhörte und mir nicht in die Augen sah. Ich glaube, ich habe von seiner persönlichen Verantwortung für das Leben gesprochen, das er geführt hat. Ich bin mir sicher, dass ich nichts von Fluchen gesagt und keine Versprechungen verlangt habe.

Aber Gedanken, die ich nicht im Kopf hatte, wurden ihm vorgeschlagen. Denn als ich aufhörte zu reden , blickte er auf und blickte mich eindringlich an. Er sagte: „Ich kann nicht versprechen, ein Christ zu sein; mein Leben war zu schlecht dafür; aber ich möchte dir versprechen, dass ich das Fluchen aufgeben werde." und versuche, reine Gedanken zu haben. Das kann ich dir versprechen, denn diese Dinge liegen in meiner eigenen Macht; aber es gibt zu viel Bosheit zwischen mir und Gott, als dass ich jemals ein Christ sein könnte."

Sein einziger Besitz war das Reich seiner Gedanken; Ohne Vorbehalt wurde es seiner Freundin angeboten, und mit der sicheren Gewissheit, dass sie es wertschätzen würde.

Als ich Wilsons ersten Brief erhielt, war ich überrascht, dass die Schreibweise und die unsichere Schreibweise unklar waren. aber der Geist des Mannes konnte trotz des unzureichenden Mediums verfolgt werden . Mit Ernsthaftigkeit und Einfachheit versuchte er, sein Versprechen zu erfüllen, und stellte, was er zwangsläufig musste, fest, dass er sich zu mehr als seinem

Versprechen verpflichtet hatte. Es dauerte nicht lange, bis er schrieb, dass er „für dich und für mich" ein völlig neues Leben begonnen hatte. Seine „Gedanken" bereiteten ihm große Sorgen, denn die alten Kanäle waren noch offen und der Geist seines Zellengenossen war von Bosheit durchdrungen. Aber er machte das Beste aus der Situation und anstatt zu versuchen, das Böse abzuwehren, entschied er sich für den höheren Weg, seine eigenen besseren Gedanken mit seinem Zellengenossen zu teilen, auf den er einen starken Einfluss erlangte. Beharrlich versuchte er, das Böse mit Gutem zu überwinden. Sehr langsam wuchs sein Selbstvertrauen; und seine große Angst schien darin zu bestehen, dass ich ihn für besser halten könnte, als er war.

Wie alle Menschen mit Tuberkulose war Wilson zuversichtlich, sich zu erholen; Und als er am Tag nach meiner Abreise wieder in einem der Geschäfte zur Arbeit ging und immer hoffnungsvoll schrieb, ging ich davon aus, dass sich sein Gesundheitszustand verbesserte.

Es vergingen nur sechs Monate, bis wir uns wieder trafen, und ich war völlig unvorbereitet auf die überraschende Veränderung in Wilsons Aussehen. Sein Husten und die Kurzatmigkeit waren quälend. Aber der arme Kerl war so erfreut, mich zu sehen, dass er versuchte, seine eigene Situation völlig beiseite zu schieben.

Wir unterhielten uns lange in der Dämmerung dieses schönen Maiabends und saßen wieder an einem Fenster, durch das das Licht und die Geräusche des Frühlings hereindrangen. Da erfuhr ich, wie hart das Leben für diesen sterbenden Mann war. Er unterlag immer noch der strengen Disziplin des strengsten Gefängnisses des Landes: Er musste um fünf Uhr morgens aufstehen und die hastigen, aber genauen Vorbereitungen für den Tag treffen, die von gesunden Männern verlangt werden. Er bekam die grobe Gefängniskost, musste atemlos im schnellen Gleichschritt der Bande starker Männer marschieren, mit denen er zusammenarbeitete, und blieb die ganzen langen Tage in der Werkstatt bei der Arbeit. Die Belastung für Nerven, Willen und körperliche Stärke ließ nie nach.

Diese Dinge erzählte er mir, und sie waren alle wahr; Aber er erzählte mir auch bessere Dinge, die für mich nicht so schwer zu verstehen waren. Er erzählte mir die Geschichte seiner moralischen Kämpfe und Siege. Er erzählte mir, wie „tröstend" meine Briefe für ihn gewesen seien; Sein ganzes Herz öffnete sich mir in dem Glauben, dass ich ihn verstehen und ihm glauben würde. Damals erzählte er mir, dass er versuche, nach einigen Versen zu leben, die er gelernt hatte; und als Antwort auf meine Bitte wiederholte er zögernd und mit vor Verlegenheit noch kürzerem Atem die Zeilen:

„Ich stehe auf dem Berg Gottes,

Mit Freude in meiner Seele,

Ich höre die Stürme im Tal unten –

Ich höre den Donner grollen.

„Aber ich bin ruhig mit Dir, mein Gott,

Unter diesem herrlichen Himmel,

Und auf die Höhe, auf der ich stehe

Kein Sturm und keine Wolke können aufziehen.

Er war sich überhaupt nicht darüber im Klaren, dass sein Aufstieg aus den Tiefen der Sünde, des Elends und der Erniedrigung zu den spirituellen Höhen des ewigen Lichts etwas Ungewöhnliches war. Er machte sich eher Vorwürfe, weil er das Tal der Reue verlassen hatte, und schien das Gefühl zu haben, dem seelischen Leid entgangen zu sein, das er verdient hatte; obwohl er zugab: „In der Nacht, nachdem du mich im Oktober verlassen hast, als ich in meine Zelle zurückkam, liefen mir einfach die Tränen übers Gesicht – wenn man das Reue nennen kann.“

Als Wilson am Ende unseres Interviews hinausging, traf er auf dem Weg zu mir auf einen anderen Gefangenen.

„Kennen Sie Wilson?“ war Newtons Begrüßung, als er auf mich zukam.

„ Kennen *Sie* Wilson?“ war meine Frage als Antwort.

Newton war über etwas in einem meiner Briefe beleidigt, und um mit ihm Frieden zu schließen, hatte ich das Interview geplant, aber alle Missverständnisse lösten sich vollständig in unserem gemeinsamen Bedauern und unserer Sorge um Wilson auf; denn mein Gefühl wurde von diesem Mann voll und ganz geteilt, der – nun ja, er *war* in allen anderen Themen ziemlich abgehärtet. Aber hier wurde die Saite der Zärtlichkeit berührt; und all seine Härte und sein Groll verschwanden in der Erleichterung, jemanden zu finden , der bei dem Thema, das ihm am Herzen lag, die gleichen Gefühle hatte wie er.

„Ich habe zwei Jahre lang neben Wilson in der Werkstatt gearbeitet, und ich habe nie einen Mann so sehr geliebt, wie ich ihn liebgewonnen habe“, sagte er. „Und es war so schrecklich zu sehen, wie er um Zentimeter starb und bei der Arbeit blieb, obwohl er kaum stehen konnte.“ Der Mann sprach voller Emotionen; die Tiefen seines Wesens wurden bewegt. Er erzählte mir alles über diese Freundschaft, die sich trotz der Tatsache entwickelt hatte, dass sich die Gespräche zwischen Sträflingen auf die notwendige Kommunikation im Zusammenhang mit der Arbeit beschränken sollten. Seite an Seite hatten sie in der Werkstatt gearbeitet, und als Wilsons Kräfte nachließen, gelang es Newton, ihm zu helfen. Newtons Lob und seine Zuneigung zählten wirklich etwas, da er ein verbitterter Mann mit geringem Vertrauen in die menschliche Natur war. Er sagte, dass es in seinem ganzen Leben nichts so Schweres gegeben habe, als seinen Freund unter seinem Schicksal versinken zu sehen, während *er* nicht in der Lage war, einzugreifen. Newton und ich hatten jedoch einen Trost in der Tatsache, dass Wilsons Satz fast zu Ende war. Um den Behörden des Gefängnisses gerecht zu werden, in dem diese Männer eingesperrt waren , möchte ich darauf hinweisen, dass sterbende Gefangene normalerweise ins Krankenhaus gebracht wurden. Wilsons Leben war ein außergewöhnlicher Härtefall.

Anfang Juli wurde Wilson aus dem Gefängnis entlassen. Als er Chicago erreichte, erregte seine offensichtliche Schwäche die Aufmerksamkeit eines Passanten, der einen Jungen beauftragte, sein Bündel zu tragen und ihn an sein Ziel zu bringen. Er hatte beschlossen, zu versuchen, seinen Lebensunterhalt zu bestreiten, weil er glaubte, dass Freiheit mehr Kraft mit sich bringen würde; aber er war zu krank, um zu arbeiten. Der Arzt, den er konsultierte, sprach ermutigende Worte, betonte jedoch die Notwendigkeit von Ruhe und Minnesota-Luft. Deshalb schickte ich ihm einen Pass nach Minneapolis, und die Route führte über mein eigenes Zuhause.

Das Leben war hart für Wilson, aber es bescherte ihm einen glücklichen Tag abseits von Armut und Kriminalität, als er sich als willkommener Gast im Haus eines Freundes fühlte. Als sein Zug aus Chicago ankam , war ich am Bahnhof, um ihn abzuholen, und bevor wir nach Hause fuhren, besuchten wir meinen Arzt, damit ich wüsste, was mich erwartet. Der Arzt lobte den Plan für das Klima in Minnesota und sprach Wilson ermutigend an, aber mir gegenüber antwortete er privat: „Keine Hoffnung.“

Wilson verbrachte den Rest des Tages in der Bibliothek meines Zuhauses und lächelte den ganzen Nachmittag. Mein Gesicht spiegelte sein Lächeln wider, aber ich konnte den Schatten des Todes im Hintergrund nicht vergessen. Wir haben an diesem Nachmittag über viele Dinge gesprochen; Die Breite und Fairness seiner Ansichten zu Gefängnisangelegenheiten und die unpersönliche Art und Weise, wie er das Thema betrachten konnte, überraschten mich, da seine individuellen Erfahrungen außergewöhnlich schwerwiegend waren.

Stimme müde wurden, schlug ich ein wenig Musik vor. Die fröhlichere Musik gefiel ihm nicht so sehr, aber ich werde nie die Freude des Mannes an den süßen und erholsamen Kadenzen von Mendelssohn vergessen. Nachdem Wilson in der Bibliothek einen einfachen Tee serviert hatte, machten wir eine Fahrt aufs Land, wo der Behinderte die schöne Aussicht auf Hügel und Täler genossen, die in den Schein des Sommersonnenuntergangs gehüllt waren. und dann ließ ich ihn für die Nacht in einem komfortablen Hotel zurück.

Am nächsten Morgen war Wilson trotz „einer harten Nacht" strahlend glücklich; Und es war zufällig einer der Tage, an denen der Sommer sein Bestes gibt, um uns in das Leben verliebt zu halten. Den ganzen Vormittag verbrachten wir unter einem großen Ahornbaum, mit Vögeln in den Zweigen und blauem Himmel über uns, während Wilson sich der einfachen Freude des Lebens und der Ruhe hingab. Wilson war ein gutaussehender Mann in Bürgerkleidung, dessen regelmäßige Gesichtszüge durch die Krankheit verfeinert und vergeistigt waren.

Es mussten Vorbereitungen für Minnesota getroffen und der Koffer neu gepackt werden, und welchen Wert legte Wilson auf die verschiedenen Artikel, die ich beigesteuert hatte! Ich glaube, es war das Stück Duftseife – eindeutig ein Luxus –, das ihm am meisten gefiel, aber er interessierte sich für alles, und die herzliche Freundlichkeit meiner Mutter, die ihren Beitrag zu seinem künftigen Wohlergehen leistete, erwärmte sein Herz . Sein einziges Bedauern war, dass er uns nichts zurückgeben konnte.

Aber die Zeit verging wie im Flug, und der Morgen verging viel zu schnell, wie es an Tagen mit roten Buchstaben immer der Fall ist, und der Nachmittag brachte den Abschied am Zug nach Minneapolis. Wilson blieb neben mir, solange noch Zeit war, dann blickte er mir ernst in die Augen und sagte: „Leb wohl, ich hoffe, dass wir uns wiedersehen – *auf dieser Seite* ." Einen Augenblick später trug ihn der fahrende Zug in Richtung Norden, was für ihn die Hoffnung auf Gesundheit bedeutete.

Erschöpft von der Reise nach Minneapolis beantragte er sofort die Aufnahme in ein katholisches Krankenhaus, und hier möchte ich ihn anhand des ersten Briefes, den ich erhielt, nachdem er mich verlassen hatte, selbst zu Wort kommen lassen.

" LIEBER FREUND :

„Ich liege jetzt im Krankenhaus und bin so müde, wenn ich versuche zu schreiben, dass ich eine der Schwestern gebeten habe, für mich zu schreiben.

„Ich fühlte mich ziemlich schwach, als ich hierher kam, aber jetzt nehme ich Rindfleischtee und fühle mich so viel stärker, ich denke, dass es mir bis zum Ende dieses Monats sehr viel besser gehen wird."

„Die Mutter Oberin ist sehr freundlich und nennt mich ihren Jungen und glaubt, dass sie mich bald wieder ganz gesund haben wird. Ich habe ein schönes Zimmer für mich

allein und fühle mich am glücklichsten, wenn ich die schöne
frische Luft vom Mississippi River genieße, der fließt ganz
in meiner Nähe.


„Lieber Freund, ich wünschte, du wärst hier, um ein paar
Tage zu genießen und zu sehen, wie glücklich ich bin."

Und darunter waren in einer schwachen, aber vertrauten Handschrift die
Worte gekritzelt:

„Ich habe versucht zu schreiben, bin aber gescheitert."

Einschränkungen nicht akzeptierte, fand er großen Trost in dem Gefühl des
Schutzes, das sie ihm gab. Ruhe und Pflege sowie die magische Luft von
Minnesota führten zu einer solchen Verbesserung seines
Gesundheitszustands, dass Wilson wenige Wochen später aus dem
Krankenhaus entlassen wurde.

Nach einer kurzen Zeit im Freien, bei der er seine Kräfte auf die Probe stellte,
ging er in eine Druckerei, wo er sich einen Monat lang als Mann unter
Männern fühlte. Aber es war ein zu ehrgeiziger und unkluger Schritt – die
Enge und die Enge im Büro waren für ihn unerträglich, und mit großem
Bedauern gab er die Situation auf.

Der Winter setzte ein und er fand keine Arbeit mehr, die er erledigen konnte,
und dennoch hielt er sich für zu gesund, um erneut eine Einweisung in ein
Krankenhaus zu beantragen. Die Lebenseinstellung verdüsterte sich, denn es
schien nirgendwo einen Platz für ihn zu geben. In dieser Zeit der
Ungewissheit schrieb er mir nicht, und eines Tages, nachdem er drei Nächte
auf einem Bahnhof verbracht hatte, bat er als letzten Ausweg darum, in das
Landheim geschickt zu werden, und wurde dort empfangen; Danach konnte
er nicht mehr ohne Weiteres in ein Krankenhaus eingeliefert werden.

Die Häuser im westlichen Landkreis waren zu dieser Zeit harte Orte; In
mancher Hinsicht war das Leben dort schwieriger als im Gefängnis, wo
Zurückhaltung und Disziplin gewissermaßen einen Schutz darstellen, der
einem Menschen den ungestörten Besitz seines inneren Lebens und seiner
Gedanken sichert, zumindest während der Arbeitszeit. Das unaufhörlich
aufdringliche Heimleben mit der mangelnden Disziplin und dem
hemmungslosen Verkehr der Insassen, mit dem Müßiggang und dem Dreck
ist weitaus demoralisierender; Kriminalität selbst schadet der Selbstachtung
nicht so sehr wie das Leben als fauler Armer unter Armen. All dies war
zwischen den Zeilen von Wilsons Briefen zu lesen.

Und nun erfasste ihn eine neue Angst. Seine ganze Hoffnung und sein
Ehrgeiz hatten sich auf den Wunsch konzentriert , für dieses Leben gut zu

sein. Er hatte den Gedanken an den Tod als das Einzige, was ihn daran hindern würde, diesen Wunsch zu verwirklichen, beharrlich ausgeschlossen. Natur und Jugend klammerten sich leidenschaftlich an das Leben, und sein ganzer Wille war darauf gerichtet, dem Fortschreiten der Krankheit zu widerstehen. Aber von Tag zu Tag drängte sich die Erkenntnis, dass ihm das Leben entglitt, tiefer in sein Bewusstsein; sogar für die Zeit, die ihn moralisch entmutigt. Seine hohen Vorsätze schienen vergeblich zu sein. Es war alles nutzlos. Er muss arm sterben und hat keine Chance, seine verlorene Männlichkeit wiederzugewinnen; Das Leben schien tatsächlich ein hoffnungsloser Misserfolg zu sein. Ich hatte Wilson mit frankierten und adressierten Papieren und Umschlägen versorgt, damit ich immer direkt oder über andere von ihm hören konnte; aber es kam eine Zeitspanne von mehreren Wochen, in der ich nichts hörte, obwohl ich regelmäßig schrieb. Sowohl ratlos als auch ängstlich in meinem Entschluss, das Schweigen unter allen Umständen zu brechen, schrieb ich einen etwas energischen Brief. Die Antwort kam per Post, aber es war der Besitzer des Kreisheims, der schrieb, dass Wilson regelmäßig geschrieben habe und dass er über meinen letzten Brief sehr unzufrieden sei, und fügte hinzu:

„Er sagt, wenn dieser Raum mit Geld gefüllt wäre, würde es ihn nicht dazu verleiten, seinen besten Freund zu vernachlässigen; und als ich ihm sagte, dass dieser Raum ziemlich groß sei und eine Menge Geld enthalten würde, sagte er, dass das keinen Unterschied mache." "

Ich konnte mich nicht damit abfinden, dass Wilson an diesem Ort starb, und als die Frühlingstage kamen , wurde er nach Chicago geschickt, wo seine Einweisung in ein Krankenhaus vereinbart worden war. Es war ein Aprilnachmittag, als ich ihn in einer der Hauptabteilungen des Krankenhauses fand, einem großen Raum, der von Sonnenschein und frischer Luft durchflutet war. Junge Frauen, charmant in der Uniform ihrer Krankenschwestern, mit geschickten und sanften Händen, waren dort die dienenden Geister; das präsidierende Genie war eine wunderschöne Philadelphianerin, deren gnädige Ruhe an sich schon ein himmlischer Segen für die Kranken und Leidenden war, unter denen sie lebte. Auf einem Tisch neben Wilsons Bett erfüllten Erdbeerbäume die Luft mit Duft und erzählten die Geschichte des Frühlings.

Wilson war stark verändert; aber sein Gesicht strahlte vor Freude über unser Treffen. Wochen zuvor war er nicht in der Lage gewesen, mir über seine Gedanken und Gefühle zu schreiben, und ich weiß nicht, wann die Veränderung kam. Aber es war deutlich zu erkennen, dass er sich dem Tod zugewandt hatte, als er sich näherte; und hatte, wie so viele andere, festgestellt, dass der Tod nicht länger ein Feind und das Ende aller Dinge zu sein schien, sondern ein Freund, der den Weg zu einem erfüllteren Leben weist; er ging davon aus, dass ich das alles verstanden hätte; es wäre ihm schwergefallen, es in Worte zu fassen; aber er hatte mir viel von allen um ihn herum zu erzählen und wollte mit mir die Freundschaften teilen, die er im Krankenhaus geschlossen hatte; und ich interessierte mich dafür, wie sich die *Qualität des menschlichen Wesens* bei Krankenschwestern und Patienten gleichermaßen bemerkbar gemacht hatte.

Einer der gerade entlassenen Patienten kam ans Krankenbett, um sich von ihm zu verabschieden; Wilson ergriff seine Hand und erinnerte ihn mit ein paar ernsten Worten an Versprechen, die er in einem früheren Gespräch gegeben hatte. Mit gebrochener Stimme erneuerte der Mann seine Versprechen und ging mit tränengefüllten Augen. Er war nicht in der Lage, den Abschied auszusprechen, den er zu geben gedachte.

Am Ende meines Besuchs bestand Wilson darauf, mir die schönste Traube seines Erdbeerbaums zu schenken; während Miss Alden, die Philadelphianerin, es mit einem Lächeln quittierte, dass er ihre Gabe mit einer anderen teilte.

Als Miss Alden mit mir zur Tür ging, erzählte sie mir von ihrem tiefen Interesse an Wilson und vom Respekt und der Zuneigung, die er bei allen gewonnen hatte, die mit ihm in Kontakt gekommen waren. „Die Krankenschwestern empfinden es als Freude, etwas für jemanden zu tun, der so wenig verlangt und so dankbar ist", sagte sie. Obwohl Miss Alden wusste, dass er im Gefängnis gewesen war, war sie überrascht, als sie erfuhr, dass Wilson kein gebildeter Mann war. Seine Verwendung der englischen Sprache und der allgemeine Ton seiner Gedanken und Gespräche hatten ihn als einen Mann eingestuft, der mit guter Literatur und raffinierten Assoziationen vertraut war. Auch sie hatte in ihm eine gewisse spirituelle Stärke gespürt und war berührt von seiner Loyalität mir gegenüber, die nie durch seine Dankbarkeit anderen gegenüber getrübt zu sein schien. Sie glaubte, dass ihn nur die Stärke seines Wunsches, mich noch einmal zu sehen, die vergangene Woche auf dieser Welt gehalten hatte.

Am nächsten Morgen war Wilson sichtlich schwächer; die Aufregung, die durch die Aufregung, mich am Tag zuvor gesehen zu haben, hervorgerufen wurde, war verschwunden; aber der geistige Frieden und die Kraft, die zu ihm gekommen waren, waren umso offensichtlicher.

Auf sein Diktat hin schrieb ich eine letzte Nachricht an Newton und Anweisungen zur Entsorgung seiner Kleidung, die an Patienten weitergegeben werden sollte, deren Bedürfnisse er entdeckt hatte. Er äußerte den Wunsch, jeder der Krankenschwestern ein paar kleine Erinnerungen zu hinterlassen; es gab sechs, denen er besonders zu Dank verpflichtet war. Da war Miss Stevens, „die nachts so freundlich war"; Jeder hatte seinen besonderen Anspruch, und ich versprach, dass jeder ein Zeichen seiner Dankbarkeit erhalten sollte.

Danach sprach er von dem neuen Leben, das vor ihm lag, so selbstverständlich und leichtfertig, wie er vom Krankenhaus sprach. Er schien die Grenze des neuen Lebens bereits überschritten zu haben. Sein Herz hatte seine Heimat in Gott gefunden; dort konnte er sich vorbehaltlos hingeben. Leben und Ewigkeit wurden gerne dem Einen angeboten, dem er vollkommenes Vertrauen entgegenbrachte.

„Sag mir", sagte ich, „was denkst du über den Himmel, jetzt wo er so nah ist ? Was erwartest du?"

Wie voller Mut, Vertrauen und Ehrlichkeit war seine Antwort! „Ich erwarte kein Glück, zumindest nicht sofort. Dafür ist Gott zu gerecht, nach dem Leben, das ich gelebt habe." Gefangenschaft, Krankheit, Armut, all die Übel, die wir am meisten fürchten, hatte er jahrelang ertragen müssen, zählten ihm aber im Vergleich zu seinem ruinierten Leben nichts. Aber der Gedanke an das Leiden löste keine Angst aus. Die Gerechtigkeit Gottes war ihm lieber als das persönliche Glück. Ich habe dieses Gefühl ungestört gelassen. Er war dem Licht des perfekten Tages näher als ich, und ich konnte sehen, dass er unbewusst aufgehört hatte, bei irgendjemandem „auf dieser Seite" nach Licht zu suchen.

Wilson schlief, als ich ihn wiedersah, aber die schnelle Veränderung, die stattgefunden hatte, war auf den ersten Blick erkennbar. Als er die Augen öffnete und mich neben sich stehen sah , blickte er mich einen Moment lang schweigend an. Mit Mühe sammelte er Kraft für das, was er offenbar sagen wollte; und all die Dankbarkeit und Zuneigung, die er mir gegenüber nie zuvor direkt auszudrücken versucht hatte, wurden in ein paar einfachen Worten zum Ausdruck gebracht. Er wollte sich nicht verabschieden; Der Verlust der höchsten Freundschaft seines Lebens war nicht Teil seiner Vorstellung vom Tod. Dann sprach er über das größere Leben der Menschheit, für das er so tief empfunden hatte, und seine letzten Worte an mich waren: „Seien Sie für andere, was Sie für mich waren. Wir sind alle Brüder und Schwestern." Der letzte Gedanke zwischen uns war nicht die einer exklusiven, individuellen Freundschaft, sondern die universelle Bindung, die jeden mit allen verbindet.

Noch vor Mitternacht war das irdische Leben friedlich und ohne Angst zu Ende gegangen. Der Stiel der Osterlilien, den ich am nächsten Tag ins Krankenhaus trug, wurde im letzten Schlaf in die gefalteten Hände gelegt, und Wilson umklammerte im Tod das Symbol des neuen Lebens und der himmlischen Reinheit.

Wilson war einer der Männer hinter Gittern; aber ich betrachte ihn als einen Mann unter Menschen; und seine letzten Worte an mich: „Wir sind alle Brüder und Schwestern" fassen die Wahrheit zusammen, die auf der ganzen Welt zu allen Bemühungen inspiriert, dem Ruf der Trostlosen oder

Unterdrückten zu folgen – ob der Schrei von kleinen Kindern in der Mine
kommt , der Werkstatt oder dem Mietshaus, oder von denen, die in Sklaverei,
im Krankenhaus oder im Gefängnis sind.

---

# KAPITEL XIII

In den achtziger und neunziger Jahren des letzten Jahrhunderts war ich am engsten mit dem Leben im Gefängnis verbunden; und zu dieser Zeit saßen die Männer, deren Geschichten ich erzählt und aus deren Briefen ich zitiert habe, hinter Gittern. Über vierzig Jahre lang gab es in diesem Gefängnis keine radikale Änderung der Methoden der Disziplinierung, aber die materiellen Bedingungen wurden etwas verbessert, die Streifen und der Gleichschritt wurden abgeschafft und die sanitären Einrichtungen wurden verbessert.

Diese Institution galt als eine der besten des Landes und lag zweifellos in vielerlei Hinsicht über dem Durchschnitt. Während die Sträflinge strengen repressiven Vorschriften unterworfen waren, unterlagen die Wärter kaum weniger strengen Regeln, Günstlingswirtschaft war nicht erlaubt, Bestechung wurde nicht geduldet, und die aufeinanderfolgenden Amtsführungen waren durch und durch ehrenhaft. Während sich die verschiedenen Aufseher an anerkannte Disziplinarnormen hielten, gab es viele Beispiele individueller Freundlichkeit seitens der Mitglieder der Verwaltung, und kein Gefallen, den ich für einen Gefangenen erbeten, wurde jemals abgelehnt.


Doch das 20. Jahrhundert brachte eine völlige Revolution im Umgang mit Strafgefangenen. Diese radikale Revolution stürzt jahrhundertealte Bräuche sowie alte und moderne Theorien. Es ist so plötzlich über uns hereingebrochen, dass wir seine volle Bedeutung noch nicht erfasst haben, aber die Ursachen, die dazu geführt haben, wirken seit vielen Jahren im Stillen.

Seit jeher verschmilzt die Individualität des Menschen mit dem Begriff des Verbrechers; der Verbrecher war praktisch kein Mensch mehr und wurde nur noch nach seiner Straftat eingestuft; als Mörder, Dieb, Fälscher, Taschendieb usw. Im Laufe des 19. Jahrhunderts kam es zu einer allmählichen Milderung des Schicksals der Verurteilten: Die Gesetze wurden flexibler, es wurden Anstrengungen unternommen, um eine einheitlichere Länge der verhängten Strafen sicherzustellen, und viele Staaten verwarfen die Strafe Gleichschritt und die gestreifte Kleidung, und das Vertragssystem wich anderen Beschäftigungen von Sträflingen. Während es in den älteren Gefängnissen durch verfallene Mauern und zunehmende Schädlinge immer schlimmer wurde, wurden mit dem Bau neuer Gefängnisse mehr Licht, bessere Belüftung, größere Zellen und insgesamt bessere sanitäre Einrichtungen eingeführt. Allerdings wurde die Lombroso-Theorie eines bestimmten Verbrechertyps, der ausgeprägte körperliche Merkmale aufweist,

an allen unseren Universitäten gelehrt und von der Öffentlichkeit so
allgemein akzeptiert, dass man glaubte, der Verbrecher sei ein *anderer Typ
Mensch* .

Die Gerichte machten ein florierendes Geschäft, sammelten alle ihre
Gebühren ein und sorgten dafür, dass unsere Gefängnisse gut gefüllt waren,
während die Disziplinierung der Sträflinge praktisch ohne Einmischung den
Gefängnisbeamten überlassen blieb. Es wurden Gefängniskongresse
abgehalten und es wurde viel über den Verbrecher geredet, aber er galt nicht
als Mann mit menschlichen Gefühlen und Menschenrechten;
Managementmethoden wurden besprochen, aber die unmenschlichen
Strafen, die einige dieser Aufseher verhängten, wurden in diesen
Diskussionen nie erwähnt. „Wir haben das Sagen, in der Sträflingswelt ist
alles in Ordnung“, war der Eindruck, den der Außenstehende erweckte, der
ihren Ansprachen zuhörte.

Zweifellos waren viele dieser Gefängniswärter im Herzen Menschenfreunde
und gaben ihren Gefängnissen aufgrund ihrer persönlichen Eigenschaften
eine besondere Atmosphäre, aber sie alle waren Opfer der Tradition im
Umgang mit Sträflingen – Tradition und Präzedenzfall, der etablierten
Gefängnisordnung Management. Der unerfahrene Aufseher, der die Leitung
übernahm, folgte natürlich den ausgetretenen Pfaden; er untersuchte die
Situation aus der Sicht seines Vorgängers, und die Lage war bestenfalls
schwierig; radikale Neuerungen konnten nur mit der Zustimmung der
Gefängniskommissare vorgenommen werden, die offenbar hauptsächlich
daran interessiert waren, dass das Gefängnis ein lohnendes Geschäft
darstellte; und die Bezahlung erfolgte nach dem abscheulichen
Vertragssystem.

Und so gingen die Jahre weiter, wobei die Hauptlinien der Gefängnisdisziplin
– das tägliche Leben der Sträflinge – praktisch unverändert blieben. Der
Sträfling war lediglich eine menschliche Maschine, die eine bestimmte Anzahl
von Stunden arbeiten musste und über keinen Anreiz zu guter Arbeit
verfügte, der über die Angst vor Bestrafung hinausging. Es wurde nicht
darüber nachgedacht, ihn für die künftige Staatsbürgerschaft zu befähigen.
Jedes Gefängnis hatte seine Strafzellen, einige davon unter der Erde, die
meisten dunkel, in denen Männer tagelang mit Brot und Wasser eingesperrt
waren, normalerweise während der Arbeitszeit an die Eisentür der Zelle
gefesselt und nachts auf dem Steinboden schliefen es sei denn, es wurde eine
Verpflegung bereitgestellt – die Verpflegung bestand nur aus Brot und
Wasser. Solche Strafen wurden bereits für geringfügige Verstöße gegen die
Regeln verhängt, während manchmal auf Auspeitschung, „Wasserkuren“
und andere teuflische Methoden zurückgegriffen wurde. In Gefängnissen
höherer Qualität wurden die strengsten Repressionsmaßnahmen

durchgesetzt und alle natürlichen menschlichen Impulse unterdrückt. Dies galt als „ausgezeichnete Disziplin".

Was nun die Folgen dieser strengen Strafen und rigiden Unterdrückungsmethoden betrifft: Wurden die Kriminellen umerzogen? War die Gesellschaft geschützt? Was waren die Früchte unserer Gefängnisse und Besserungsanstalten? Mir liegen zuverlässige, aktuelle Statistiken aus einem Nachbarstaat über die Zahl der Männer vor, die nach Verbüßung einer Haftstrafe wegen einer zweiten Straftat verurteilt wurden. Der allgemeine Durchschnitt zeigt, dass vierzig von hundert Männern, die zum ersten Mal ins Gefängnis kommen, nach ihrer Entlassung ein zweites Verbrechen begehen. Dieser Prozentsatz stellt einen angemessenen Durchschnitt der Ergebnisse heutiger, nicht fortschrittlicher Gefängnismethoden dar. Aber während unsere Gefängnisse praktisch stillstanden und die Kriminalität zunahm, war die Welt in Bewegung, neue Ideen lagen in der Luft, die für die menschliche Entwicklung von nicht geringerer Bedeutung sein sollten, als die Beherrschung der Elektrizität in der materiellen Welt beweist.

Es gibt ein altes Sprichwort: „Alles Arbeiten und kein Spaß macht Jack zu einem langweiligen Jungen." Vor etwa fünfzehn Jahren kristallisierte sich die entscheidende Wahrheit dieses alten Sprichworts plötzlich in der Spielplatzbewegung heraus. Mehr Möglichkeiten zur Erholung, mehr Abwechslung in der geistigen Beschäftigung, mehr frische Luft und Sonnenschein wurden energisch gefordert. Selbst inmitten unserer überfüllten Städte sind nicht nur Spielplätze entstanden, sondern in Europa sind auch Freiluftschulen entstanden, die in diesem Land, in dem das Klima es zulässt, immer beliebter werden. Leichtathletik erfreut sich in allen Formen immer größerer Beliebtheit. Freiheit für den Körper, Bewegung für jeden Muskel wird nicht nur von Ärzten befürwortet, sondern ist auch zur Mode geworden, bis Golf mittlerweile der große amerikanische Zeitvertreib ist und der Nutzen körperlicher Erholung nicht mehr in Frage gestellt wird.

Einen noch weitreichenderen Einfluss hat letztlich die moderne Anerkennung der Rechte und Ansprüche des Einzelnen. Dieses Erwachen ist so weit verbreitet, dass es nicht in einer persönlichen Führung zentralisiert werden kann. Es ist, als würde ein großes Licht auf das Leben des 20. Jahrhunderts in allen zivilisierten Ländern aufgehen, und es wirkt sich bereits in unzähligen Richtungen auf die Existenz aus.

In der Armee wird der einfache Soldat nicht mehr nur als Schießmaschine betrachtet, er wird sowohl zum Mann als auch zum Soldaten gedrillt, ausgebildet und geschult. Bei der Behandlung von Geisteskranken gehört die körperliche Einschränkung nach und nach der Vergangenheit an; Der Patient wird in erster Linie als Mensch und nicht nur als Fall betrachtet. Immer mehr werden die individuellen Bedürfnisse erforscht und individuelle Talente in die Tat umgesetzt. In Schulen für geistig Behinderte besteht die eigentliche Grundlage der Methoden und Ziele darin, die Entwicklung des Einzelnen zu fördern, alle Grundkenntnisse der Fähigkeiten des Kindes maximal hervorzuheben und den Fokus stets auf das Normale und nicht auf das Normale zu richten von Natur aus ungewöhnlich. Ärzte, Psychologen und Pädagogen erkennen gleichermaßen, wie wichtig es ist, Methoden an die Bedürfnisse des Einzelnen anzupassen.

Kindererziehung – leider in vielen Fällen das Studium von Lehrbüchern und nicht das Studium des lebenden Kindes in der Familie, aber Kindererziehung in irgendeiner Form – ist bei den Müttern von heute vorherrschend. Die begabte Madame Montessori betont sowohl aus wissenschaftlicher als auch aus humanitärer Sicht, wie wichtig es ist, dem Kind die Freiheit zu geben, sich selbst auszudrücken. In der Wahlrechtsbewegung haben wir einen weiteren Beweis für den gleichen Impuls zur Anerkennung individueller Rechte. Es kommt aus allen Richtungen zu uns, sogar vom Schlachtfeld, wo die Krankenschwester des Roten Kreuzes weder Freund noch Feind sieht, sondern nur einen leidenden Mann, der ihrer Fürsorge bedarf.


Hier haben wir es mit zwei großen Kräften zu tun: der zwingenden Forderung der Natur nach mehr Freiheit für den Körper, mehr Sonnenschein und frischer Luft Gottes; und die noch zwingendere Forderung des Geistes im Menschen nach Anerkennung und Befreiung. Die beiden Kräfte vereinen sich in der einen Forderung: *Pro sanitate totius hominis* – für die Gesundheit des ganzen Menschen.

Vor etwa dreißig Jahren hatte Richard Dugdale, ein großherziger und großhirniger Student der Soziologie, den Mut zu behaupten, dass der große Fehler der Gesellschaft im Umgang mit Kriminellen damit begann, so viele von ihnen in unseren Gefängnissen einzusperren und sie praktisch zu versklaven der Staat entzieht ihnen jeglichen Lohn für ihre Arbeit und überlässt ihre Familien häufig der öffentlichen Steuer, um Unterstützung zu erhalten; In vielen Fällen trifft die Strafe sogar unschuldige Angehörige stärker als die Täter selbst. Er glaubte jedoch, dass es einen Rest praktisch uneinbringlicher Krimineller geben würde, deren dauerhafte Entfernung aus der Gesellschaft notwendig sei, dass das Leben dieser Klasse jedoch so normal wie möglich gestaltet werden sollte. Richard Dugdale war ein Mann prophetischer Einsicht, mit einer klaren Vorstellung von der gesamten Frage der Sozialökonomie – auch der sozialen Pflichten. Leider folgte sein Tod bald nach der Veröffentlichung seiner Artikel. Aber die Zeit lässt seine Träume wahr werden und bestätigt die Richtigkeit seiner Theorien. Schon zu Lebzeiten dieses Mannes gab es immer wieder Versuche, Männer nach einem ersten Vergehen auf Bewährung zu schicken, anstatt sie ins Gefängnis zu schicken.

Mit der Einführung der Jugendgerichte zu Beginn unseres Jahrhunderts nahm diese Idee praktische Gestalt an; und Richter Lindsey aus Denver gab der Bewegung, junge Straftäter vor dem demoralisierenden Einfluss von Gefängnissen und fehlgeleiteten Besserungsanstalten zu retten, so viel Auftrieb, dass diesem Beispiel in alle Richtungen gefolgt wurde und Tausende von Jungen aus dem kriminellen Leben gerettet wurden. „Rettet die Jungen und Mädchen" appellierte direkt an die Massen, und dieses Quäntchen Prävention wurde mit wenig Widerstand befürwortet.

Doch als die Ausweitung des Bewährungsprivilegs auf erwachsene Straftäter befürwortet wurde – um die Zahl der Gefängnisinsassen noch weiter zu reduzieren –, hielt sich die Öffentlichkeit zurück, da sie eine Gefahr für die Gesellschaft befürchtete, wenn diese älteren Gesetzesbrecher den gesetzlichen Strafen für ihre Straftaten entgehen könnten. Der Fortschritt ließ sich jedoch nicht aufhalten, und in vielen Staaten wurde die Bewährung von Erwachsenen legalisiert. Die Ergebnisse waren über alle Erwartungen hinaus zufriedenstellend und zeigten, dass durchschnittlich weniger als fünf Prozent der Männer, die auf Bewährung entlassen wurden, wieder kriminell wurden, während es nach einer Haftstrafe in einem nicht progressiven Strafvollzug nur 40 Prozent waren.

Dieses Gesetz zur Bewährung von Erwachsenen verleiht dem Richter keine zwingende, sondern eine Ermessensbefugnis, und der Charakter des Richters spielt eine nicht weniger wichtige Rolle als der Charakter des Täters; die Anwendung des Gesetzes ist in erster Linie eine Beziehung von Mensch zu Mensch; der ungerechte Richter wird immer noch ungerecht sein, der schüchterne Richter wird es vermeiden, Risiken einzugehen; In der sehr menschlichen Seite, in der die Stärke dieses Kurses liegt, liegen auch seine Grenzen.

Die eigentliche Grundlage der Bewährungsidee ist nun die Anerkennung des individuellen Charakters des Täters und der Umstände, die zu der Straftat geführt haben. Aber kaum war das Bewährungsgesetz für Erwachsene in Kraft, als der Anspruch des Einzelnen aus einer anderen Richtung anerkannt wurde. Kurioserweise wurde bei Gerichtsverfahren gegen Kriminelle der Geschädigte völlig ignoriert – nach dem alten englischen Präzedenzfall. Nicht das Verbrechen eines Menschen gegen den Menschen, sondern das Verbrechen des Menschen gegen den Staat, die Verletzung eines Staatsgesetzes, wurde bestraft. Für den Kriminellen war ein Verbrechen gegen den Staat nur eine vage und unbestimmte Abstraktion, außer im Falle eines Mordes, der wahrscheinlich keine Reue oder ein Gefühl der Verantwortung gegenüber der verletzten Person hervorruft. Wenn der

Geschädigte rachsüchtig war , hatte er die Genugtuung zu wissen, dass der Verbrecher bestraft wurde; aber die Einweisung des Täters ins Gefängnis nahm ihm jede Möglichkeit einer Wiedergutmachung.

Etwas Interessantes geschieht, als der Richter die Befugnis erhält, einen Mann auf Bewährung zu verhängen. Abschließend wird die Verletzung des Einzelnen berücksichtigt . Hier ist ein konkretes Beispiel dafür.

„Fünftausend Dollar wurden von einem 21-jährigen Mann aus einem Theater in Los Angeles unterschlagen und im Luxusleben verschwendet. Er gestand und erhielt dieses Urteil vom Richter:

„‚Du sollst nachts zu Hause bleiben. Du sollst innerhalb der Grenzen dieses Landkreises bleiben. Du sollst nicht Billard oder Billard spielen, nicht häufig Cafés besuchen oder berauschende Spirituosen trinken, und du sollst sofort zur Arbeit gehen und dabei bleiben, bis du alles zurückgezahlt hast.'" [14]

Diese Praxis, die Rückerstattung zu einer Bewährungsbedingung zu machen, verbreitet sich rasch. Hier haben wir eine bisher beispiellose Methode zur Gewährleistung umfassender, vernünftiger Gerechtigkeit, die auch direkt mit einer soliden Sozialökonomie im Einklang steht. Herr Morrison Swift hat über eine Haftstrafe treffend gesagt: „Sie unterbricht den Strom zwischen dem Mann und dem Leben, sodass es schwierig ist, wieder Verbindungen herzustellen, wenn er wieder auftaucht. Er hat seinen Job verloren und allzu oft Gesundheit, Nerven, und Selbstachtung werden beeinträchtigt. Diese Hindernisse für die Reformation werden beseitigt, wenn ein Mann seine Verbindung zur Gemeinschaft aufrechterhält, indem er wie jeder andere in ihr arbeitet."

Ein weiterer Faktor im Bewährungsplan besteht darin, dass er den Straftäter direkt mit einer freundlichen, leitenden und helfenden Hand in Kontakt bringt und ihn sofort einem guten Einfluss aussetzt; denn es ist die Pflicht des Bewährungshelfers, für seinen Schützling ein Umfeld zu schaffen, das darauf ausgelegt ist, die Reformation zu fördern: Er wird tatsächlich der Hüter seines Bruders.

Während auf diese Weise moderne Ideen bei der Rettung des Einzelnen angewendet wurden, bevor er mit dem kriminellen Leben identifiziert wurde, ist das Eindringen neuerer Bewegungen in die Hochburg des Gefängnisses selbst noch ausgeprägter.

Das 20. Jahrhundert markiert den Beginn des Kreuzzugs gegen Tuberkulose. Ärzte, Philanthropen und Gesetzgeber schlossen sich gegen die schrecklichen Verwüstungen dieses Feindes im Leben der Menschen zusammen. Der Staat stellte großzügige Mittel zur Heilung der Krankheit bereit und es wurden alle Anstrengungen unternommen, um die Ursachen des Übels aufzuspüren. Und dann stellte sich heraus, dass der Staat mit ihrer linken Hand Freilandkolonien zur Behandlung von Tuberkulose errichtete, während sie mit ihrer rechten Hand Laboratorien für die Kultivierung der tödlichen Keime unterhielt und die Samen fleißig an Orten ausstreute wo sie am fruchtbarsten wären. Mit anderen Worten: Die Wände unserer Gefängnisse waren zu Infektionsherden geworden. Doktor JB Ransome vom Staat New York stellt fest, dass zwischen 40 und 60 Prozent der Todesfälle in allen Gefängnissen auf Tuberkulose zurückzuführen sind; zeitweise lag die Sterblichkeit bei bis zu achtzig Prozent. Er erzählt uns auch, dass es in den Vereinigten Staaten heute zwanzigtausend Tuberkulose-Häftlinge gibt, von denen die meisten in die überfüllten Bezirke und stickigen Mietskasernen zurückkehren werden, wo sich die Krankheit am schnellsten und bösartigsten verbreitet. [15]

Er drängt dringend darauf, *infizierte Gefängnisse zu zerstören* und den Sträflingen, wenn möglich, Arbeit im Freien zu geben; und dass Licht, Luft, Bewegung, nahrhafteres Essen und gesündere Bedingungen im Allgemeinen die krankheitserzeugenden Bedingungen ersetzen, unter denen Gefängnisse schon immer existierten. Abgesehen von allen humanitären Erwägungen erfordert die öffentliche Gesundheit daher radikale Veränderungen in den Gefängnissen und im Leben der Gefangenen.

Das Automobil, der Autokrat der Gegenwart, hat wenig von missionarischem Geist; Aber es hat seine dringende Forderung nach guten Straßen im ganzen Land gestellt, und die Gesetzgebung, die jetzt die Arbeit von Sträflingen auf Staatsstraßen erlaubt, reagiert nicht nur auf diese Forderung, sondern löst teilweise auch das schwierige Problem der Beschäftigung von Sträflingen.

Inwieweit die Männer, die für die Revolution im Gefangenenmanagement verantwortlich waren, diese Tendenzen der Zeit untersucht haben, weiß ich nicht. Die meisten dieser Männer haben zweifellos besser gebaut , als sie wussten. Alle Winde des Fortschritts, die aus allen Richtungen wehen, scheinen sich in einem einzigen Windstoß zu konzentrieren, der dazu bestimmt ist, die Mauern unserer Gefängnisse einzustürzen, so wie die Mauern von Jericho unter dem Klang der Posaunen der Heerscharen des Herrn eingestürzt sein sollen. Es kann sogar sein, dass die Heerscharen des Herrn hinter diesen Winden des Fortschritts zurückbleiben.

Die Einführung dieser Reformbewegung erforderte Männer von außergewöhnlicher Kraft und Fähigkeit, und als Antwort auf diese Forderung treten genau solche Männer an die Front. Die Vereinigten Staaten haben bereits eine bemerkenswerte Reihe von Industriekapitänen hervorgebracht, aber nicht weniger bemerkenswerte Männer übernehmen heute diesen humanitären Bereich.

Der Pionier der Revolutionierung der Gefängnisverwaltung war weder Strafforscher noch Philanthrop. Der erste Schritt erfolgte aus rein praktischen Gründen. Als das 20. Jahrhundert gerade erst begann, stellte Herr John Cleghorne, ein neu ernannter Aufseher einer Strafanstalt in

Colorado, fest, dass der Staat für die Zahl der zu Zwangsarbeit verurteilten Sträflinge weder Zellen noch Werkstätten im Gefängnis bereitgestellt hatte. Um diesem Bedarf gerecht zu werden, beschloss dieser Aufseher, eine Reihe von Männern außerhalb der Mauern arbeiten zu lassen, ein Lager zu errichten und die Männer, damals in gestreifter Kleidung, auf ihre Ehre zu schicken, nicht zu entkommen. Das Experiment war insgesamt erfolgreich; aber so stillschweigend weitergeführt, dass es außerhalb der Grenzen seines eigenen Staates kaum Beachtung fand, bis der nächste Direktor, Thomas J. Tynan, ernannt wurde, der den Beginn einer echten Reform in der Behandlung von Sträflingen erkannte und die Veränderungen aus humanitären Motiven offen befürwortete .

Während in dieser Bewegung Colorado der Vorrang eingeräumt wird, ist ein bemerkenswertes Merkmal der nahezu gleichzeitige Ausdruck von Gefühlen und Ideen, die an weit voneinander entfernten Orten, von der Pazifikküste bis zum Atlantik und sogar an den Küsten Panamas, praktisch gleich sind. Natürlich begann die Bewegung im Westen, in neueren Staaten, die weniger durch Präzedenzfälle eingeschränkt waren als die älteren Staaten, wo Traditionen der Gefängnisdisziplin seit zwei Jahrhunderten weitergegeben wurden; Aber die Zeit war reif für den Wandel, und er wurde durch Männer herbeigeführt, einige von ihnen ausgebildete Strafvollzugsbeamte, andere praktische Geschäftsleute, aber alle vereint im Glauben an die menschliche Natur und an dem einen Ziel, die Männer unter ihre Zuständigkeit zu bringen selbsttragende, gesetzestreue Staatsbürgerschaft.

Skeptiker hinsichtlich der Auswirkungen dieser liberalisierenden Tendenz auf die Gefangenen werden durch die erstaunliche Reaktion der Sträflinge in jedem Gefängnis, in dem das Ehrensystem angewendet wird, zum Schweigen gebracht. Diese Reaktion ist unbestreitbar: Ein Geist des gegenseitigen Vertrauens verdrängt den Geist des Misstrauens und der Entmutigung, und indem die alte Feindseligkeit gegenüber den Gefängnisbehörden durch ein aufrichtiges Gefühl der Zusammenarbeit mit ihnen ersetzt wird, wird ein unschätzbarer Punkt in der Gefängnisdisziplin erreicht. Wir hören heutzutage viel von der Macht der Suggestion, und die bewusste und unbewusste Suggestion, die die Atmosphäre dieser fortschrittlichen Gefängnisse durchdringt, ist hoffnungsvoll und hilfreich.

Noch nie zuvor in der tragischen Geschichte der Gefängnisse wurde eine spirituelle Kraft zur Kontrolle der Gefangenen eingesetzt; Und doch besteht der erste Schritt, den diese fortschrittlichen Aufseher mit einer Zustimmung unternehmen, darin, Sträflinge auf ihre Ehre zu legen: keine Ketten und Fesseln, keine Bolzen und Stangen, keine Form körperlicher Fesselung; sondern eine undefinierbare, unfühlbare, unsichtbare Kraft, die auf den Geist dieser Männer wirkte. Indem sie diese Macht auf ihre Schützlinge anwenden, haben diese Aufseher tatsächlich „ihren Wagen an einen Stern angehängt".

## FUSSNOTEN:

[14] Morrison I. Swift, *Atlantic Monthly* , August 1911.

[15] *Atlantic Monthly* , August 1911.

# KAPITEL XIV

Und es kam die Zeit, im Jahr 1913, als die Welle der Revolution in den Gefängnismethoden das Gefängnis erfasste, das den Hintergrund der auf diesen Seiten dargestellten Leben bildete. Hinter all meinen Freundschaften mit diesen Männern stand das Gefängnis unter den alten Methoden und warf seinen dunklen Schatten auf ihr Leben. Viele von ihnen starben innerhalb der Mauern; andere kamen nur heraus, um in Wohltätigkeitskrankenhäusern zu sterben oder um mit geschwächter Gesundheit und geschwächter Widerstandskraft und Ausdauer den Kampf ums Leben aufzunehmen. Fast wie ein Mann hatten sie mich vor der Erkenntnis bewahrt, was sie in den Strafzellen erdulden mussten – vor den physischen Bedingungen des Gefängnislebens; aber ich wusste weit mehr, als sie dachten – so viel ich ertragen konnte – und in unseren Interviews erkannten wir, dass es sinnlos war, über Übel zu sprechen, denen ich nicht helfen konnte; Und außerdem habe ich immer versucht, diese Interviews zu Oasen in der Wüste ihres Lebens zu machen. Aber auf meinem eigenen Herzen lag all die Jahre auch der Schatten des Gefängnisses. In der hellen Melodie eines Junimorgens brach der plötzliche Gedanke an das Gefängnis in grausamer Zwietracht zusammen; Manchmal würde alles, was am hellsten und schönsten ist, die Tragödie des Gefängnislebens nur umso deutlicher hervorheben. Tief unter der Oberfläche meines Denkens war immer das Bewusstsein des Gefängnisses vorhanden; aber andererseits ließ dieses bleibende Bewusstsein die gewöhnlichen Prüfungen und Ärgernisse, die untrennbar mit dem menschlichen Leben verbunden sind, von geringer Bedeutung erscheinen und ließ Wolken über dem Sonnenlicht einer glücklicheren Existenz verschwinden; und ich war dankbar, dass ich aus meinen eigenen glücklichen Stunden einen Lichtstrahl erhaschen konnte, der in völlig trostlose Leben fließen konnte. Ich habe mich so sehr auf das Gefängnisleben eingelassen, dass es auch heute noch eines der lebendigsten Kapitel meiner persönlichen Erfahrung darstellt. Daher kann meine Sicht auf die Veränderung der Gefängnissituation nicht ganz die eines Außenstehenden sein. *Ich weiß*, was diese Veränderung für die Männer innerhalb der Mauern bedeutet; denn im Gefühl war auch ich ein Gefangener.

Vor mir liegt ein kleines Papier, die erste Nummer einer neuen monatlichen Veröffentlichung hinter den Gittern des Gefängnisses, das ich so gut kenne. Auf seinen Seiten spiegelt sich eine neue Evangeliumszeit wider – die neue Evangeliumszeit, die mit unwiderstehlicher Kraft von Staat zu Staat fegt. Die Dankbarkeit, die mein Herz erfüllte, war zu tief, um sie in Worte zu fassen, als ich zu begreifen versuchte, dass endlich der Tag gekommen war, an dem *Gefangene als Männer anerkannt wurden* und dass diese gesegnete Veränderung in meinem eigenen Staat stattgefunden hatte. Ich wusste, dass es unterwegs war; Ich wusste, dass die Dinge in die richtige Richtung gingen; Über einige dieser Veränderungen hatte ich sogar mit dem neuen Direktor gesprochen; aber hier war es schwarz auf weiß, mit den Unterschriften des Aufsehers, seines Stellvertreters, zweier Kapläne, des Gefängnisarztes und mehrerer Vertreter der Gefangenen selbst: alle waren Zeugen der neuen Ordnung der Dinge; auf die bereits erreichten Fakten und auf Pläne zur Verbesserung der bestehenden Verhältnisse. Von den fünfzehnhundert Sträflingen waren fünfzig mehrere Monate lang unter der Aufsicht zweier unbewaffneter Wachen auf Staatsstraßen beschäftigt. Die fünfzig Männer waren Ehrenmänner und keiner hat den Glauben gebrochen. Zweihundert weitere Ehrenmänner werden im Sommer 1914 auf die gleiche Weise entsandt. Weitere dreihundert werden auf der 1.000 Hektar großen Gefängnisfarm arbeiten, Wirtschaftsgebäude errichten und Garten- und landwirtschaftliche Produkte für das Gefängnis und das Vieh anbauen in einem Leben, das während der Arbeitszeit praktisch frei ist, ihre eigene Gesundheit erlangen.

Für die Männer innerhalb der Gefängnismauern ändert sich der Alltag völlig. Sie essen nicht mehr schweigend und mit gesenktem Blick; Der Tisch ist ein Treffpunkt der Menschen , an dem die Gespräche wie selbstverständlich fließen. Das Leben ist nicht länger ein langweiliger Rundgang von der Gefängniszelle zum Laden, wo Gespräche und entspannende Bewegungen verboten sind; und zurück im stillen Marsch zur Gefängniszelle, ohne einen Hauch frischer Luft, außer auf dem Marsch zu und von den Geschäften. Diese Monotonie wird nun durch eine tägliche Erholungsstunde unter freiem Himmel unterbrochen, die abwechselnd den Gruppen der Männer aus den Werkstätten gewidmet wird, in denen nun der Austausch von Bemerkungen erlaubt ist. Bei schönem Wetter wird diese Freizeitbeschäftigung durch Spiele oder andere sportliche Betätigungen ausgeübt. „Alles ist erlaubt, nur nicht kämpfen" ist die liberale Erlaubnis, und die Erholung bei kaltem Wetter erfolgt in Form von Märschen.

Von Oktober bis Mai findet an sechs Tagen in der Woche fünf Stunden am Tag Unterricht in vier separaten Räumen statt, wobei die höchsten Klassen die achte Klasse unserer öffentlichen Schulen abdecken. Jeder Gefangene kann eine Stunde am Tag von der Arbeit fernbleiben, wenn er die Schule besuchen möchte, und kann abends in seiner Zelle seinem Studium nachgehen. Unter den Gefangenen befinden sich kompetente Lehrer, während der Unterrichtsstunden ist kein Wärter anwesend. Die Vereinbarungen für die mit der staatlichen Universität verbundene Bildungskorrespondenz sind derzeit im Gange.

Die der Erholung und Bildung gewidmete Zeit hat die Produktion der Geschäfte nicht verringert; im Gegenteil, der neue Geist, der das Gefängnis durchdringt, hat die Männer so motiviert und ihren Ehrgeiz geweckt, dass in den Werkstätten mehr und bessere Arbeit geleistet wird als zuvor. Der kürzlich eingeführte Grad „Industrielle Leistungsfähigkeit" dient als weiterer Anreiz für Geschicklichkeit und Fleiß und wird eine besondere Empfehlung für Leistungsfähigkeit sichern, wenn die Männer die Freiheit haben, ihren eigenen Platz in der Welt einzunehmen.

Das ist noch nicht alles; Jedem Gefangenen wird, soweit möglich, eine Arbeit zugewiesen, für die er individuell geeignet ist. Als Ärzte ausgebildete Männer werden von den Werkstätten zum Personal der Krankenhausassistenten versetzt; Ehrenmänner, die für Positionen qualifiziert sind, in denen bisher bezahlte Betreuer beschäftigt waren, werden auf diese Positionen versetzt, wodurch die Kosten gesenkt werden. Ehrenmänner mit mechanischen Fähigkeiten dürfen abends in ihren Zellen Gegenstände herstellen, deren Verkauf ihnen ein wenig Geld einbringt, das sie selbst verdient haben. Auch in einigen Gefängnisläden werden die Arbeiter am Gewinn beteiligt. Es ist das Ziel des Aufsehers, die individuellen Talente seiner Mündel so weit wie möglich zu nutzen, um jedem Mann jede mögliche Chance zu geben, nach seiner Entlassung einen ehrlichen Lebensunterhalt zu verdienen; um das Gefängnis, wie er es ausdrückt, zu einer „Schule der Staatsbürgerschaft" zu machen. In jeder Zelle liegt eine Kopie der Verfassung der Vereinigten Staaten und des Staates, in dem sich das Gefängnis befindet, sowie der Gesetze für Kriminelle. Weitere Hinweise zur amerikanischen Staatsbürgerschaft werden gegeben und sind besonders für Ausländer wertvoll.

Aber so hilfreich all diese Änderungen in der Methode auch sind, der eigentliche Kern der Änderung, die entscheidende transformierende Qualität, liegt in der persönlichen Beziehung des Aufsehers zu seinen Mündeln. Bei Konferenzen in der Gefängniskapelle bringt der Aufseher seine Ansichten und Ziele zum Ausdruck, spricht frei über Gefängnisangelegenheiten und ist bestrebt, die Männer mit hohen Verhaltensidealen zu inspirieren und ihre intelligente und herzliche Zusammenarbeit für ihre Gegenwart und Zukunft sicherzustellen. Hier steht es den Männern auch frei, ihre Gefängnisprobleme offenzulegen, in der Gewissheit, dass der Aufseher wohlwollend über Möglichkeiten der Anpassung nachdenkt. Der Aufseher widmet sich mit Leib und Seele seiner Arbeit und verliert nie sein oberstes Ziel aus den Augen: die Wiederherstellung gesetzestreuer Bürger in der Gesellschaft. Er verspürt aber auch das tägliche Bedürfnis dieser Gefangenen nach Ermutigung und herzlicher menschlicher Anteilnahme.


Herr Fielding-Hall kam nach vielen Jahren praktischer Erfahrung mit Kriminellen zu dem Schluss, dass Menschlichkeit und Mitgefühl wesentliche Voraussetzungen bei allen Versuchen sind, „die Krankheit des Verbrechens zu heilen", und dass die heilende Kraft des Mitgefühls uralt ist; Es begann damit, dass die Mutter zuerst die Stelle küsste, um sie wieder gesund zu machen; und von diesem Tag an bis heute ist die Grenze der Macht des Mitgefühls nie überschritten worden, wenn Mitgefühl nicht als Gefühl verflüchtigt werden darf, sondern, zu einem Motiv verhärtet, zu einem Hebel wird, um die Gefallenen aufzurichten.

Es ist vor allem dem Mitgefühl des jetzigen Aufsehers zu verdanken, dass Licht und Luft in die moralische und geistige Atmosphäre dieses Gefängnisses gelangt sind. In der Natur der Männer sind Eigenschaften, die bisher schlummerten und unentdeckt blieben, an die Oberfläche gekommen und sind auf dem Vormarsch, geweckt durch den Appell des Aufsehers an ihre Männlichkeit; und der Enthusiasmus des Direktors ist der Funke, der den Geist der untergeordneten Beamten berührt und die gesamte Verwaltung in Einklang gebracht hat. Und der Aufseher hat Glück mit der Kombination von Männern, die mit ihm zusammenarbeiten. Sein Stellvertreter, der Disziplinarbeamter des Ortes, diente fünfundzwanzig Jahre lang bei der Polizei von Chicago, eine Position, die der Kriminalität direkt feindlich gegenübersteht und dennoch außergewöhnliche Möglichkeiten für das Studium von Kriminellen bietet. Getreu seiner Flagge als Beschützer der Gesellschaft ist er nun der Meinung, dass die Gesellschaft am besten durch die Reklamation derjenigen geschützt wird, die gegen ihre Gesetze verstoßen haben; Er glaubt, dass der wahre Disziplinarist nicht derjenige ist, der am härtesten bestraft, sondern derjenige, der seine Schützlinge darin trainiert, mit ihm bei der Aufrechterhaltung von Recht und Ordnung in ihrer kleinen Gemeinschaft zusammenzuarbeiten. und er hat den Strafrekord für Regelverstöße bereits auf kaum mehr als ein Zehntel des früheren Durchschnitts gesenkt; und die Fesselung von Männern in den Strafzellen wird abgeschafft.

Der Gefängnisarzt ist ein moderner Mann, der voll und ganz mit den Ansichten des Aufsehers übereinstimmt und über eine bewundernswerte Krankenhausausrüstung verfügt, in der bei Bedarf hervorragende chirurgische Arbeit geleistet wird. Die beiden Seelsorger verfügen über ein Missionsfeld höchster Möglichkeiten, in dem eine mitfühlende Freundschaft für den Gefangenen an sechs Tagen in der Woche am siebten zum Weg zu ihren Herzen wird.

Die Gesichter der Gefangenen zeugen von den lebensspendenden Einflüssen, die unter ihnen wirken; Die niedergeschlagene Apathie ist einem Ausdruck heiteren Interesses gewichen und die Blässe des Gefängnisses einer gesunden Farbe. Und die alten Gefängnisgebäude – die lebenden Gräber von Hunderten von Männern – sind nun selbst dem Untergang geweiht. Auf der angrenzenden Farm werden die Gefangenen schließlich neue Unterkünfte errichten, entweder ein modernes Gefängnis, zu dem Gottes Sonnenlicht und die freie Luft des Himmels Zugang haben, oder, noch besser, ein Gefängnisdorf, eine Gemeinschaft in freistehenden Gebäuden, nach dem Plan, der dies getan hat hat sich in anderen staatlichen Institutionen als so zufriedenstellend erwiesen.

Und was ist mit den Frauen, die in diesem Staat ins Gefängnis geschickt werden? Seit mehr als fünfzehn Jahren sind sie in einer separaten Einrichtung untergebracht. Dies war noch nie ein Ort der Erniedrigung. Jeder Insasse verfügt über einen hellen, gut belüfteten Außenraum, der mit einfachen Möbeln und Toiletten ausgestattet ist. Weiße Tagesdecken bedecken die Betten, und der heimelige Touch ist in den Fotos und den ausgefallenen Arbeiten deutlich zu erkennen, die den Frauen so am Herzen liegen. Die Gefangenen in ihrer blau-weiß karierten Kleidung wirken gepflegt und gepflegt wie Dienstmädchen aus Holland. Ihre Zahl beträgt nur fünfundsechzig, und Gespräche sind erlaubt.

Den Frauen steht ein Freizeitspielplatz für Freiluftübungen und ein Versammlungsraum für Abendunterhaltungen zur Verfügung. Sie erhalten eine gewerbliche Ausbildung und eine Grundschulausbildung; und obwohl die Disziplin streng ist, wird das Leben so normal wie möglich gehalten; und vorsätzliche Regelverstöße kommen selten vor. Die derzeitige Leiterin ist eine Frau mit außergewöhnlichen Qualifikationen für die Position – eine Frau mit schnellem, reaktionsschnellem Einfühlungsvermögen und großer Erfahrung sowie hervorragenden Führungsqualitäten. Durch einen *gründlichen* Kurs in Hauswirtschaft werden die Frauen für den häuslichen Dienst oder die künftige Hausarbeit vorbereitet, und einige von ihnen beherrschen feine Handarbeiten und Stickereien.

Die Linien in dem alten Bild des Gefängnislebens, das so tief in mein Bewusstsein eingebrannt ist, verblassen bereits; Denn obwohl ich weiß, dass in zu vielen Staaten das Erwachen noch nicht gekommen ist und das Schicksal des Gefangenen immer noch ein Schandfleck für unsere Zivilisation ist, ist *das Licht gebrochen und der Weg ist frei* . Nicht nur in meinem eigenen Staat, sondern in jedem Staat der Union hat die Todesglocke des alten Gefängnisses mit seinen abscheulichen Zellen und dunklen Kerkern geschlagen. Die unblutige Revolution der Reformbewegung ist einfach deshalb unaufhaltsam, weil sie im Einklang mit dem menschlichen Fortschritt steht.

Erst nach dem Tod der gegenwärtigen Generation von Straftätern können angemessene Ergebnisse des weitreichenden Wandels in der Gefängnisverwaltung erwartet werden; Denn ein großer Prozentsatz unserer heutigen Sträflinge stammt aus kriminellen Gefängnissen, Besserungsanstalten und Gefängnissen. Die „Unverbesserlichen“ sind allesamt Männer, die demoralisierenden und brutalisierenden Einflüssen ausgesetzt waren. Bei den blutrünstigen Ausbrüchen von Bewaffneten und Zugüberfällen erntet die Gesellschaft nur die Ernte des Bösen, die sie zugelassen hat. Erst wenn Polizeistationen, Gefängnisse, Arbeitshäuser, Besserungsanstalten und Gefängnisse *radikal verändert werden,* kann der Wert der jüngsten humanen Methoden angemessen eingeschätzt werden.

# Kapitel XV

Das Grundprinzip der Reform bei denen, die die Gesellschaft ausnutzen, ist die Umwandlung destruktiver Energien in konstruktive Energien. Es ist die Öffnung neuer Kanäle für die menschlichen Kräfte. Der Wechsel der Umgebung, das Abbrechen jeder Verbindung zu kriminellen Aktivitäten, das Leben unter freiem Himmel im Gegensatz zur verdorbenen Atmosphäre überfüllter Mietskasernen und Tanzlokale – all dies hat einen heilsamen, befreienden Einfluss auf den Geist; Abnormale Obsessionen werden gelockert, verschiedene Gehirnzellen werden aktiv und die moralische Faser des Menschen sowie sein physisches Wesen absorbieren lebenswichtige Elemente. Dass der Arbeiter Anspruch auf einen Anteil an den Früchten seiner Arbeit hat, gilt auf der ganzen Welt, und Fleiß und Effizienz werden durch die Anerkennung des Verhältnisses von Leistung und Belohnung gefördert.

Strenge repressive Disziplin bei der organisierten Versklavung von Arbeitskräften stellt einen direkten Verstoß gegen alle diese Grundsätze dar. Die Strafkolonie scheint eine rationale Methode im Umgang mit denen zu sein, deren dauerhafte Entfernung aus unserer Mitte als notwendig erachtet wird. Strafkolonien bieten immer wieder zufriedenstellende Lösungen für das Kriminalproblem. Virginia und Maryland übernahmen die Menschenexporte der englischen Höfe, und ihre Nachkommen beteiligten sich am Aufbau einer großen Nation. während die Strafkolonie in Australien eine Zivilisation ersten Ranges hervorbrachte. Während die Abschiebung unserer Kriminellen heute weder praktikabel noch wünschenswert ist, ist die Einrichtung von Industriestrafanstalten in jedem Staat auf der Grundlage einer Gewinnbeteiligung sowohl praktikabel als auch wünschenswert und würde zweifellos zu einer dauerhaften Reform vieler Menschen führen stellen mittlerweile eine Gefahr für die öffentliche Sicherheit dar.

Ungeachtet der Tatsache, dass fortschrittliche Gefängniswärter in ihren Bereichen wichtige Veränderungen durchführen, erfordert die ständige Reformarbeit für Strafgefangene eine Reihe von Zugeständnissen in der Gesetzgebung. Bis das Vertragssystem vollständig und endgültig zugunsten des Staatsnutzungssystems abgeschafft wird, wird die Macht selbst des besten Aufsehers begrenzt sein. Mit dem staatlichen System und der Gefängnisfarm haben die Gefangenen eine Vielfalt an Möglichkeiten einer industriellen Ausbildung, die fast so groß ist wie die, die außerhalb angeboten werden.

Dass das Einkommen der Gefangenen, über die Kosten für ihren Unterhalt hinaus, entweder dem Mann selbst gutgeschrieben oder an die von ihm abhängige Familie geschickt werden sollte, ist für den Gefangenen nur gerecht und würde den Landkreis, aus dem er geschickt wird, von der Besteuerung entlasten Unterstützung der Familie des Mannes. Dies ist so offensichtlich, dass es mittlerweile sowohl aus wirtschaftlichen als auch aus humanitären Gründen weithin befürwortet wird und in mehreren Staaten bereits übernommen wurde.

Ein weiteres Zugeständnis ist von noch größerer Bedeutung, da seine Missachtung nicht nur einen direkten Verstoß gegen alle Grundsätze der Gerechtigkeit darstellt, sondern auch gegen die alltägliche Ehrlichkeit. Dieses Zugeständnis ist die Anerkennung der Pflicht des Staates, dem Mann, der für ein Verbrechen, an dem er unschuldig war, eine Gefängnisstrafe erlitten hat, die größtmögliche Wiedergutmachung zu leisten.

Vor Jahren machte bei einem meiner Besuche in unserem Gefängnis ein Anwalt mit großer Erfahrung die Bemerkung: „Nach dem, was ich über Gerichtsverfahren weiß, gehe ich davon aus, dass zwanzig Prozent dieser Verurteilten an der Anklage, wegen der sie hier angeklagt sind, unschuldig sind." Ich glaubte dieser Aussage nicht und wiederholte sie später einem anderen Anwalt, der sagte: „Ich sollte den Prozentsatz noch höher schätzen." Auch dieser Schätzung habe ich nicht geglaubt; Ich glaube es auch jetzt nicht. Aber nachdem ich die Fälle aufgearbeitet und die Begnadigung von zwei unschuldigen Männern erreicht habe und weil ich persönlich zwei weitere Männer gekannt habe, die wegen Verbrechen inhaftiert waren, an denen sie nicht beteiligt waren, weiß ich, dass *unschuldige* Männer ins Gefängnis geschickt werden. Anwälte neigen dazu, solche Fälle mit der beiläufigen Bemerkung abzutun: „Na ja, sie haben sich dieser bestimmten Tat vielleicht nicht schuldig gemacht, aber zweifellos hatten sie Verbrechen begangen, für die sie einer Strafe entgangen sind." Ich habe nur von diesen vier Fällen positive Kenntnis, aber in keinem davon handelte es sich um einen Verurteilten aus der Kriminalklasse. Eine andere Bemerkung, die mir begegnet ist, lautet: „Zweifellos sind unschuldige Männer im Gefängnis, aber es gibt noch mehr Schuldige, die fliehen", was einen an Charles Lambs Eingeständnis erinnert: „Ja, ich komme morgens oft zu spät zur Arbeit, aber dann gehe ich immer früh nachmittags nach Hause." So plausibel die Ausrede auch klingt, sie erschwert das Eingeständnis nur.

Vor einigen Jahren geschah es in meinem eigenen Bundesstaat, dass ein Arbeiter verurteilt wurde, weil er einen anderen getötet hatte. Henry Briggs beteuerte seine Unschuld, es wurden jedoch ein Netzwerk plausibler Beweise über ihn zusammengetragen und er wurde zu lebenslanger Haft verurteilt. Seine verwitwete Mutter glaubte an seine Unschuld und zahlte zweitausend Dollar an Anwälte, die versprachen, die Begnadigung ihres Sohnes zu erwirken, aber nichts in dieser Richtung erreichten. Briggs war etwa zehn Jahre im Gefängnis, als er mir seine Geschichte erzählte, und ich glaubte, dass er die Wahrheit sagte. Seine Heimatstadt lag auf der anderen Seite des Staates von mir, aber ich schrieb dem Ex-Sheriff, der eigentlich alles über den Fall wissen sollte, dass die Mutter des Gefangenen ihm weitere tausend Dollar geben würde, wenn er Beweise für Henrys Unschuld sichern und seine Unschuld erlangen könnte Begnadigung. Es folgte eine lange und interessante Korrespondenz, und am Ende von zwei Jahren konnte der Beweis für die Unschuld des Mannes erbracht werden und Henry Briggs war ein freier Mann. In seinem letzten Brief schrieb mir der Sheriff: „Ich denke, dass dieser Verurteilte all diese zwölf Jahre lang die absolute Wahrheit gesagt hat *und niemand auf die Idee gekommen ist, ihm zu glauben* , bis man seine Geschichte gehört hat." Aber dieser Ex-Sheriff, der sein Sheriffhonorar und seine Kilometergelder eingezogen hatte, weil er einen unschuldigen Mann ins Gefängnis gebracht hatte – er war dem Gefangenen wirklich für eine hübsche kleine Summe zu Dank verpflichtet, die von der Grafschaft gezahlt wurde –, hatte dieser Sheriff jedoch keine Skrupel, die tausend Dollar anzunehmen von Frau Briggs für die Wiedergutmachung eines Unrechts, an dessen Begehung er, wie er mir offen zugab, beteiligt war. Nun, um ehrlich zu sein, in Dollar und Cent ausgedrückt, schuldete die Grafschaft, aus der Henry geschickt wurde, der Mutter und dem Sohn von Briggs mindestens zehntausend Dollar; Stattdessen blieb die Mutter als verarmte Witwe zurück, während der Sohn, ohne Jugend und Gesundheit, ein neues Leben beginnen musste.

Wenn Männer bei einem Eisenbahnunfall lebenslang verstümmelt werden, sind die Straßeneigentümer verpflichtet, eine ordentliche Entschädigungssumme zu zahlen. Der Arbeitgeber haftet für Schäden, wenn ein Arbeitnehmer durch defekte Maschinen verletzt wird; Aber den Opfern unserer Strafmaschinerie leistet der Staat, in dessen Händen die Straftat begangen wurde, keine Entschädigung. Zwar steht es dem Geschädigten frei, Klage gegen die Person zu erheben, die ihn des Verbrechens angeklagt hat, aber so wie das verbrannte Kind das Feuer fürchtet, so fürchtet sich der unschuldige Mann, der wegen eines Verbrechens verurteilt wurde, vor dem Gericht.

Aber wir erwachen zu einem Gefühl für diesen höchst grausamen Raub; der Raub der Freiheit eines Mannes, seines Einkommens, seines Rufs und allzu oft seiner Gesundheit; und wir kommen zu der Einsicht, dass die Entschädigung vom Staat, wenn wir überzeugende Beweise für die Unschuld des Mannes erhalten, nur dem Mann zusteht, der ihm zusteht – sogar weit weniger als faires Spiel ist.

Wisconsin gebührt die Ehre, bei dieser wichtigsten Reform die Führung zu übernehmen, denn 1913 verabschiedete Wisconsin ein Gesetz, das in jedem Fall eine Entschädigung in Geld vom Staat sicherstellte , in der der Beweis erbracht werden konnte, dass jemand des Verbrechens, für das er gelitten hatte, nicht schuldig war Haft. Ein gerechteres und gerechteres Gesetz wurde nie verabschiedet. Geld allein kann niemals eine ungerechtfertigte Inhaftierung ausgleichen, aber die einzig mögliche Sühne ist eine finanzielle Entschädigung und öffentliche Rechtfertigung.

Bei den bisher betrachteten Maßnahmen handelt es sich ausschließlich um Abhilfemaßnahmen; Aber während wir in letzter Zeit rasche Fortschritte bei den Maßnahmen gemacht haben, die nach der Inhaftierung von Männern angewendet werden, haben wir wenig über präventive Maßnahmen nachgedacht. Und gerade hier stehen wir wieder vor dem Zeitgeist.

In der zweiten Hälfte des 19. Jahrhunderts untersuchten Wissenschaftler – Chemiker, Biologen, Ärzte – vorbeugende Maßnahmen, um die Flut des Bösen in Form von Krankheiten einzudämmen. Früher war die medizinische Wissenschaft hauptsächlich auf die Bekämpfung bereits entwickelter Krankheiten ausgerichtet; Aber unter der Führung von Pasteur und Lord Lister wurde die medizinische Welt auf die Tatsache aufmerksam gemacht, dass es möglich war, die schrecklichen Verwüstungen vieler Krankheiten abzuwenden, die fünfzig Jahre zuvor als Heimsuchung der Vorsehung akzeptiert worden waren. Von nun an wurden „vorbeugende Maßnahmen" zu Schlagworten unter Männern, die sich um das körperliche Wohlergehen der Rasse kümmerten; und „vorbeugende Maßnahmen" haben auch einen äußerst wichtigen Bezug zum moralischen Wohlergehen der Gemeinschaft, und der Weg für ihre Anwendung wird eröffnet.

Beispielsweise würde die Inhaftierung unschuldiger Männer durch die Abschaffung aller Gebühren im Zusammenhang mit Festnahmen und Verurteilungen weitgehend verhindert. Das System der Belohnungen für Verhaftungen und Verurteilungen ist absolut demoralisierend für die Justiz; Solange das gesamte Bataillon der zum Schutz der Öffentlichkeit eingesetzten Männer ein direktes finanzielles Interesse an der Zunahme der Kriminalität hat, ist es unvernünftig, mit einem Rückgang der Zahl der in unseren Gefängnissen und Gefängnissen eingesperrten Männer zu rechnen. Eine offizielle Inspektorin von Gefängnissen und Polizeistationen in meinem eigenen Bundesstaat berichtet, dass sie sich häufig von Polizisten eingestehen ließ, dass es eine große Versuchung sei, einen armen Teufel zu verhaften, da die Stadt Gebühren für solche Verhaftungen zahlte; und sie führt weiter aus, dass in Chicago die gesamte Grundlage der städtischen Strafverwaltung auf Gebühren beruht, und fügt hinzu: „Welchen besseren Anreiz könnte man den Beamten bieten, einen unbescholtenen Fremden auf der Suche nach Arbeit zu bestrafen?" Alle Übel, die sich aus dieser abscheulichen und unhaltbaren Vereinbarung ergeben, würden durch den einfachen Prozess der Abschaffung der Gebühren und der Erhöhung der Gehälter in gewissem Maße verringert. In einigen Ortschaften ist dies bereits geschehen; und zweifellos wird sich die kommende Generation fragen, wie das Gebührensystem jemals übernommen oder toleriert werden konnte.

Die uneinnehmbarste Hochburg der Unmenschlichkeit im Umgang mit Personen, die einer Straftat verdächtigt werden, sind unsere Polizeistationen; Dies ist insbesondere in unseren größeren Städten der Fall. Die Polizeistation und das Gebührensystem sind der Ursprung eines höchst barbarischen Brauchs; ein äußerst schwer fassbares Übel, dessen Wurzeln, wie die Wurzeln der bösartigen Ackerwinde, so weit im Untergrund liegen, mit einer so komplizierten Verflechtung von Beziehungen, dass sie fast unausrottbar sind und in manchen Fällen angesehene Staatsanwälte, Detektive, Polizisten, Sheriffs einbeziehen Tatsache ist, dass mehr oder weniger die gesamte Macht der Agenten beteiligt ist, die als Beschützer der Öffentlichkeit gelten sollen. Dieser Missbrauch wird als *dritter Grad* oder *Schwitzkasten bezeichnet* .

Ein Mann wird verhaftet, einer Straftat oder der Kenntnis einer Straftat beschuldigt. Bevor er vor einem Gericht verhandelt wird, werden skrupellose Mittel eingesetzt, um ein Eingeständnis einer Straftat oder Mittäterschaft bei einer Straftat – oder sogar von Kenntnissen im Zusammenhang mit einer Straftat – zu erpressen.

Ein Arzt, der alle Umstände kannte, machte mich kürzlich auf den Fall einer Frau aufmerksam, die angeblich über Kenntnisse verfügte, die ihren Mann in einen Einbruch verwickeln könnten. Die Frau war eine Invalide. Nachdem man sie 48 Stunden lang ohne Nahrung und Wasser festgehalten und gezwungen hatte, zu Fuß zu gehen, als sie vor Erschöpfung einzuschlafen drohte, wurde ihr gesagt, dass ihr Mann sie verlassen, ihr Kind genommen und mit einer anderen Frau weggegangen sei. Zu diesem Zeitpunkt befand sie sich in einem verzweifelten Zustand, und als ihr gesagt wurde, dass ihre Folter mit dem Eingeständnis der Schuld ihres Mannes enden würde, war sie zu abgelenkt, um in Frage zu stellen, dass er sie im Stich gelassen hatte. Sie gab falsche Aussagen gegen ihren Mann und wurde freigelassen.

Der Ehemann war in keiner Weise an der Tat beteiligt, doch die Folgen der Affäre waren für sein Unternehmen katastrophal. Er hatte nie daran gedacht, seine Frau zu verlassen, aber es gehörte zum Plan dritten *Grades* , den Ehemann und den Anwalt, den er engagiert hatte, davon abzuhalten, die Frau zu sehen, bis das angestrebte Ziel erreicht war.

Ein junger Anwalt erzählte mir von einer äußerst abscheulichen Szene *dritten Grades* , die er selbst beobachtet hatte, und er erzählte mir die Geschichte als Beispiel für die Klugheit, die einen schrecklichen Nervenschock ausheckte, um eine angeblich schuldige Frau aus der Fassung zu bringen; Der Schock reichte aus, um die Frau in den Wahnsinn zu treiben.

Wann immer ich über dieses Thema mit denjenigen gesprochen habe, die mit *Sweat-Box*-Methoden vertraut sind, wurde das Böse offen zugegeben und ohne zu zögern verurteilt, aber ich höre immer das Gleiche: „Ja, wir wissen, dass es ein schrecklicher Missbrauch ist, aber wir haben es nicht getan." konnte es verhindern." Es ist einfach ein öffentliches Verbrechen, dass ein solches System einen Tag lang toleriert wird. Herr WD Howells hat treffend gesagt: „Recht und Ordnung, die sich der Gerechtigkeit und der Menschlichkeit widersetzen, sind lediglich organisierte Anarchie."

*dritten Grades* zu brandmarken , aber ich verstehe, dass es auch in anderen Staaten unter dem Vorwand praktiziert wird, dass der Zweck die Mittel heiligt — aber was ist, wenn der Zweck die lebenslange Haft eines unschuldigen Mannes ist? Ich denke an einen jungen Mann, der vier Tage lang einer *Schwitzkastenfolter ausgesetzt war* . Am Ende dieser Zeit, als sogar der Tod durch Erhängen seinen Peinigern zumindest eine Atempause verschaffte, unterzeichnete er eine von diesen Peinigern verfasste Erklärung, in der er feststellte, dass er sich des Mordes schuldig gemacht hatte. Der Junge war erst achtzehn Jahre alt, wurde aber zu lebenslanger Haft verurteilt, obwohl es mittlerweile wahrscheinlich ist, dass er nichts mit dem Verbrechen zu tun hatte. Allerdings ist es schwierig, eine Begnadigung für einen Mann zu erreichen, der aufgrund seines eigenen Geständnisses ins Gefängnis kommt; Und genau dort ist die Ungerechtigkeit am schlimmsten: Sie entzieht einem Mann jegliche Substanz einer späteren Unschuldserklärung, *denn aus den Akten des Falles geht hervor, dass er seine Schuld gestanden hat* .

Es gibt natürlich viele Fälle, in denen nicht auf den *dritten Grad* zurückgegriffen wird; Tatsächlich scheint seine Verwendung hauptsächlich auf Städte beschränkt zu sein, in denen Polizeistationen einen Ring im Ring bilden. In kleineren Städten kommt es nach der Festnahme normalerweise zur Verhandlung, ohne dass zuvor ein unbefugter Versuch unternommen wurde, den Gefangenen zu einer Verurteilung zu bewegen. Wenn der Angeklagte ein vermögender Mann ist, der einen fähigen Anwalt engagieren kann, wird die Verhandlung zu einem Spiel untereinander die gegnerischen Anwälte, und beide Seiten haben zumindest eine faire Chance. Nicht so, wenn das Gericht einen Anwalt für den armen Mann bestellt. Die Staatsanwaltschaft spielt dann das Spiel mit geladenen Würfeln; denn es ist Brauch, dass das Gericht den am wenigsten erfahrenen Nachwuchs in diesem Beruf ernennt. Los Angeles, Kalifornien, hat kürzlich eine bewundernswerte Maßnahme eingeführt, um den armen Männern eine nähere Annäherung an die Gerechtigkeit vor Gericht zu ermöglichen, und zwar durch die Ernennung eines regulären Bezirksstaatsanwalts für die Verteidigung von Angeklagten, die nicht in der Lage sind, einen kompetenten Anwalt zu bezahlen . Diese Ernennung eines Pflichtverteidigers erfolgte ausschließlich mit dem Ziel, den Armen und unwissenden Ausländern Gerechtigkeit zu verschaffen; Es ist ein äußerst ermutigender Schritt in die richtige Richtung und scheint ein hoffnungsvolles Mittel zur Ausrottung des *Sweat-Box*-Systems zu sein.

Wir können nicht hoffen, mit vorbeugenden Maßnahmen viel zu erreichen, bis wir uns offen den Ursachen der Übel stellen, die wir reduzieren würden. Dass der Saloon eine ergiebige Kriminalitätsquelle ist, beweisen die Akten aller Gerichte zweifelsohne; es ist auch eine der Ursachen der Armut, die wiederum eine Ursache für Kriminalität wird. Der Saloon liegt vollständig in den Händen der Öffentlichkeit und kann je nach den Vorgaben der Mehrheit verändert, kontrolliert oder abgeschafft werden. Das ist nicht so einfach, wie es sich anhört, aber wenn wir uns darüber im Klaren sind, dass der Kneipenwirt zwar alle Gewinne aus seinem Unternehmen einstreicht, der Steuerzahler jedoch verpflichtet ist, die Kosten für die aus diesem Geschäft resultierenden Verbrechen zu tragen, stellt sich die Frage: der öffentlichen Wirtschaft sowie der öffentlichen Moral. Die Kraft, die die soziale Entwicklung vorantreibt, wird auf lange Sicht zwangsläufig siegen, und die allmähliche Beseitigung des Saloons in seiner heutigen Form ist unvermeidlich; Und es ist sicher, dass mit der Kontrolle des Saloon-Bösen die Zahl der begangenen Verbrechen deutlich zurückgehen wird.

Die kriminellen Reihen erhalten jährliche Verstärkung aus einer Reihe von Quellen, die nun von einer leidgeprüften Öffentlichkeit toleriert werden. Wir haben immer noch unsere Armee von Landstreichern, was zum Teil auf die mangelhafte Verwaltung der Bezirksgefängnisse zurückzuführen ist, in denen Männer auf Kosten der Arbeitergemeinschaft in erzwungener Untätigkeit unterstützt werden; Dies ist auch das Ergebnis instabiler Industriebedingungen und einer weitaus größeren Konkurrenz, da Frauen durch Lohnkürzungen die Industriefelder weitgehend in Besitz genommen haben. Auch die angeborene Unruhe und die Abneigung gegen feste Arbeit führen dazu, dass Männer und Jungen das einfache, wenn auch prekäre Landstreicherleben versuchen; und in ungünstigen Zeiten ist es fast selbstverständlich, in die Kriminalität abzurutschen.

Der Weg zur Verbannung des Landstreichers wurde durch die Entwicklung der Bauernkolonie, in die jeder Landstreicher strikt geschickt wird, bereits durch Belgien, Holland und die Schweiz gebahnt. Dort durchläuft er eine industrielle Ausbildung, die die Anerkennung individueller Fähigkeiten und die Entwicklung in dem Sinne beinhaltet, für den er am besten geeignet ist. Diese Bauernkolonien sind Industrieschulen, in denen jeder Mann verpflichtet ist, für seinen Lebensunterhalt zu arbeiten, während er dort ist, und in der Lage ist, seinen Lebensunterhalt zu verdienen, wenn er weggeht. Die Ergebnisse dieser Maßnahmen waren insgesamt zufriedenstellend, und wir mussten ihre Methoden nur an die Bedingungen in diesem Land anpassen, um ähnliche Ergebnisse zu erzielen. Die Beseitigung des Landstreichers ist ein notwendiger Schutz für die Gemeinschaft; und für den Landstreicher selbst ist es eine Rettung vor der zunehmenden Erniedrigung.

Herr Fielding-Hall, ein Engländer, einst Richter, später Direktor des größten Gefängnisses der Welt und radikalster Humanisten, erklärt nach jahrelanger eingehender Untersuchung der Ursachen von Verbrechen, dass allein die Gesellschaft dafür verantwortlich sei. Er fügt hinzu: „Es hat keinen Sinn zu sagen, dass Kriminelle geboren und nicht gemacht werden; sie werden gemacht und sie werden von der Gesellschaft gemacht." Und es ist wahr, dass wir in jeder Gemeinschaft, in der Menschen in schmutzigen Mietskasernen zusammengepfercht werden, in überfüllten, unhygienischen Fabriken zusammengepfercht werden oder ihre Tage unter der Erde in Minen verbringen, wir weiterhin eine Klasse hervorbringen werden, die geistig, moralisch und körperlich fehlerhaft ist, von denen einige wird unweigerlich zu kriminellen Ausbrüchen kommen. Armut führt zu schlechter Gesundheit und Unterernährung schwächt die Fähigkeit zur Selbstbeherrschung.

Die medizinische Wissenschaft sagt uns schon jetzt, dass es wahrscheinlich keine Form von krimineller Tendenz gibt, die nichts mit physiologischen Defekten zu tun hat: Gehirnzellen, die durch Krankheiten vergiftet sind; Gehirnzellen, die entweder durch Vererbung defekt sind – wie bei den Nachkommen von Schwachsinnigen – oder durch Unterernährung in der Kindheit geschwächt sind, die Nachkommen der Not; Gehirn leicht aus dem Gleichgewicht geraten; und seltener entwickelte sich der kriminelle Impuls als Folge einer direkten Verletzung des Gehirns durch einen Schlag. Verbrechen werden auch unter vorübergehenden abnormalen Bedingungen wie „doppelter Persönlichkeit" oder doppeltem Bewusstsein begangen. Bei dieser Kriminalitätsdiagnose befinden wir uns neben einem Krankenhaus; und diese Klasse von Kriminellen ähnelt stark dem, was die Alienisten „Grenzlandfälle" nennen, während der unwissenschaftliche Strafforscher sie leichtfertig als „entartet" einstuft. Ärzte sagen uns, dass Lombroso, als er „Typen" untersuchte, bei einem Eindringen in die Wohltätigkeitskrankenhäuser großer Städte dieselben verkümmerten, unterernährten, körperlich defekten Exemplare der Menschheit gefunden hätte, die er als „kriminellen Typus" stigmatisierte.

Von zwei Gefangenen, die ich gut kannte, litt der eine an leichten Katalepsieanfällen, der andere an Epilepsie; Jeder dieser Männer hatte einen Mord begangen, und jeder sagte zu mir das Gleiche: „Ich hatte keinen Grund, diese Person zu töten, und *ich weiß nicht, warum ich es getan habe*." Beide Männer waren religiös und äußerst gewissenhaft; aber als die „Zauber" auf sie kamen, waren sie unverantwortlich wie ein vom Wind verwehtes Blatt;

und obwohl sie ihre schrecklichen Taten leidenschaftlich bereuten, schienen sie die Tat immer als etwas zu betrachten, das *außerhalb ihrer selbst lag* .

Niemand von uns versteht bisher die Wechselwirkung zwischen Geistigem und Körperlichem in der Natur des Menschen, aber die Tatsache dieser gegenseitigen Abhängigkeit ist klar; Und während fortschrittliche Gefängniswärter das menschliche Material, das ihnen in die Hände geworfen wird, durchsieben, den „Ehrenmännern" verhältnismäßige Freiheit gewähren und denen innerhalb der Mauern Industrie- und Grundschulausbildung gewähren, ignorieren sie nicht die Tatsache, dass es einen Rest gibt – das sind sie in all unseren Gefängnissen – ein Rest von Männern, die moralisch nicht alleine bestehen können; Da sie durch Ursachen behindert sind, für die sie möglicherweise nicht verantwortlich sind, können sie nicht darauf hoffen, „Ehrenmänner" zu werden, denn sie sind moralische Invalide – oft auch geistige Invalide. Dass sie unter Kontrolle gehalten werden sollten, versteht sich von selbst. Sie benötigen die Kontrolle einer festen, aber flexiblen Hand und sollten unter direkter ärztlicher Aufsicht stehen; Denn hinter ihren Verbrechen können auch andere Ursachen als böses Blut stecken. [16]

Verbesserte Fabrikgesetze, bessere Unterbringung der Armen, die Durchsetzung von Vorschriften für die öffentliche Hygiene, die Anwendung einiger der vernünftigeren Theorien der Eugenik, die Arbeit von Bezirkskrankenschwestern – all dies trägt dazu bei, die Zahl kranker oder abnormaler Personen zu verringern die so leicht in die Kriminalität verfallen. Wir haben bereits mehrere Fälle dokumentiert, in denen ein Schlag auf den Kopf unkontrollierbare kriminelle Impulse ausgelöst hatte, bei denen eine geschickte Gehirnoperation den Druck beseitigte und mit der Wiederherstellung des normalen Gehirns die Natur des Individuums sein moralisches Gleichgewicht wiedererlangte. Jede große Stadt sollte über ein psychopathisches Haftkrankenhaus in Verbindung mit ihren Gerichten verfügen, auf das in allen Fällen zurückgegriffen werden kann, in denen Zweifel an der Verantwortung einer Person bestehen, die eines Verbrechens beschuldigt wird, und jede große Strafanstalt sollte über eine psychopathische Abteilung für inhaftierte Männer verfügen aus kleineren Städten.

Aber wenn alles gesagt und getan ist, wenn die Hauptquellen der Kriminalität erkannt und kontrolliert werden, wenn fundierte Soziologie mit dem Christentum als Grundlage der Verwaltung in jedem Gefängnis vereint wird, wenn der „kriminelle Typ" von Lombroso endgültig in die Schwebe geraten ist Wenn die Theorien aufgelöst werden, wird es immer noch Kriminalität geben, einfach weil die menschliche Natur die menschliche Natur ist. und was auch immer die menschliche Natur sonst noch sein mag, es *ist* ein heftiger Sprengstoff, ob wir nun mit dem heiligen Paulus in Bezug auf den

„alten Adam" übereinstimmen oder mit dem Evolutionisten glauben, dass wir langsam aus dem Tier herauskommen und dass das Raubtier immer noch in uns schläft – nicht schlafend, sondern weit verbreitet bei Männern und Frauen, die im Sklavenhandel mit weißen Sklaven verbündet sind, und bei denen, die für das massenhafte Abschlachten der Menschheit und die durch den Krieg verursachte Zerstörung von Eigentum verantwortlich sind. Nur die vollständige Erneuerung der menschlichen Natur kann das Verbrechen verbannen; Und nachdem wir, die wir uns „Gesellschaft" nennen, unser Bestes gegeben haben, wird die menschliche Natur weiterhin zu gesetzlosen Taten ausbrechen. Solange wir Armut in unserer Mitte haben, wird sich verzweifelte Not in verzweifelten Taten auflehnen, und Armut werden wir haben, bis die Rasse einen höheren Durchschnitt an Sparsamkeit und Effizienz erreicht hat und die industriellen Bedingungen auf der Grundlage der Gerechtigkeit für alle entwickelt sind; Und wo in der moralischen Natur eines Menschen ein schwaches Glied vorhanden ist, führt ein übermäßiger Druck der Versuchung, der auf dieses Glied ausgeübt wird, dazu, dass es zerreißt, auch wenn der Mensch in seinem Herzen nach Gerechtigkeit hungert und dürstet. Wenn die Wissenschaft der Eugenik ihre helfende Hand gegeben hat, wird sie immer noch verblüfft sein über das Auftauchen der sprichwörtlichen schwarzen Schafe in Hürden, wo Vererbung und Umwelt logischerweise schneebedecktes Vlies hätten hervorbringen sollen; Und wer von uns wagt es zu behaupten, dass kein böser Blutstropfen seine eigene verworrene Abstammung entfärbt?

Alle Übel der Armut, des Lasters und der Kriminalität sind nur Ausdruck der uns allen gemeinsamen Unvollkommenheit der menschlichen Natur. Die Kette des Stoffes ist gleich, ebenso unterschiedlich wie die Farben und Töne und die Stärke der Fäden, aus denen die einzelnen Leben gewebt sind. Ob wir uns dessen bewusst sind oder nicht, alle unsere Bemühungen um soziale Reformen weisen auf ein wachsendes Bewusstsein für die Einheit der Menschheit hin.

Ist die menschliche Natur trotz all unserer Unvollkommenheiten nicht im Herzen gesund? Lieben wir nicht das, was uns gut erscheint, und hassen wir nicht das scheinbar Böse? Wir sind uns der heimtückischen Wirkung des Bösen in uns selbst nicht bewusst; aber wenn es uns objektiv offenbart wird, wenn es durch einen Ausbruch böser Taten bei anderen ans Licht gebracht wird, besteht unser gesunder instinktiver Impuls darin, es zu vernichten. Hinter den religiösen und rechtlichen Verfolgungen steckt sicherlich der Wunsch, das scheinbare Böse auszurotten; Dieser Wunsch ist immer noch bei uns, aber wir lernen bessere Methoden, damit umzugehen, als die Bluthunde der Grausamkeit loszulassen. Wir beginnen zu verstehen, dass das Böse nur durch das Gute besiegt werden kann.

Als mich die Worte des Begründers des Christentums zum ersten Mal in meine Gefängniserfahrung führten, stehe ich nach all den Jahren des Studiums des Themas vor derselben Tür, durch die ich gegangen bin, und glaube, dass jede Theorie der Sozialreform, einschließlich aller 'ologies, entscheidet sich letztlich für eine weise Anpassung an die Goldene Regel. Auf dem Vorsatzblatt eines kleinen Notizbuchs, das ich bei meinem Besuch im Gefängnis trug, standen mit Bleistift die Worte: „Die christliche Religion ist der Dienst der Liebe und des gesunden Menschenverstandes", und ich habe erlebt, wie die Lehre des Christentums die Grundlage bildete der Gefängnisreform und der Wissenschaft, die in dieser Beziehung von Mensch zu Mensch die Hand der Religion ergreift. Von nun an werde ich glauben, dass *nichts zu gut ist, um wahr zu sein* , nicht einmal das Kommen des universellen Friedens.

## FUSSNOTE:

[16] Das Verhältnis des Verbrechers zum Mangelhaften und Wahnsinnigen war mir seit vielen Jahren klar, und ich konnte die Missachtung der Gerichte gegenüber einer Tatsache, die für den Schüler der drei Klassen so offensichtlich war, nicht verstehen. Aber die wertvollste Arbeit auf diesem Gebiet leistet jetzt Dr. JM Hickson vom psychologischen Labor, das in Verbindung mit dem Chicagoer Stadtgericht betrieben wird, und die Ergebnisse seiner Tests zur Mentalität junger Krimineller erregen jetzt Aufmerksamkeit. Dr. Hickson erklärt ohne zu zögern die Notwendigkeit einer Reform unserer Gesetze und Gerichte. Die Existenz dieses psychopathischen Labors ist größtenteils Richter Olson aus Chicago zu verdanken, einem Mann mit den fortschrittlichsten Ansichten zur Strafvollzugslehre und einem praktischen Menschenfreund.

www.ingramcontent.com/pod-product-compliance
Lightning Source LLC
LaVergne TN
LVHW042121190726
843493LV00006B/1549